― 松 ● まつ ―

일러두기

1. 이 책은 동북아시아의 중심국가인 한국·중국·일본이 공유하고 있는 사물(事物)·사항(事項) 중 상징성이 높은 소나무를 비롯한 사군자(四君子), 십이간지(十二干支) 등을 종교, 사상, 미술, 공예, 민속, 생활 그리고 오늘날의 현상까지를 전문 필진에 의해 다양한 각도로 조명, 편찬되었다.

2. 내용은 집필자의 견해에 따르되, 문장은 누구나 쉽게 읽을 수 있도록 했으며, 관련 도판은 상징적이고 의미가 깊은 자료를 가능한 많이 넣어 이해를 돕도록 했다.

3. 한글 전용을 원칙으로 하되, 어려운 어구(語句)나 특수용어 등은 괄호 안에 한자 또는 원어를 병기했다.

4. 맞춤법, 띄어쓰기, 외래어 표기원칙 등은 교육인적자원부가 제정·발행한 〈한글맞춤법〉〈편수자료〉를 따랐다. 예를 들어 보조동사(도움움직씨), 즉 보조용언(도움풀이씨)은 띄었고, 나타내는 용어가 한마디로 굳어진 관용어는 붙여 썼다.

5. 연대는 서력기원으로 표시하고, 필요한 경우 괄호 안에 왕조년을 부기했으며, 본문 서술 중 중요한 경우 왕조년을 먼저 밝히기도 했다.

6. 도량형 단위는 미터법을 따르되 한글로 표시함을 원칙으로 삼았다.

7. 중국·일본의 도시명이나 인명은 현지음으로 표기했는데, 전체적으로 통일되어 있지는 않다. 이는 집필자들의 원고에 따른다는 원칙도 있었으나 표기가 통일되어 있지 않아도 내용을 이해하는 데 큰 불편이 없기 때문이다.

8. 내용의 교열·교정에 기준으로 삼은 사전은 《금성판 국어대사전》(금성출판사 간, 1999)이다.

소나무

—松 ＊ まつ—

한·중·일 문화코드읽기를 펴내며

세계화와 함께 지역화가 이루어지고 있다. 국경은 소멸되어 가고 있지만 문화를 단위로 한 지역 간의 울타리는 날로 선명해지고 있다. 정치 경제의 이념으로 양극화되었던 세계는 이제 문명, 문화를 토대로 한 다원적인 세계 구도로 변화해 가고 있다. 이미 우리는 초국가 형태의 유럽연합의 탄생을 통해서 문화의 공유와 그 정체성이 정치 경제를 이끌어 가는 새로운 파워로 등장하고 있음을 본다.

그래서 지금 문화·문명은 충돌하는 것인지 혹은 공존 융합하는 것인지 하는 문제가 세계의 화두로 제기되고 있다. 하지만 우리는 그러한 물음 이전에 우리가 서 있는 문화의 기반이 무엇이며 그것이 지금까지 우리가 추구해 왔던 근대화, 서구화의 그것과는 어떻게 다른 것인지부터 깊이 알아야 할 것이다.

중국, 한국, 일본의 동북아시아 세 나라는 서양을 알기 이전부터 3000년 동안 함께 나눠 온 문화를 지니고 있다. 그런데도 중국의 중화사상과 일본의 대동아 공영권 같은 일국 중심의 지배 이론으로 그동안 동북아시아의 문화적 가치는 편향되고 왜곡되어 온 것이 사실이다. 그러므로 동북아시아가 공유하고 있는 지역 문화의 그 동질성과 특성을 다시 새롭게 물어야 할 중대한 문명사적 소명 앞에 우리는 서 있는 것이다.

특히 그 역할은 한 번도 그것을 지배의 도구로 이용해 본 일이 없던 한국이 주도해야 할 입장에 놓여 있다. 그리고 지정학적인 입장에서 보아도 중국의 대륙 문화와 일본의 해양 문화를 다같이 아우를 수 있는 것은 한국의 반도 문화일 수밖에 없다.

그리고 그것은 종래처럼 일국 중심의 패권이나 이념화를 통하지 않고 가치 중립적인 입장에서 접근하지 않으면 안 될 것이다. 그렇기 위해서 우리는 매화나 대나무처럼 역사적으로 공유해 온 구체적인 대상물의 상징과 이미지를 비교해 그 차이와 공통점을 밝혀내는 방법을 선택하게 되었다. 이는 한마디로 동북아시아 세 나라의 문화 코드를 읽는 작업이다. 이 작업을 통해 공통의 언어와 상상력, 사고의 문법을 구축하고 그것을 새로운 글로벌 문명을 살아가는 데, 이른바 사회 자본(social capital)으로 삼아야 할 것이다.

그러므로 이 책은 작고도 큰 책이다. 이 책《소나무》는 3000년의 문화 그것도 한 나라가 아닌 동북아시아의 대륙과 해양, 반도를 함께 융합하는 거대한 시공(時空)의 서(書)이다. 이에 뜻을 같이하는 3국의 지식인들이 모여 지금까지 어느 사람, 어느 나라에서도 시도하지 못한 모험적인 책을 내놓게 되었다. 끝으로 이 한·중·일 문화코드읽기의 기획은 유한킴벌리의 문국현 사장과 종이나라 노영혜 사장을 비롯한 두 회사 임직원 여러분의 헌신적인 도움으로 실현된 것임을 밝혀 둔다.

| 책임편찬인 이어령 |

소나무 문화권의 텍스트 읽기

척박한 땅에서 더 잘 사는 나무

어쩌다 시골길을 지나다가 바위틈이나 벼랑 위에 서 있는 한 그루 소나무를 보면 눈시울이 뜨거워진다. 구불구불한 줄기와 뒤틀린 나뭇가지에서 우리는 한국인의 모습을 본다. 세상에 풍상을 겪지 않고 자라는 나무가 어디 있겠는가. 하지만 척박한 땅에서 풍상과 싸워온 그 아픈 흔적을 소나무만큼 생생하게 보여 주는 나무도 없다.

하늘을 향해 곧게 뻗어 올라간 전나무나 포플러와는 그 모양부터가 다르다. 같은 소나무라고 해도 다빈치의 〈수태고지〉의 배경에 그려진 나무들처럼 수종과 관계 없이 모두가 자를 대고 그린 것처럼 일직선으로 뻗어 있다. 순탄한 환경에서는 소나무도 그렇게 자라는가 보다. 감상적인 눈으로 바라봐서가 아니다. 실제로 소나무는 양성의 나무로 건조하거나 지력이 낮은 곳에서 견디는 힘이 강하다고 한다. 비탈지고 산성화되고 암질의 자갈땅에서는 낙엽 활엽 수종과의 생존경쟁에서 이겨낼 수 있으나, 지력이 좋고 토양습도가 알맞은 곳에서는 도리어 밀리고 쫓기는 나무다.

〈송암도(松岩圖)〉에서 보는 것처럼 소나무들은 늙어 갈수록 바위를 닮아간다. 그리고 다른 나무들은 다 눈을 감는 엄동설한에도 매(梅)·죽(竹)과 더불어 세한삼우(歲寒三

友)의 하나로 늘 우리들 곁에서 깨어 있다.

차라리 돌에 가까운 나무다. 한 번도 화려한 꽃을 피워본 적은 없지만 풍상에 시달릴수록 오래오래 사는 나무다. 끝없는 외침과 폭정의 역경 속에서도 끈질기게 자신을 지키며 의연하게 살아온 한국인의 역사 그대로다.

반도의 운명과 함께한 나무

반도의 운명 속에서 살아온 한국인과 척박한 풍토에 뿌리를 내리고 사는 소나무는 여러 가지로 닮은 점이 많다. 기암창송(奇岩蒼松)이니 백사청송(白砂靑松)이니 하는 말에서도 암시되어 있듯이 소나무는 벼랑 위의 바위틈이나 바닷가 모래땅에서 자라난다. 그것처럼 한국인은 바람 잘 날 없는 반도의 역경 속에서 살아왔다. 반도란 대륙과 바다를 동시에 끼고 있는 땅이다. 광활한 몽골 벌판과, 중국의 넓은 대륙에서 건너온 황사 바람 그리고 서양이나 일본의 거센 바닷바람이 모두 이곳으로 불어온다.

한국은 삼면이 바다인 반도이고, 일본은 사면이 바다인 섬이다. 바다 하나가 있고 없고의 차이에 따라서 두 나라의 문화에도 큰 차이가 있다. 어느 지정학자가 말한 적이 있지만 반도치고 두 토막이 나지 않은 나라는 드물다. 인도차이나 반도가 그랬고 발칸 반도가 그랬고 스칸디나비아 반도 또한 그랬다. 대륙과 해양의 두 세력이 언제나 반도를 끼고 전개되어 온 까닭이다.

그러나 우리가 주목해야 할 것은 지정학적인 환경이 아니다. 같은 땅, 같은 바람 속에서도 나무의 종류가 다르면 바람을 타는 영향력도 달라지고 자라는 모양도 다르기 마련이다. 소나무

송풍유수(松風有數) | 장승업(張承業), 간송미술관 소장 | 웅장한 스케일의 구도에 치밀한 화법이 돋보인다.

는 바람 부는 대로 나부끼는 버드나무가 아니다. 소나무의 아름다운 자세는 바로 자신을 억누르고 못살게 군 돌, 땅, 바람과 햇볕을 가로막은 주변의 활엽수들과의 다툼에서 얻어진 것이다.

옛날의 시인묵객(詩人墨客)들이 솔바람(松風) 소리를 송뢰(松籟)·송운(松韻)·송도(松濤) 같은 애칭으로 부르며 아름다운 음악처럼 감상했다. 그 중에서도 눈 내리는 날 밤에 듣는 실야송뢰(雪夜松籟)를 으뜸으로 친 것을 보면 솔바람 소리는 극한의 추위와 고난에서 창조된 역설의 미학이었음을 알 수 있다. 모진 바람이 오히려 소나무를 거문고처럼 울리게 하는 악기로 만든 것이다.

바람 소리만이 아니다. 소나무는 식생이 부적합한 땅을 골라 자라기 때문에 다른 나무에서는 찾아볼 수 없는 굴곡의 조형미를 지니게 된다.

그래서 시인들은 소나무를 푸른 용이 하늘에 뜬 구름을 안고 있는 모습으로 묘사하기도 하고, 때로는 송피(松皮)를 용의 비늘로 보고 그 몸통을 꿈틀거리며 하늘로 승천하는 적룡(赤龍)으로 표현하기도 한다.

일지송 10폭 병풍 | 가회박물관 소장 | 천년을 사는 학과 더불어 철갑을 두른 듯한 가지가 하늘을 향해 그 기세를 힘껏 내뿜고 있다.

소나무형 문화와 버드나무형 문화

소나무와 가장 다른 나무가 바로 버들이다. 소나무는 기암절벽의 높은 곳에 서 있어야 소나무답다. 그리고 홀로 서 있는 낙락장송일수록 더욱 소나무다워진다. 그래서 성삼문(成三問) 같은 옛 선비들은 봉래산 제일봉의 낙락장송(落落長松)에서 자신의 모습을 찾으려 했다.

그러나 버드나무는 정반대다. 높은 봉우리가 아니라 물이 흐르는 냇가의 낮은 평지를 찾는다. 냇물처럼 흐르듯이 가지가 나부낄 때 버들은 비로소 버들이 된다. 그것은 장중한 것도 영감적인 것도 아니라고 중국의 철학자 린위탕(林語堂)은 말한다. 단지 버들은 부드럽고 섬세하기 때문에 아름다운 여인을 연상케 한다는 것이다.

소나무는 시화 속에서 검고 무거운 바위와 짝을 이루고 있는데 비해 버들은 언제나 꽃과 대구를 이룬다. 유암화명(柳暗花明)이라는 말이 그것이다. 소나무가 금욕적인 이념의 나무라면 버들은 현세적인 쾌락의 나무다. 수양제가 행궁을 짓고 음란하게 놀 때 그 강언덕에 심었던 나무는 바로 버들이었다.

심지어 그 나무를 찾아오는 생물까지도 다르다. 「버들을 심는 뜻은 매미를 청하기 위함」이라는 장조(張潮)의 시처럼 그것은 노송에 와 앉는 학과 어쩌면 그렇게도 대조적인가. 《이솝 우화》가 아니라도 매미는 여름 한철 노래로 소일하다가 덧없이 꺼져버리는 찰나의 삶이다. 그런데 학은 천년을 산다고 했고, 한번 깃을 치면 어느 시인의 말대로 천애(天涯)에 맞닿는다. 모든 나무는 지상에 있으면서도 그 가지는 언제나 하늘을 향해 상승한다. 그렇기 때문에 인간은 신화시대부터 자신의 운명을 초월하는 종교의 의미를 그 수목으로부터 구하려 했던 것이다.

그런데 유독 수양버들만은 그 가지가 땅을 향해 드리워져 있다. 바람에 대해서만이 아니다. 땅의 중력에 대해서도 순응적이다. 백 가지 설명보다도 화류계라는 말을 보면 알 수 있다. 두말할 것 없이 그것은 세속적 쾌락주의인 창기문화(唱妓文化)를 가리킨다.

깊은 뿌리와 얕은 뿌리

이러한 비교만으로도 우리는 소나무형과 버드나무형의 문화적 성격이 무엇인지 짐작할 수 있다. 무엇보다도 두 문화의 차이를 결정짓는 근본적(根本的)인 특성은 문자의 뜻 그대로 뿌리에서 오는 것이다. 소나무는 바람과 정면으로 부딪치면서 살아가야 하기 때문에 땅 속 깊게 그 뿌리를 박지 않으면 안 된다.

그런데 버드나무는 바람 부는 대로 나부낀다. 뿌리가 깊지 않아도 맞서는 일이 없기에 웬만한 바람은 그대로 다 지나간다. 그래서 버드나무의 뿌리는 얕고 잔뿌리만 무성하다. 심근성(深根性)인 소나무와는 반대로 '천근성(淺根性)'에 속하는 나무다.

그 때문에 소나무는 일단 한 곳에 뿌리를 내리면 여간해서 다른 곳으로 옮겨 심기가 어렵다. 하지만 버드나무는 가지만 꺾어 심어도 산다. 뿌리돌리기를 하지 않으면 이식이 거의 불가능한 소나무에 비해서 버드나무는 나무 가운데 삽목(挿木)하는 데 가장 쉽다. 그래서인지 버드나무는 이별을 상징한다.

결코 우연한 일이 아닐 것이다. 누군가 길을 떠날 때 버들가지를 꺾어 주는 풍습은 한(漢)나라 때부터 있어왔던 풍습이라고 한다. 물을 마실 때 버들잎을 띄워 마시라는 의미에서 그런 풍습이 생겨난 것이라고들 하지만 그보다는 아무 곳에 옮겨 심어도 뿌리를 내리는 버드나무처럼 객지에서도 잘 적응하며 살라는 상징이 아닌가 싶다.

문화의 특성도 인간의 성격도 심근성과 천근성으로 크게 나누어볼 수 있을 것이다. 심근성의 문화를 이념이나 정통에 깊이 뿌리를 박고 사는 원리주의적 문화라고 한다면, 천근성의 문화는 실리적이고 추수적(追隨的)인 순응주의적 문화라고 할 수 있다. 소나무 가지는 한번 꺾이고 부러지면 재생 불능이지만 버들은 아무 데서나 새 가지가 나온다.

이렇게 고지식하고 융통성이 없는 깐깐한 소나무 문화와는 달리 뿌리가 얕기에 오히려 덕을 보는 버드나무형 문화, 우리 문화는 지금 소나무형 문화에서 버드나무형 문화로 옮겨 가고 있는 중인지도 모른다. 그리고 그것을 근대화요, 선진화로 오해하고 있는 사람이 많은 것 같다.

'버들가지가 딱딱한 장작을 묶는다.' 는 속담처럼 연하고 심지가 없기에 때로는 강한 것을 이길 수도 있는 실리주의 문화, 성장이 빠르면서도 금세 시들기를 잘하고 썩을 때는 겉이 아니라 속부터 썩어들어 가는 퇴폐 문화, 이 천근성 버들 문화는 일찍이 '뿌리깊은 나무' 를 노래한 〈용비어천가〉의 세계와는 너무나도 멀고 이질적이다.

소나무와 한국인의 정체성

소나무를 보면 옛날의 우리 한국인이 보인다. 정말 그렇다. 나무는 사람이다. 생물학적인 분류로 보면 인간은 동물에 속해 있지만, 수직으로 서 있는 자세로 보면 오히려 식물에 더 가깝다. 옛날 사람들의 표현대로 하자면 동물은 횡생(橫生)이요, 인간은 식물과 같은 종생(從生)이다.

그래서 나무는 한 민족의 품성이나 기상을 나타내는 상징으로 즐겨 사용되어 왔다. 영국의 느릅나무, 러시아의 자작나무, 레바논의 삼나무, 인도의 보리수, 서역의 올리브 나무가 그렇다. 물론 동북아의 문화와 종교를 상징하는 것은 소나무지만 중국하면 한때 유행하던 말처럼 대나무의 장막이 생각나고, 일본이라고 하면 조엽수림(照葉樹林)의 나무들이 더 강한 이미지로 떠오른다. 역시 소나무는 한국인을 상징하는 나무라고 말하지 않을 수 없다.

꽃으로 친다면 무궁화요 매화요 진달래지만, 나무로 치면 분명 한국인은 소나무다. '남산 위의 저 소나무 철갑을 두른 듯 바

진파리 고분 벽화 | 평남 중화군 동두면 진파리 소재 | 왕릉 주위에 분포한 14기 고분 중 하나에서 발견된 소나무 벽화로 강한 바람에도 넘어지지 않고 꿋꿋하게 서 있는 모습이 고구려의 기상을 잘 나타내 준다.

람서리 불변함은 우리 기상일세' 우리가 부르는 애국가의 2절의 가사를 봐도 소나무는 무궁화와 짝을 이루는 한국인의 상징이며 절의를 높이 아는 유교의 심성이다. 상징적인 세계만 그런 것은 아니다. 실제의 일상세계에서도 그렇다. 한국인은 태어날 때에는 대문에 단 금줄의 소나무 가지에서 시작해, 죽을 때에는 소나무의 칠성판 위에서 끝난다. 아니다. 죽고 난 뒤에도 소나무와의 관계는 끊이지 않고 계속 이어진다. 무덤 주위를 둘러싼 도래솔이 그것이다.

정조가 뒤주 속에서 죽은 아버지의 한을 풀기 위해 새 능묘를 조영할 때 어째서 능역 40리를 소나무로 채웠는지 이해가 간다. 실용적인 면에서도 조선조 때의 금산(禁山)이나 봉산(封山)의 산림정책은 주로 왕실에서 필요로 하는 소나무 목재를 확보하기 위한 제도였다. 왕이 사는 궁궐을 지을 때는 물론이고 사후에 쓰일 그 관재(棺材) 역시 잘 키운 소나무여야 했다.

왜관을 설치한 뒤 일본인들이 삼포의 난을 일으키게 된 것도 그들이 금산에 들어가 소나무를 잘라낸 것이 그 원인의 하나이기도 했다. 위로는 왕실에서 아래로는 서민에 이르기까지 소나무 없이는 살지 못한 것이 바로 한국인이었다.

남산 위의 저 소나무

하지만 '남산 위의 저 소나무' 라고 애국가를 부를 때 머리에 떠오르는 것은 반드시 한국의 풍경만은 아닐 것이다. 「국화를 따면서 먼 남산을 바라본다.」는 도연명의 유명한 〈귀거래사〉에도 남산이 나오고, 느낌은 다르나 「어둑어둑한 저녁 무렵 홀로 외로이 서 있는 소나무를 어루만지며 서성거린다.」는 시구도 함께 등장하고 있기 때문이다. 소나무 옆을 보면 중국인도 보이는 것이다.

그리고 금줄에 소나무 가지를 꽂은 한국의 대문을 보면 일본인이 보일 것이다. 정월 초하루만 되면 문간에 세워두는 가도마츠(門松) 때문이다. 어제오늘의 이야기가 아니다. 백제의 무령왕릉에서 발굴된 왕의 목곽(木槨)이 일본에서만 나는 금송(金松)이라는 놀라운 사실이 밝혀진 것을 보더라도 두 나라의 장례문화와 소나무의 상징관계를 엿볼 수 있다.

이렇게 소나무는 한국인만이 아니라 중국인과 일본인과의 관계도 비쳐 주고 있다. 한국은 '솔', 일본은 '마츠', 중국은 '송' 제각기 다른 말로 부르지만 한자문화권에서 살아온 세 나라 사람들은 다같이 '松' 이라는 문자로 소나무 문화를 기술해 왔다. 그렇기 때문에 소나무와 한국인의 거리를 올바로 재기 위해서는 중국, 일본을 포함한 삼각 관측법을 쓰지 않으면 안 될 것이다. 무엇이 같고 무엇이 다른가. 동질성과 그 차이성을 비교하면 한국인의 정체성을 더욱 분명하게 파악할 수 있다. 소나무의 문화 코드를 통해서 우리는 "나는 누구인가" "나는 어디에서 왔는가?" 그리고 "나는 어디로 가고 있는가?"의 물음에 답할 수 있다. 내셔널, 로컬 그리고 글로벌의 경계 침범 속에서 지금 격심한 정체성의 혼란을 겪고 있는 한국인에게 있어서, 소나무는 오늘도 여전히 영험한 신목(神木)으로서 우리의 생활과 의식 속에 깊이 그 가지를 드리우고 있다.

松 그리고 소나무와 마츠(まつ)

말은 문화의 화석이며 생각의 유전자다. 한·중·일 세 나라는 서로 다른 언어를 사용하고 있지만, 문자로 기술할 때에는 다같이 한자를 공유해 왔다. 한자문화권이라는 말도 그래서 생겨났다. 동북아 문화 텍스트는 한자의 날줄과 자국어의 씨줄로 짜여진다. 소나무도 예외가 아니다.

한자의 송(松)은 '木'과 '公'의 두 글자로 구성되어 있다. 이때의 공은 뜻이 아니라 단지 소리를 나타낸 성부(聲符)다. 하지만 원래 한자에서는 음을 빌려올 때에도 암암리에 그에 알맞은 뜻을 내포시키는 경우가 많다. 그래서 松자의 公을 벼슬 칭호로 풀이하는 속설도 생겨났다. 뜻으로 풀이하면 '공'은 중국의 벼슬 품계인 공·후·백·자·남(公, 侯, 伯, 子, 男)가운데 가장 높은 지위를 나타내는 글자다. 오늘날에도 상대를 높여 부를 때 성씨에 공자를 부쳐 이공(李公)이니 박공(朴公)이니 하는 것처럼, 소나무를 목공(木公)이라고 하는 것은 이미 그 글자 자체가 귀하고 높은 신분을 나타내는 상징어가 되는 셈이다.

학문적인 자원(字源)이라고는 할 수 없지만 동북아의 세 나라 사람들이 소나무를 백목지장(百木之長)으로 대해 온 것만은 부정할 수 없다. 그러한 이미지는 글자만이 아니라 진시황이 태산을 순유하던 중 갑자기 쏟아진 폭우를 피할 수 있게 한 소나무에 대해, 고마움의 표시로 오대부(五大夫)의 벼슬을 내렸다는 중국의 고사에서부터 비롯된 것이라고 할 수 있다. 그리고 그러한 이야기의 원형은 법주사로 행차하던 세조의 연(輦)이 지날 때 스스로 그 가지를 들어 올렸다하여 벼슬을 내렸다는 속리산 정이품 소나무로 이어지기도 한다.

벼슬에 관련된 소나무의 이미지와 그 상징성은 유교사회의 사대부 문화를 반영한 것이지만 동시에 어째서 소나무만이 세한삼우 가운데 사군자의 반열에 오르지 못했는가를 설명하는 대목이기도 하다. 소나무는 같은 유교의 문화 코드에 속해 있는 나무지만, 매화와 비교해 보면 그 이미지와 상징적 의미가 서로 다르다는 사실을 알게 된다.

매화는 평생을 고산(孤山)에 은거하여 세상 밖으로 나오지 않은 임포(林逋)의 처이며[梅妻鶴子] 70여 번이나 벼슬자리를 사양하고 퇴했던 퇴계의 나무다. 일본에서도 매화는 유배된 땅에서 억울하게 죽은 학문의 신 스가와라 미치자네(管原道實)의 혼이다. 매화는 선비의 이미지이지 결코 벼슬한 공경대부(公卿大夫)의 상징은 아니다.

신을 기다리고 맞이하는 나무

그렇다. 소나무는 삼공(三公, 영의정·좌의정·우의정)의 나무다. 번성하고 당당하고 의연한 나무의 품위가 그렇다. 벼슬 세계가 아닌 일상생활에서도 소나무는 금·은·동의 경우처럼 등급을 나타내는 데 있어서 언제나 으뜸을 차지하는 상징물이다. 나무나 화초에 벼슬의 품위를 달아 주는 유교적 질서와 자연관 자체가 소나무의 문화 코드와 관련된 것이라 할 수 있다. 소나무는 두말할 것 없이 대나무, 연꽃, 국화와 함께 1품으로 분류된다.

오늘날에도 소나무는 화투놀이에서는 정월의 첫 번째 달을 차지하고, 일식당 메뉴에서는 제일 값비싼 음식을 표시하는 기호다. 한자의 영향 때문인가. 한국말의 '솔' 역시 우두머리를 뜻하는 고어 '수리'에서 나온 말이라고 주장하는 학자도 있다. '수리'가 '술'이 되고 '술'이 다시 '솔'로 변했다는 설이다. 물론 한국말의 '솔'은 중국 음의 '송'에서 나왔다는 설도 있고, 햇살이니 물살이니 하는 살과 관련된 말에서 연유된 것이라고 풀이하는 경우도 있다. 본문을 통해서 좀 더 자세히 그 어원을 살펴보게 될 테지만 소나무에 관한 삼국의 명칭들을 비교·분석하면 소나무의 다양한 문화 코드와 그것이 굴절된 문화 텍스트를 읽는 중요한 단서가 될 것이다.

중국어의 송이나, 한국어의 솔과는 달리 일본말로는 '마츠'라고 한다. 그 음이 '기다리다'의 마츠(待つ)와 똑같다. 일본어는 한·중·일 세 나라 말 가운데 음절수가 가장 적다. 중국어는 모음이 37개이고 자음이 21개로 기본 음절이 427개에 달하지만, 일본어는 모음이 5개 자음이 10개로 전부 합쳐서 48개밖에 되지 않는다. 한국어는 현재 모음이 7개 자음이 14개지만 조립 문자수로 하면 일본어는 물론이고 중국어보다도 훨씬 많아진다.

그래서 일본어에는 뜻은 다르나 음이 똑같은 동음이의어(同音異議語)가 비교할 수 없을 만큼 많다. 거기에서 일본 특유의 다자레(だ酒落)나 고로아와세(語呂合わせ) 같은 말장난이 생겨나고, 유추나 은유 같은 특수한 의미 변환의 구조물을 만들어내기도 한다. 그래서 일본의 소나무는 마츠(소나무)와 마츠(기다림)가 어우러져 종교나 예술의 중요한 문화 코드를 만들어낸다.

소나무는 신을 기다리고 맞이하는 통로의 상징으로 공경대부의 유교적인 상징성보다는 강신(降神)의 신목으로서의 이미지가 더 강해진다. 그러한 코드가 종교의식에 나타나면 앞서 말한 '가도마츠'가 되고 예술문화의 양식으로 등장하면 '노가쿠(能樂)'의 무대 장치인 '가가미이다(鏡板)'가 된다. 소나무는 '신'을 기다리고 맞이하는 통로로서 그들의 토착신앙인 신도(神道)와 깊이 관련된다.

신이 내리는 종교상징의 문화 코드

이렇게 어원을 좇다보면 우리의 시선은 자연히 소나무의 유교적인 종교 코드에서 일본의 신도와 도교로 옮겨지게 될 것이다. 동북아의 종교 코드의 특징인 유·불·도 삼교 일치는 소나무의 경우도 예외가 아니다. 일본의 '노' 무대의 '가가미이다'에 그려진 소나무를 일본인들은 신령(神靈)이 타고 내려오는 '요리시로(依り代)'라고 부른다. 그러므로 '노'의 무대는 바로 신을 기다리고 맞이하는 신성한 공간이 된다.

노만이 아니라 소나무는 곧 신목(神木)의 상징으로 일본의 신도는 물론이고 신불(神佛)이 하나라는 사상이 등장하면서 불교의 보살과 같은 역할을 하기도 한다.

그러나 어떤가. 한국에는 노 같은 무극(舞劇)이나 소나무를 그려 놓은 무대 장식은 없지만, 나무가 하늘과 땅을 잇는 신목의 상징으로 신을 내리게 하는 작용은 흔하다. 무당이 굿을 할 때 손에 잡는 신장대가 바로 그것이다. 그리고 땅을 상징하는 호랑이와 하늘을 상징하는 까치 사이를 중계하는 〈까치 호랑이 그림(鵲虎圖)〉의 노송(老松)도 같은 상징이다.

아마도 일본의 '요리시로'의 소나무의 근원을 캐 올라가면 한국의 '솟대'와도 통할지 모른다. 솟대는 과거에 급제한 사람을 위해 마을 어귀에 높이 세우던 붉은 장대를 뜻하기도 하고, 혹은 섣달 무렵에 농가에서 새해의 풍년을 바라는 뜻으로 볍씨를 주머니에 넣

일본 노(能)의 무대 장치 | 무사 계급의 놀이 문화의 하나였던 '노(能)'의 무대 장식에 그려진 소나무는 신령이 타고 내려오는 '요리시로'로 불린다. 이로써 무대는 신을 기다리고 맞이하는 신성한 공간이 된다.

어 높이 달아매는 장대를 뜻하는 말이지만, 그 근원을 캐보면 삼한시대에 각 고을마다 신단(神壇)을 차리고 그 앞에 큰 나무를 세워 천신에게 제사를 올렸다는 소도(蘇塗)와 연결된다. 그리고 다시 또 거슬러 올라가면 하늘에서 신(황웅)이 내려온 단군신화의 신단수(神檀樹)와 합쳐진다.

여기에서 그치지 않는다. 그것을 이번에는 옆으로 확산하면 세계의 종교적인 원형인 코스믹 트리, 월드 트리(세계수, 우주목)가 될 것이다. 종교학사 엘리아데(M. Eliade)의 이야기를 들어보면, 소나무가 신목이나 우주목의 상징이 되는 것은 모든 나무가 공통적으로 지니고 있는 수직적 수형의 이미지 때문이라는 것을 알 수 있다. 나무만이 아니라 왕의 홀(笏), 노인의 지팡이, 기둥, 산, 바위 등 수직적인 형상은 모두가 세계수와 같은 작용으로 하늘과 땅을 잇기도 하고 분리시키기도 하는 양의적인 상징성을 띤다.

그렇다면 나무 줄기의 굴곡이 심하고 그 가지가 옆으로 퍼져 있는 소나무는 수직성이 약해 장대나 사다리 같은 강신의 역할을 하기에는 부적절하다는 것을 알게 된다. 동시에 소나무가 우주목의 수직성을 상징할 경우에는 수형이 꼿꼿한 잣나무와 짝을 이루지 않으면 안 된다는 사실도 알게 된다. 그것이 소나무가 단독적인 상징으로 쓰이는 경우보다 '송백'(松栢)이란 말로 표상되는 일이 많은 이유이기도 하다.

장생과 도교

소나무가 종교 코드와 관련되어 있는 것은 모든 나무가 지니고 있는 수직성보다는 서리와 눈을 이겨내는 불변의 상록성을 지니고 있기 때문이다. 그리고 같은 상록성의 특성이라 해도 유교와 도교의 종교적 코드에 따라 서로 다른 패러다임을 만들어낸다. 유교적인 코드에서 소나무 잎의 푸른색은 권력이나 물질에 대한 집착 없이 맑고 곧은 마음으로 자신을 수련하는 선비의 이미지를 나타낸다. 동시에 소나무가 서리와 눈을 이기고 늘 푸르다는 것은 불의와 타협하지 않은 선비의 지조와 강한 절의를 상징한다.

하지만 도교의 코드에서는 소나무의 푸른빛은 신선의 상징인 청우(青牛)와 관련된다. 소나무가 천년을 묵어 그 정기가 소로 화한 것이 바로 청우라는 것이다. 청우를 타고 천하를 주유했다는 노자의 고사에서는 푸른 소나무는 푸른 소와 동일시된다.

그리고 풍상을 모르는 소나무의 상록성 역시 불로장생의 신선사상과 결합된다. 유교와 도교의 상징은 서로 혼유되어 넘나드는 경우가 있지만, 소나무의 문화 코드에서는 다른 어떤 것보다 선명한 텍스트의 차이성을 보여 준다.

「껍데기는 용의 비늘 같고, 잎은 말갈기 같으며, 눈서리를 맞아도 시들지 않고, 천년을 지내도 죽지 않는다.」는 소나무의 묘사를 보고 떠올리는 것은 선비가 아니라 신선의 모습일 것이다. 중국 대륙의 전설이나 고사에 등장하는 신선의 이름이 적송자(赤松子)라는 것과 금시 부합한다.

신선의 종교적 코드에서 소나무는 수직성을 강조하는 코스믹 트리의 상징과는 달리, 일반화된 관념에서 벗어나 개별화와 구체화의 성격을 띤다. 그 경우 소나무는 잣나무와 짝을 이루는 것이 아니라 장수의 학과 어우른다. 이른바 송수천년 학수만년(松壽千年 鶴壽萬年)의 선계(仙界)가 출현하는 것이다. 선비들이 입는 도포를 학창의(鶴氅衣)라고 하듯이 학은 유교적인 문화 코드에도 간여하고 있으나 장수성보다는 흰빛의 색채에 무게를 둔 선비의 청렴결백성을 나타낸다.

불로장생을 이상으로 하는 도교의 신선사상과 노송의 모습은 수령이나 형상만이 아니라 솔잎과 송화, 수피와 뿌리 같은 부분으로 개별화하고 더욱 세분화한다. 소나무가 장수하는 나무라는 사실은 서양에서도 널리 알려진 것이고, 오히려 동양보다도 더 환상적인 수령을 보여 주는 경우도 있다. 살아서 5천년 죽어서 7천년 무려 1만 2천 년이 넘는 생애가 응집되어 있다는 미국 남가주 지역에 있는 모하비 사막의 고원지대에 서식하고 있는 '브리스틀 콘 소나무(Bristle cone Pine: Pinus aristata)'가 그렇다. 다만 신선사상이나 선비정신의 문화가 없었기 때문에 그것이 문화 코드로 형성되지 못했을 뿐이다.

특히 동북아 소나무의 종교적 코드는 식문화의 코드로 이입되어 불로장생의 선식(仙食)으로 발전된다. 언어적 요소나 시각적 특성은 미각적인 것으로 바뀌어 소나무는 관념적인 신선 사상에서 직접 입으로 먹는 식문화의 패러다임으로 전환되기도 한다. 매화의 꽃잎이 다섯이라 오행사상과 연결지었듯이, 솔잎은 주로 두 갈래의 모양으로 된 이엽송이 주류를 이루고 있어서 음양사상의 상징성을 지니게 된다. 수피, 송화가루 그리고 송실은 신선술을 닦는 데 필수적인 식품이 된다. 그래서 '복송실(服松實)'이라고 하면 송실을 먹어 300살까지 수를 누리며 신을 배운다는 뜻이 된다.

특히 소나무 뿌리에 난 혹을 '복령'이라고 하는데, 사람들은 소나무의 정기가 나무 뿌리에 숨어 있다가 튀어나온 것이라고 하여 그것을 무병장수의 약재로 사용했다. 모두가 소나무의 신선 상징을 불로장생을 얻는 음식이요, 의약으로 생각한 것이다.

이와 같은 도교의 식문화 코드인 식의동원(食醫同源)은 맥도날드와 같은 서양의 패스트푸드의 식문화와 대조를 이루는 것으로 〈대장금〉과 같은 TV 드라마에까지 이어져 아시아에 한류붐까지 일으키고 있다. 신선로, 비빔밥, 오훈채의 나물에 이르기까지 한국 음식문화의 기본 구조가 오방색으로 되어 있는 것도 이와 같은 소나무의 도교적인 문화 코드에서 발생한 것으로 풀이될 수 있다.

유교와 도교에 비해서 상징성이 가장 약한 것이 불교다. 소나무 위의 흰 구름은 불교를 상징하지만, 구름 역시 십장생의 하나로 도교적인 색채가 강하다. 오히려 신선의 장생

사상은 불교적인 생명관과는 정면으로 충돌할 수가 있다. 생자필멸에서 출발하는 불교의 인생관에서는 장수 자체도 초로에 불과한 것이다.

소나무와 문학 코드

소나무의 문학예술의 코드는 종교적인 것에서 크게 벗어나 있지 않다. 다만 관념보다 감각적 이미지를 매개로 표현되는 언어나 회화 텍스트에서는, 소나무가 지닌 유교적인 풍상을 모르는 상록의 송백지조(松柏之操)는 '추위의 미학'을 낳고, 천년을 사는 소나무의 도교적인 장생 상징은 '늙음의 미학'으로 전이된다. 그래서 서양과는 차별화된 동북아 특유의 역설적인 문화 텍스트를 만들어낸다. 이인문(李寅文)의 〈설송도〉처럼 소나무의 푸른 가지를 덮은 흰 눈의 대조가 그렇고 젊은이보다 강한 신선의 의연한 힘이 그렇다. '여름의 더위'와 '젊음의 아름다움'을 나타내는 장미의 미학과는 대조적인 문화 텍스트다.

창송(蒼松)이라고 하면 푸른 소나무라고 읽히지만, 실은 이때의 창은 청년의 청(靑)과는 달리 늙음의 뜻으로 노송을 가리킨다. 두보(杜甫)의 옥화궁(玉華宮)에 나오는 창서(蒼鼠)를 푸른 쥐가 아니라 늙은 쥐라고 의미하는 것과 같다. 추위와 늙음을 감각화해 아름다움을 만들어내는 미학의 코드는 종교적인 이미지나 상징에서는 볼 수 없는 대조·반어·역설과 같은 감흥을 일으킨다.

그러므로 종교적인 이념을 빼내도 소나무의 상록의 아름다움과 그 감성의 기쁨은 우

세한삼우(歲寒三友) | 해애(海涯), 14세기, 일본 묘만지(妙滿寺) 소장 | 고려의 화승 해애가 그린 그림으로, 고려 중엽의 것으로 추정하고 있다.

송석도(松石圖) | 홍인(弘仁), 당(唐) | 바위와 어우러진 소나무에서 강인함이 느껴진다.

리에게 미적 감동을 자아낸다. 그리고 그것은 풍류라는 동북아 공통의 미학을 형성한다.

> 明月松間照　밝은 달은 소나무 사이를 비추고
> 淸泉石上流　밝은 샘물은 바위 위를 흐른다.

당나라 왕유(王維)의 〈산거추명(山居秋暝)〉이라는 시는 한시 특유의 대구법으로 구성되어 있다. 야콥슨의 주목을 끈 바로 패래럴리즘(parallelism, 대구법)의 독특한 시적 양식에서 오는 아름다움이다. 시적 이미지는 소나무 사이로 달빛이 비추고 바위 위로는 맑은 샘물이 흐르는 가을밤의 풍경묘사지만, 이 시가 일으키는 감흥이나 아름다움은 유교나 도교의 이념과 직접 간여되어 있는 것은 아니다. 굳이 따지자면 선적(禪)인 세계 혹은 선경(仙境)이라고 할 수 있지만 그 시적 이미지의 구조를 살펴보면 훨씬 더 복잡한 문학 텍스트의 특성을 발견하게 된다.

상구(上句)의 소나무는 달과 관련된다. 소나무 사이로 비치〔照〕는 달빛은 소나무에 대한 특이한 조명장치가 되는 셈이다. 그러나 하구(下句)와 연결되면 소나무는 바위와 관련을 맺는다. 그리고 자연히 소나무를 비추던 달은 맑은 샘물과 짝을 이루게 되고(明/淸), 비추는 것은 흐르는 것과 대조를 이룬다(照/流). 또한 밝은 달빛은 위에서 아래로 소나무 사이를 비추고, 맑은 샘물은 아래에서 솟아 바위 위로 흐른다 (上/下).

모든 시어는 서로 짝을 이루며 서로 다른 이미지가 상호작용을 하면서 메아리친다. 물은 빛이 되고 소나무는 바위가 되고 바위는 소나무가 되고 물은 빛이 된다. 이 교감의 한없는 울림 속에서 소나무는 우주 전체의 자연과 조응하면서 미적인 언어 공간을 만들어낸다.

이러한 언어적 사물의 즉물적인 충돌과 교감은 회화에서는 시각적인 색채나 조형적인 대조법에 의해서 이루어진다. 대개 송하(松下)의 화제로 시작되는 소나무 그림은 소나무 아래에서 한담을 나누거나 피리 혹은 거문고를 타는 노인(신선), 학·사슴과 같은 동물 아니면 폭포수·달·구름 같은 자연물과 어울린다. 아무리 종교적인 이념을 불어 넣으려고 해도 소나무 그림은 소나무 줄기의 흐르는 굴곡미, 솔잎의 뭉침과 번짐의 우연성, 소나무 가죽의 비늘들의 집합미 등으로 매화와 대나무에 비해 훨씬 남성적이고 동적인 미적 효과를 낸다. 회화 속의 일반적인 성 상징에서 매화나무가 여성을 상징하는 데 비해 소나무는 남성을 상징한다.

하지만 우리는 동양 회화의 특성인 문인화 가운데 소나무 그림이 의외로 적다는 것에 충격을 받게 될 것이다. 세한삼우의 송·죽·매 가운데 관념적으로는 소나무가 대나무와 매화보다 앞서지만 그림의 종류에서는 훨씬 못 미친다.

그 이유를 살펴 가면 동북아의 문인화의 특성이 자연스럽게 부각될 것이다. 그것은 문인들이 정성을 들여 그린 것이 사군자의 매·난·국·죽이었기 때문이라고 보여진다. 이미 말한 대로 소나무는 사림(士林)의 선비상이라기보다는 조정에서 높은 벼슬을 하는 대부의 이미지를 지니고 있어서 사군자에 들어 있지 않다. 그러나 그 상징성의 차이 때문만은 아니다. 그보다는 그림을 그리는 기법상의 문제로 풀이하는 관점도 있다.

사군자에는 없는 소나무의 문인화

사군자를 그리는 기법은 서예의 서법에 바탕을 둔 것이라 문인들이면 쉽게 접근할 수 있다. 그러므로 여기(餘技)로 즐기거나 수양으로 사군자를 그려 온 선비들에게 있어서 서법과 거리가 먼 소나무를 그린다는 것은 결코 쉬운 일이 아니다. 단순한 추측이 아닌 것이 실제로 소나무 그림은 화공에 의해 더 많이 그려졌다. 신라의 화백 솔거가 황룡사 벽에 그렸다는 전설적인 그림이 바로 〈노송도(老松圖)〉였다는 것은 우연한 일이 아닐 것이다.

〈송하한담도(松下閑談圖)〉 | 이인문(李寅文), 1805년, 국립중앙박물관 소장 | 노송 아래 폭포를 배경으로 담소는 나누는 두 인물의 등장은 이인문 그림 속에 자주 등장하는데, 이 그림은 그가 61세 때 그린 그림이다. 속도 있는 필선이 보는 이로 하여금 시원함을 느끼게 해주는 이 그림 상단에 김홍도의 오언율시가 적혀 있다.

그러니까 소나무 그림은 서화(書畵) 일치의 동양 회화의 문화 코드에서 일탈되어 있는 것이 그 특징이라 할 수 있다. 그런 관점으로 보면 동양 삼국 가운데 소나무를 단독으로 가장 많이 그린 것이 일본인들이라는 점에 주목할 필요가 있다. 유교 전통이 낮은 일본에서는 문인화보다는 선승들이 그린 선화(禪畵)나 가노 에이토쿠(狩野永德) 같은 가문의 전문 화가들에 의해서 그려진 후스마에 같은 것이 주류를 이루어 왔기 때문이다.

무가(武家)나 선사(禪寺)의 주거 양식의 특성의 하나인 넓은 후스마(ふすま, 장지문)의 그림에는 용이나 소나무의 노송보다 적합한 것이 없다. 다이묘들이 모여 일하는 에도 성(江戶城)의 넓은 마츠노마(松の間)의 장지에 웅대한 소나무 그림이 그려져 있었다는 사실을 보면 이해가 갈 것이다.

역시 선비의 문화와 무가(武家)의 문

화가 어떻게 다른지 소나무 그림을 축으로 비교할 때 분명한 차이와 그 특성이 드러난다.

　　한국이나 중국의 소나무 그림은 산수화의 풍경의 하나로 그려져 있거나 혹은 김정희의 〈세한도〉처럼 성상에도 변하지 않은 선비의 절의를 나타내는 상징기호로 그려진다. 소나무는 노송이라고 해도 그 나무 등걸과 줄기가 결코 굵은 편이 아니다. 하지만 일본의 후스마에 그려진 소나무 그림들은 한결같이 한 그루이고 그 모습은 용의 몸통처럼 웅대하게 그려져 있다.

십장생도와 일월도의 소나무

그러나 문인화가 아니라 장수 사상을 나타내는 민속화에는 소나무를 그린 그림이 많다. 도교의 영향을 받은 십장생을 소재로 하고 있기 때문이다. 길상과 기복을 보여 주는 그림들은 생활 의례에서 장식적인 문양에 이르기까지 널리 번져 있다

　　소나무는 학·사슴과 가장 많이 어울려서 송학문(松鶴紋)과 송록문(松鹿紋) 같은 것이 되기도 하고, 해와 달과 배합해 어좌의 배면의 병풍을 장식한 〈오악일월도〉가 되기도 한다. 해와 달로 왕과 왕후를 상징하고 천지의 우주를 나타내는 일월의 병풍 그림에서 소나무는 유일하게 생물체라는 점에서 주목을 끈다.

　　〈십장생도〉나 〈오악일월도〉에 그려진 소나무는 극도로 양식화되고 문양화되어 있어 장식성이 강하다. 그래서 일상생활의 가구나 문방구, 도자기 같은 생활용품에 응용된다. 그것은 이미 솔거의 〈노송도〉처럼 새들이 착각해서 앉으려 하는 리얼리티를 갖고 있는 소나무가 아니다. 상징성이 강한 도안이나 그래픽 디자인으로서의 소나무는 생물과 무생물, 식물과 동물 그리고 현실과 가상현실이 함께 혼유되어 있는 〈십장생도〉의 일부로서 존재한다. 자연히 사실적인 회화성보다는 기호화(記號化)된 아이콘으로서 천수 만수의 신선 세계를 보여 주는 코리언 드림이다.

　　따라서 그러한 그림들은 양식화와 장식성이 강한 일본의 문양에 나타난 소나무 그림이나 일본 특유의 문자들을 소나무 그림 속에 숨겨둔 가쿠시에(본문 115페이지 참조)와 가까운 모습을 하고 있다. 하지만 일본의 소나무 문양들은 보다 세분화한 것으로 소나무 모양을 비롯해 솔잎, 솔방울, 소나무 껍질 그리고 소나무와 학을 함께 그린 송학문 등 다양한 소재와 양식을 보여 준다. 한결같이 대칭적이고 기하학적인 도상으로 정형화한 것들로서 송학문 역시 송학이 솔잎을 물고 있는 형상을 한 한국 것과는 아주 다른 느낌을 준다.

　　정형성을 싫어하고 양식에 얽매이는 것을 싫어하는 한국인의 의식과 세밀하고 규격화 한 틀을 좋아하는 일본인의 성격의 특성이 서로가 극명한 차이를 나타내 주는 문화 텍스트를 만들어낸다.

참나무로는 못 만드는 백자의 미

일본과 서양의 여러 나라가 한국이나 중국을 따를 수 없었던 것 가운데 하나가 도자기 문화다. 생활문화의 텍스트에서 이 같은 차이는 사회 문화 전반에 많은 영향을 주었다. 그런데 도자기를 만드는 데 있어서 소나무가 결정적인 구실을 한다는 것은 많은 사람들이 잊고 있는 부분이다.

도자기를 만들려면 1200°C 이상의 고열을 내는 연료와 그 기술이 필요하다. 그래야만 도자기의 경질도와 유약이 빛을 발해 백토가 옥으로 변한다. 그것을 가능케 하는 것이 소나무다. 단지 고열만이 아니다. 소나무처럼 재를 남기지 않고 완전히 다 타서 없어져야만 티 없는 깨끗한 백자를 구울 수가 있다고 한다. 타는 불에서 유약을 칠한 백자 표면에 불똥이 튀면 그 백자는 버려지고 만다. 불티가 심한 참나무로는 완벽한 백자를 만들수 없다.

백자를 만드는 연료만이 아니라 소나무는 선박재나 궁궐을 만드는 목재로 사용되어 왔다는 것은 소나무가 문화 텍스트 속에서만이 아니라 실제 일상생활에서도 한국인과 분리될 수 없는 존재임을 보여 준다. 매화와 대나무보다 훨씬 더 생활에 영향을 준 목재로서

한국인이 사는 곳이면 어디에든 소나무가 자라고 있어 한국인이 수난을 당하던 일제 식민지 시기에는 소나무도 수난을 당하고, 한국인이 융성할 때에는 소나무도 금산이나 봉산에서 보호를 받고 무성했다.

왜구를 막기 위해 일본인에게 삼포를 개방해 왜관을 설치했을 때 일본인들은 금산에 들어가 소나무를 마구 베어냈으며 그것이 원인이 되어 일본인과 충돌, 이른바 삼포의 난이 발생하게 된다. 그리고 다시 일제시대 때 일본의 군국주의자들은 전쟁 수행을 위한 전략으로 송근을 캐내 기름을 짜냈다. 이른바 쇼곤유(松根油)라는 것으로 한반도의 초등학교 학생들이 학업을 중단하고 솔뿌리를 캐내는 작업에 동원되었다. 그때의 소나무는 지조나 장수의 상징이 아니라 바로 군국주의 일본의 전쟁 이미지요, 그

상징으로서 가슴에 못 박혀 있다.

그러나 지금 우리는 다시 소나무의 위기를 맞으면서 소나무의 이미지는 또 한 번 바뀌고 있는 것이다.

장생이 소멸로 바뀐 상징

소나무는 7000년 전 우리보다도 앞서 이 땅에 뿌리를 내린 나무였으며, 1400년 전부터는 참나무를 누르고 한국의 대표적인 향토 수종으로 그 지위를 누려 왔다.

애국가 2절에서 '우리 기상일세'라고 소리 높여 부르던 남산 위의 소나무는 이제 겨우 남아 있는 손바닥만 한 서식지마저도 지킬 수 없는 운명에 놓여 있다. 본디 소나무는 송충이를 이겨내는 박테리아를 자기 몸 안에서 기르고 있어서 자생력으로 살 수 있는 수세를 지니고 있다고 한다. 하지만 대기오염으로 그 박테리아가 쇠약해지면서 체질이 변하게 되고, 신종 솔잎 흑파리와 소나무의 에이즈라는 재선충(材線蟲)병의 출현으로 자력으로는 살아갈 수 없는 위기를 맞고 있다.

소나무 아래에서 거문고를 타던 신선들도, 춤을 추던 학도 모두 떠나 버리고 모든 숲

01 마츠카사몬(松毬文) | 솔방울만으로는 의미 전달이 어려워서 솔잎이 함께 등장한다. **02 마츠바몬(松葉文)** | 도쿠가와 막부 5대 장군 쯔나요시(綱吉)의 옷에 붙인 솔잎 디자인(가운데)과 나비처럼 그린 헤이안 시대의 송학문경(松鶴文鏡, 東京國立博物館)의 디자인(맨 밑)은 변형 솔잎이다. **03 소나무+동물문양(動物文樣)** | 일본의 소나무와 어울리는 동물로는 학이 으뜸이고 봉황, 매, 소, 범 등이 있다. **04 마츠바마르몬(松葉丸文)** | 에도 말기, 솔잎을 모아 우산 뼈대처럼 동그랗게 펴서 비단에 수놓은 문양. **05 마츠마루몬(松丸文)** | 소나무는 길상의 상징인 만큼 일본 그림, 문양, 정원의 디자인에 널리 원용된다.

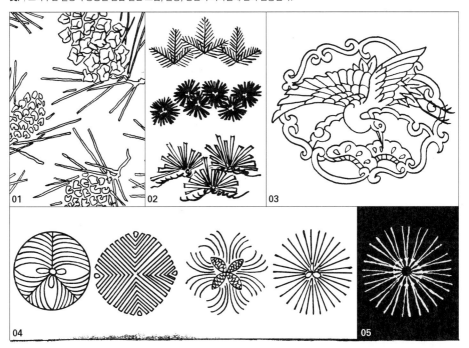

은 도시 한복판에 고립되어 '생태계의 섬'이 된 남산처럼 되어 버렸다. 「50년 전 우리 산의 60퍼센트를 덮고 있던 소나무 숲이 25년 전에는 40퍼센트, 현재는 25퍼센트 정도로 급속히 줄고 있다.」는 것이다. 이런 추세로 가면 100년 뒤에는 한반도에서 소나무 구경을 못하게 될지도 모른다는 이야기가 나오고 있다.

그러므로 자연히 소나무의 상징도 바뀌어 간다. 생태계를 파괴하는 문명이나 환경을 훼손하는 도시화의 상성만이 아니다. 「농민이 농촌을 떠나면서 소나무도 같이 없어지고 있다.」는 주장대로 소나무의 쇠락과 퇴출은 바로 한국의 전통문화의 붕괴를 상징하는 척도가 된 것이다.

소나무 씨앗이 싹을 틔우기 위해서는 반드시 맨 땅에 떨어져 햇빛을 충분히 받아야 한다. 하지만 활엽수의 낙엽들이 땅 위에 떨어진 채 그대로 쌓여 있어서 소나무 씨가 발아할 수 있는 조건을 원천적으로 막아버리게 된다. 예전에는 그런 낙엽을 농민들이 긁어내 땔감으로 썼지만 도시화와 함께 농부가 떠나면서 낙엽은 쌓여만 간다. 그리고 낙엽은 토지를 비옥하게 해 활엽수에게 자양분을 제공한다. 그 결과 결국 소나무는 싹을 틔우지 못하고 활엽수만 번성하게 된다. 활엽수로 덮인 숲은 소나무의 성장에 필요한 햇빛을 가리는 악순환을 되풀이한다.

척박한 땅에서는 왕성한 생명력으로 무성하게 자랐지만 오히려 숲이 풍요해지면 풍요해질수록 쇠락해 가는 소나무의 생존과 그 운명이 어쩌면 그렇게도 오늘의 우리 모습을 닮았단 말인가. 솔씨가 싹트지 못해 소나무가 줄어드는 현상과 출생률이 세계에서 가장 낮아진 한국인의 사회 변동이 어쩌면 그렇게도 같을 수 있는가. 햇빛을 가리는 떡갈나무 때문에 시들어 가는 그 모습이 스모그의 먼지와 고층건물에 가려 하늘을 보지 못하는 도시인들의 삶과 어쩌면 그렇게도 똑같을 수 있는가.

가난하던 시절에는 마음과 대문을 열고 살았던 한국인들이 경제적으로 풍요해진 오늘날에는 이웃과 가시철망을 치고 살지 않는가. 의리와 지조의 푸른 잎이, 장생의 붉은 가지가 재선충병으로 말라죽어 가는 것을 보는 것만 같다. 황토의 붉은 산에서도 살고 비탈진 바위틈에서도 살던 소나무가 떡갈나무, 아카시아의 푸른 숲 속에서 홀로 죽어 간다.

소나무의 쇠락에서 한국인의 문화가 시들어 가고 활엽수의 번성에서 넓어지는 현대 문명의 그늘을 본다면 누가 그것을 허풍이라고 하겠는가.

소나무의 재생과 신문화

하지만 아직도 한국인의 마음속에는 소나무의 향기와 바람 소리 그리고 장생의 전설과 상록의 기상이 그대로 남아 있다. 소나무는 벽에 걸어 놓은 그림이나 시인들과 아이들이 부르는 노래 속에서 소나무 축제의 기억과 천연기념물로서 그리고 분재나 관상목으로 우리의 마음을 씻어 준다.

소나무가 사라지고 있는 오늘날에도 특허청에 등록된 한국 상품 이름을 보면 나무 가운데 가장 많이 등장하고 있는 것이 소나무다. 장미가 한국의 전통적인 문화 상징물인 매화나 무궁화를 누르고 1위 자리를 차지하고 있는 꽃의 경우와는 다르다.

수십 년째 같은 설문 조사를 실시해 봐도 한국인이 제일 좋아하는 나무는 어김없이 소나무다. 최근에 실시한 한국갤럽의 조사(2003년 6월)에 의하면 소나무가 좋다는 응답은 43.8퍼센트로 은행나무(4.4%), 단풍나무(3.6%), 벚나무(3.4%), 느티나무(2.8%)의 지지도와는 비교가 되지 않는다.

단지 좋아하는 것만이 아니라 적극적으로 소나무의 멸종을 막으려는 지식인들이 소매를 걷어붙이는 모임도 생겨났다. '백만 인 서명운동'이나 '소나무 보호법'을 만들기 위해서 학계 문인들 100인이 모여 소나무 사랑의 구송(求松)운동을 벌이기 시작했다. 그리고 문화재청에서는 문화재 복원용 숲을 조성하기 위해 강원도 영동·중부 지역 백두대간 116헥타르를 확보하여 금강소나무 24만여 그루를 식재, 본격적인 소나무 기르기에 나섰다.

소나무의 실제 분포로 보나 생활과 문화 속에서 창조해 온 그 상징성으로 보나 한국인은 소나무 문화권의 종주국이다. 교과서의 문제, 독도의 영토문제로 지금 동북아는 그 어느 때보다도 중대한 시련에 놓여 있다. 과거의 중화사상 중심의 질서나 일본이 내세운 군국주의의 대동아 공영권의 미망이 되풀이돼서는 안 된다.

왜 우리는 지금 소나무의 사상과 종교적 의미를 되찾아 보려고 하는가. 왜 문학과 예술에 나타난 소나무의 미학 그리고 그 이미지를 다시 감상하지 않으면 안 되는가. 그리고 오염된 도시의 공기를 피해 소나무 바람으로 머리를 씻고, 우리의 선조들이 그랬던 것처럼 그늘에 앉아 송진의 향기를 심호흡하며 담소를 나누려고 하는가. 이 책의 집필자들은 바로 그러한 질문에 대해서 답한다.

그리고 그 해답이 한국은 물론이고 동북아시아의 밝은 미래의 통로를 여는 방법을 가르쳐 줄지도 모른다. 왜냐 하면 동북아 세 나라 사람들은 부국강병의 정치와 경제 속에서는 침략과 희생의 피 묻은 기억밖에 찾아볼 수 없지만, 소나무와 함께 천년을 살아온 그 상징의 숲 속에서는 〈세한도〉와 같은 끈끈한 인간의 절의가 풍겨 나오고 〈십장생도〉와 같은 장생의 평화로움을 맛볼 수 있을 것이기 때문이다.　　　　　　　| 이어령 |

차례

소나무를 찾아가는 첫걸음

소나무의 어원

소나무는 일명 솔·송목(松木)·송수(松樹)라고도 불린다. 우리 말 '솔'은 애초부터 나무 중에서 품계가 가장 높다 하여 우두머리를 뜻하는 '수리'로 불리다가 '술→솔'로 음(音)이 변했다고 한다. 우리 말의 어원(語源)을 연구하는 진태하 교수는 그 '솔'과 '나무'가 합쳐질 때 '솔'의 'ㄹ' 받침이 탈락하면서 보통명사 '소나무'가 탄생했다고 해석한다. '아들+님'이 '아드님'으로 된 것이나 '딸+님'이 '따님'으로 된 것은 모두 동일한 'ㄹ' 받침 탈락현상이라고 한다.

　　김양동 교수의 해석은 보다 상징적이다. 태양과 물을 생명의 근원이라 하며, 그 빛과 물이 내뻗치는 기운을 우리는 '술(살)'이라 한다. 그래서 흐르는 물의 기세나 속도를 '물살'이라 하고, 해가 내쏘는 빛의 줄기를 '햇살'이라고 한다. 그 '술(살)'이 곧 '솔'로 변했으므로 '솔'의 어원은 태양과 물에서 비롯되었다고 해석한다. '솔'은 태양을 나타내는 고유어이며, 인간의 삶을 주관하는 나무라는 것이다.

　　한편 서정범 교수는 '솔'이 '술(살)'에서 유래되었다는 데에는 동감하면서도 그 대상을 달리 해석한다. 우리의 주거 공간 중 안팎으로 드나드는 소통의 장소에 달린 문짝, 거기에는 창호지를 바르는 데 뼈대가 되는 가느다란 나무가 가로와 세로로 그리드 플래닝(grid planning)이 되어 있다. 이를 가리켜 '문살'이라고 한다.

설·추석 같은 명절이나 혼례·상례 같은 의례를 치를 때면 우리 민족은 곡식을 찧어 가루를 만든 후, 이 가루를 찌거나 삶아서 갖가지 종류의 떡 음식을 정성껏 만든다. 그때 의미를 갖춘 무늬나 글자를 나무에 새겨 판화처럼 떡에 눌러 찍는데, 그 나무판을 일러 '떡살'이라고 한다.

이렇듯 문살이나 떡살은 모두 나무로 만들어졌다. 그래서 정성 들인 '술(살)'을 '솔'의 어원이라고 해석한다.

소나무(솔)의 한자 표기는 '松'이고, 그 발음도 'song(송)'이다. 이것은 중국에서 유래되었다고 해석하는 측의 주장이다. '松'을 파자(破字)하면 '木'과 '公'이 된다. 여기에서 '公'의 음이 'song'으로 변음되면서 '松'은 '송'으로 불리게 되었다는 것이다.

중국의 최초 통일 왕조인 진(秦)나라의 시황(始皇)이 집을 나섰다가 갑자기 내리는 소나기를 만나 한 나무 밑에서 피했는데, 시황은 그 나무에게 감사의 선물로 '木公(목공)'이란 벼슬을 내렸다. 당시 벼슬 품계는 公(공)—侯(후)—伯(백)의 순이었는데, 그 첫째인 '木公'이 된 이 나무는 그 뒤부터 '松(소나무)'으로 불렸다고 한다. 그런데 중국의 고대 왕조인 은(殷)나라 때의 갑골문자(甲骨文字)에서는 '松' 자가 찾아지지 않으며, 은을 멸망시킨 주(周)나라 때의 금문(今文)에서는 㮤, 㮰의 형태로 처음 나타난다.

일본에서는 '松'을 '마츠(マツ)' 또는 '아카마츠(赤松)'라고 부른다.

상록 침엽수 중 가장 크고 오래 사는 '松'을 하늘에서 신(神)이 내려오는 통로라고 믿고 있다. 그래서 '맞이한다'는 우리 말 '맞이'와 소리가 비슷한 '마츠'로 불려진 것이 아닌가 한다. 이처럼 소나무는 한·중·일 모두 생명의 근원과 맞닿아 있으며, 신의 통로 역할도 하고, 그 품계도 나무 중에서는 가장 높은 대접을 받고 있다.

소나무의 명칭

한국에서는 솔, 소나무로 불리며, 중국에서는 적송(赤松) 또는 일본적송으로 불리고, 일본에서는 마츠, 아카마츠로 불린다. 영어로는 *Japanese pine* 또는 *Japanese red pine*이고, 독일어로는 *Japanische Rotkiefer*이다.

그런데 소나무가 '일본적송'으로 불린 데는 이유가 있다. 1860년대 일본의 나가사키(長崎)에 주재한 네덜란드 상사(商事)에 머물던 의사이며 식물학자인 지볼트(P. F. von Siebold, 1796~1866)가 소나무를 보고 '일본적송(Japanese red pine)'이라 불렀기 때문이다.

지볼트와 독일의 식물학자인 유카리니(Zuccarini, J. G.)에 의해 붙여진 학명 '피누스 덴시플로라(Pinus densiflora)'의 'Pinus'는 소나무의 라틴어 표기이며, 켈트 어인

Pin(산)에서 유래했다. 그리고 종명(種名) 'densiflora'는 '촘촘히 핀 꽃'이라는 'densus floris'가 합성된 말이다.

민간에서 오래 전부터 두루 불러온 소나무의 향명(鄕名, common name)은 수없이 많다. 한국에서는 껍질이 붉고, 가지 끝에 붙은 눈 색깔이 붉다 해서 적송(赤松), 바닷가보다 내륙지방에서 주로 자란다고 해서 육송(陸松), 따뜻한 해안이나 도서지방에서 자라는 곰솔의 잎보다 부드럽다 해서 여송(女松), 두 잎이 한 다발을 이뤘다고 해서 이엽송(二葉松) 또는 음양수(陰陽樹)라 불리며, 제주도에서는 소낭으로 불리고, 강원도 영동지방에서는 곧게 자라는 특성을 살려 강송, 금강송으로 불린다.

중국에서는 뜻글자인 탓에 향명이 더 다양하다. 대표적으로는 난의(鸞倚), 용반(龍盤), 설간(雪幹), 풍표(風標), 어갑(魚甲), 용아(龍牙) 등의 별칭으로 불린다.

소나무의 분포

한자어 '松'은 소나무를 일컫는 보통명사이지 특정한 소나무를 지칭하는 것은 아니다. 현재 지구상에는 100여 종의 소나무가 자라고 있다. 그 100여 종의 소나무류는 북위 36° 부근에 가장 튼실한 40여 종이 집중적으로 서식하고 있다.

소나무의 분포 지역은 크게 수평적 분포와 수직적 분포로 크게 나누어 볼 수 있다.

먼저 수평적으로 보면 한국·일본·중국·우수리 등이 주된 분포 지역인데, 한국에서는 동쪽으로 울릉도, 서쪽으로 홍도, 남쪽으로 서귀포 앞 섶섬에 이르기까지 매우 넓은 영역에 걸쳐 분포하고 있다. 일본에서는 시코쿠(四國), 규슈(九州), 혼슈(本州) 등지에서 많이 자라고 있다. 중국의 동북지방인 압록강 연안과 산동반도에서도 잘 자란다.

수직적으로 보면 북위 33°인 제주도 한라산에서 북위 43°인 함경북도 증산에 이르는 온대 지역에 주로 분포한다. 하지만 해발 고도가 높은 백두산을 에워싼 고산 지대에는 소나무가 없다. 이렇듯 수직적 분포는 남부의 경우 해발고도 1150미터 이하, 중부의 경우 1000미터 이하, 북부의 경우 900미터 이하에 분포하고 있음을 알 수 있다.

이와 같이 광범위한 소나무의 분포 형태로 미루어 볼 때 오래 전 동해는 뭍으로 둘러싸인 거대한 호수 바다이며, 한국과 일본 그리고 중국의 동북부는 서로 이어진 땅이었을 가능성도 있다. 그런 의미에서 소나무의 전래와 관련해 흥미로운 사실을 두 가지만 밝히고자 한다.

중국 청나라의 제4대 황제인 강희제(康熙帝, 재위 1662~1722)의 칙명으로 장영(張英)·왕사정(王士禎) 등이 원(元)·명(明) 이전의 고사성어를 분류하여 설명한 백과사전 같은 책《연감유함(淵鑑類函)》〈군방보(群芳譜)〉에 보면 「신라의 사신이 중국에 송자를 많이 가져 왔으며, 옥각자와 용아자도 있었다(新羅使者 多攜松子 來中華 有玉角子 龍牙子).」고 씌어 있다. 이는 신라의 솔씨가 중국으로 유입된 사실을 기록한 것이다.

소나무 숲 | 마치 즐비한 군상이 서로 정담 어린 대화를 나누는 듯하다.

일본의 경질도기는 1200°C의 고열로 초벌 구이를 한 뒤 유약을 칠한다. 그리고 나서 다시 1000°C 정도의 열로 구워내 단단하고 굳은 성질을 가진다. 이 정도로 높은 열을 가해야 완성되는 경질도기 제작에 그 열량을 제공하는 소나무가 5세기 후반 백제 도래인에 의해 일본으로 건너왔다는 일본 측 연구결과가 있다.

소나무의 분포와 그 추이에 의해 세기적 예술 문화가 명멸했다는 사실이 그저 신기하고 놀라울 뿐이다.

소나무의 관련어

소나무와 관련된 말로 가장 빈번하게 등장하는 것이 가지가 축축 늘어진 낙락장송(落落長松)이고, 소나무와 잣나무는 합해 송백(松栢)으로 불린다.

솔밭 사이는 송간(松間), 솔뿌리는 송근(松根), 솔숲은 송림(松林), 솔가지에서 이는 바람 소리는 송성(松聲), 솔가지는 송지(松枝), 솔바람은 송풍(松風), 솔 그림자는 송영(松影)인데, 모두 귀하지 않게 들을 수 있는 말들이다.

소나무로 만든 사립문은 송관(松關)이고, 솔밭 속에 세운 정자는 송정(松亭)이다. 소나무가 서 있는 낮은 언덕은 송단(松檀)이고, 소나무가 서 있는 벼랑은 송애(松崖)이며, 소나무가 비치는 창문은 송창(松窓)이다.

그런가 하면 회화 속에서는 더욱 고아한 언어로 표현되고 있다. 노송(老松), 고송(古

松), 고송(孤松), 창송(蒼松), 벽송(碧松), 반송(盤松), 송월(松月), 송음(松陰), 송설(松雪), 송국(松菊), 송학(松鶴) 등이 흔히 접하는 관련어들이다.

이 밖에도 소나무와 관련된 언어는 수없이 많다. 그것은 소나무가 한국인은 물론이고, 중국·일본인의 정신과 생활 속에서 오래 전부터 끈끈하게 함께해 왔다는 의미이다.

소나무의 형태

잎　소나무의 바늘 모양 잎 길이는 작게는 3센티, 크게는 13센티 정도이다. 잎은 바늘잎과 퇴화되어 떨어질 비늘잎으로 구성된다. 바늘잎은 반드시 1~2밀리의 짧은 가지〔短枝〕에만 달리고, 얇은 비늘잎은 긴 가지에만 달린다. 그런데 바늘잎이 떨어질 때에는 짧은 가지도 함께 떨어진다.

바늘잎은 두 개가 한 쌍으로 마주 나며, 아랫부분은 2~3밀리 정도 되는 엽초(葉鞘) 안에 들어 있다. 두 개의 바늘잎이 서로 붙어 한 다발이 되는데, 진화 과정을 통해서 한 잎이 두 잎으로 갈라진다고 한다.

엽초를 제거하고 한 쌍의 바늘잎을 갈라보면, 그 사이에 미세한 돌기가 있는데, 이것을 사이눈〔間芽〕이라 한다. 소나무 잎을 다발째로 꺾꽂이〔葉束揷〕하면 새로운 순을 얻을 수 있다. 그 이유는 적절한 처리를 하면 사이눈에서 새로운 뿌리와 줄기가 생겨나기 때문이다.

4월 말이나 5월 초가 되면 지난해 미리 만들어졌던 겨울눈〔冬芽〕에서 새순이 자라기 시작하는데, 맨 윗가지의 순은 몸통 줄기가 되고, 그 밖의 순들은 가지로 자란다. 새 잎은 이 순들이 발달하면서 함께 자라기 시작한다. 그런데 이태째 가을이 되면 대부분의 잎들은 떨어지지만 환경이 좋은 곳에서는 좀 더 오랫동안 가지에 붙어 있다. 반면에 공해가 심한 곳에서는 더 빨리 떨어지기도 한다.

소나무의 형태 | 좌측에서부터 소나무 암꽃, 수꽃, 솔씨가 발아된 사진이다. 붉은색 암꽃은 그 자체로 붉은 솔방울 같다.

소나무는 나이테를 더해 감에 따라 잎의 길이가 짧아지는데, 원가지에서 나는 바늘잎은 아랫가지나 곁가지의 것보다 수명이 더 길다고 알려져 있다.

줄기   소나무의 줄기 모양새는 지역에 따라 제각각이다. 동해안과 태백산맥 일대에서 자라는 소나무들은 곧은 줄기인데 반해, 오래 전부터 인구가 모여 살기 시작한 남서해안에서 자라는 소나무는 대체로 굽은 줄기다. 이렇게 소나무 줄기의 곧음은 지역마다 각기 다르다.

소나무의 형태적 특징은 나이를 먹어 감에 따라 줄기를 감싸고 있는 껍질〔樹皮〕에서 보다 분명하게 나타난다. 대체로 아래쪽 줄기의 껍질은 두껍고, 위쪽 껍질은 얇다. 따라서 용 비늘 모양이나 거북 등 모양을 한 줄기를 우수한 소나무의 특징으로 본다. 껍질의 색깔은 윗부분이 적갈색을 많이 띠며, 아랫부분의 오래된 껍질은 흑갈색을 나타낸다. 그러나 소나무 껍질의 색과 두께는 동일한 생장 지역 내에서도 각기 다르게 나타나기 때문에 획일적으로 껍질의 생김새만을 가지고 소나무를 구분할 수는 없다.

뿌리   소나무의 뿌리는 땅 속으로 들어가려는 심근성(深根性)이 있다. 어린 묘목 때부터 주근(主根)이 발달하고, 가는 뿌리〔細根〕는 땅 표면에서 주로 발달한다. 어린 소나무는 나이를 먹어 감에 따라 뿌리목 부근에 몇 개의 수하근(垂下根)이 발달하고, 땅 표면을 따라 수평근도 자란다. 암반 노출지나 흙의 깊이가 얕은 지역에서 자라는 소나무는 상당히 깊은 데까지 뿌리를 내리는 특성을 가지고 있다. 대체로 토양이 좋은 곳에서는 5~6미터의 깊이까지 뿌리를 내린다고 한다.

꽃·구과·종자   소나무는 한몸에서 암꽃과 수꽃이 함께 피는 자웅동주(雌雄同株)다. 소

소나무의 줄기 | 좌측에서부터 소나무 곧은 줄기(대관령)와 굽은 줄기(포항 보경사).

솔씨·솔방울·껍질 | 왼쪽부터 솔씨, 막 자란 솔방울, 어린 소나무 껍질과 오래된 소나무 껍질. 솔방울에서 갓 나온 종자에는 날개가 붙어 있어 멀리 이동할 수 있다.

나무 꽃은 4~5월에 피며, 수꽃의 길이는 1센티 내외이고, 긴 타원형이다. 꽃 색깔은 황색이며, 보통 20~30개로 구성되어 있다. 수술의 끝은 반달 모양으로 퍼지고, 두 개의 약포(葯胞)가 꽃실[花絲] 아래에 자리잡고 있으며, 화분(꽃가루)에는 두 개의 날개가 달려 있다.

암꽃은 보통 윗가지의 끝에 2~3개씩 달리며, 길이는 5밀리 내외이다. 꽃 색깔은 엷은 보라색을 띠며, 흔히 구화(毬花, strobile)라고 부른다. 수꽃의 화분이 암꽃 머리에 앉는 현상을 수분(受粉)이라 하며, 암꽃 머리에 앉은 꽃가루가 암꽃의 난핵세포와 결합하는 것을 수정(受精)이라 한다.

수분은 4~5월 사이에 일어나고, 다음 해 봄에 수정되어 가을에 종자가 익는다. 여러 암꽃으로 구성된 구화는 4~5월에 성숙하여 구과(毬果, cone)가 되며, 흔히 솔방울 또는 씨방울로 불린다. 솔방울은 여러 개의 인편(鱗片)이 모인 것으로, 한 개의 인편에는 두 개의 배주(胚珠, 밑씨)가 붙어 있고, 나중에는 두 개의 날개가 달린 종자로 변한다. 솔방울이 성숙하는 가을이 되면 인편 사이가 벌어지고 종자 끝에 달린 날개 덕분에 종자는 멀리멀리 흩어질 수 있다.

소나무의 용도

소나무의 쓰임새에 관한 기록으로 가장 오랜 것은 중국의 《시경(詩經)》으로 보인다. 다섯 가지 경서(經書) 중 하나인 이 책은 공자(孔子)가 편찬했다고 전하지만 확실치는 않다. 이 책에는 서주(西周) 때부터 춘추시대에 이르는 가요 305편을 풍(風, 각국의 민요), 아(雅, 조정의 음악), 송(頌, 선조의 덕을 기리는 시)의 세 부분으로 나누어 수록했는데, 현존하는 《시경》은 한(漢)나라 때 모형(毛亨)이 전했다고 해서 '모시(毛詩)'라고도 한다. 이 유서 깊은 책에 소나무의 용도에 대한 기록이 있다니 반갑고도 귀한 자료가 아닐 수 없다.

「강물은 유유히 흐르는데 소나무 배를 타고 향나무 노를 젓누나.」라는 시구(詩句)를 보면 이미 그 시대부터 소나무는 조선재(造船材)로 사용되었음을 알 수 있다. 그뿐만이 아니라 「소나무를 베어 아름드리 마룻대며 서까래로 침전을 지으니…….」라는 대목도 보인다. 예부터 소나무는 집을 짓는 건축재이기도 했다.

조선 정조 12년(1788)에 송림·송전(松田)을 감독하는 감관(監官)이나 산지기들이 소나무에 대해 꼭 알아야 할 배양·보호에 관한 사항들을 기록한《송금사목(松禁事目)》이 출간되었다. 이 책의 앞머리에 보면 「나라에는 나라를 다스리는 정책이 있고, 그 가운데 하나가 소나무에 관한 것이다. 그 이유는 소나무로 판옥선(板屋船) 같은 전투선을 만들고, 세곡(稅穀)을 운반하는 조운선(漕運船)을 만들기 때문이다.」라고 씌어 있다.

소나무는 그 높은 품계에 어울리게 궁궐을 지을 때 아름드리 굵은 대부등(大不等)으로도 쓰였고, 왕실의 관곽재(棺槨材)로도 쓰였다.

세종 21년(1420) 7월 24일《세종실록》권8에 실린 내용이다.

「……황장(黃腸)은 솔나무의 속고갱이다. 천자(天子)와 제후(諸侯)의 곽(槨)은 반드시 고갱이를 사용했는데, 그 이유는 백변(白邊)이 습한 것을 견디지 못해 속히 썩기 때문이다.」

이 기록에 의하면 임금의 관(棺)을 넣는 곽(槨)은 소나무의 가장 깊은 쪽 심재부(心材部)인 황장만 사용했다고 전한다. 사실 조선시대는 유교사상이 나라를 다스리는 중심 기둥이었기 때문에 조상을 섬기는 의례(儀禮)가 가장 으뜸된 덕목이었다. 따라서 황장목을 확보하는 일은 나라의 가장 중요한 업무였다. 그리하여 나라에서는 나무를 보호하기 위해 갖가지 통제를 하는 '금산(禁山)', 특별한 목적에 사용하려고 조림하는 '봉산(封山)' 정책을 쓰기도 했다.

그 밖에 소나무는 백자를 굽는 가마터에서도 요긴하게 쓰였다. 백자를 빚어 높은 열량을 가해 굽는 과정에서 재를 남기지 않고 완전하게 타서 없어지는 것은 소나무뿐이었다. 유약으로 화장한 백자 표면에 불똥이 튀면 그 백자는 생명을 잃고 만다. 참나무류는 불티가 심해 백자 표면에 붙거나 산화철로 변하면 유약을 발라도 자국이 남는다. 예열(豫熱) 외에는 소나무를 연료로 사용해야 완벽한 백자를 만들 수 있었다.

소나무의 쓰임새는 이와 같이 존엄하게 한국인들의 생활 속에 용해되어 있었는데, 한국이 일본에 의한 수탈의 시대를 맞으면서 소나무 쓰임의 기준은 근본적으로 뒤집어졌다. 소나무 옹이에 축적된 송진은 불땀이 좋다. 주변에서 쉽게 구할 수 있는 소나무는 조선시대 말기부터 땔감으로 마구 베어졌고, 한일합병 이후 본격적인 수난이 시작되었다.

조선총독부는 당시 한국의 초·중등학교 학생들에게 송진이 많이 엉킨 소나무 가지나 옹이, 이른바 관솔 수집 총동원령을 내렸다. 태평양 전쟁을 일으킨 일본은 부족한 전투기 연료를 해결하기 위한 비상대책을 세웠는데, 그것이 소나무의 송진 채취였다. 한·중

한국의 정원 │ 아담하면서도 아늑한 느낌을 주는 한국의 정원. 소나무 또한 아담한 자태로 푸름을 펼치고 있다.

중국의 정원 │ 웅장한 건축물과 어우러진 소나무에서도 넓은 영토와 오랜 역사를 간직한 중국 특유의 위엄이 느껴지는 듯하다.

일본의 정원 │ 간결하면서도 날렵한 일본 건축물과 조화를 이룬 연못 주위에 일본 정원의 필수 요소인 소나무가 가득하다.

·일 문화코드읽기 속에서 이런 실화를 다루는 것은 각별한 의미를 더하는 듯하다. 어쩌면 일제(日帝)는 한국의 솔을 죽임으로써 한국인의 정신도 없어진다고 생각했는지 모른다.

이렇듯 소나무의 쓰임은 한국 민족의 쓰라린 상처까지도 포괄하지 않으면 안 됐다.

소나무의 상징

둥근 보름달을 쳐다보면 원만하고 완성되었다는 느낌을 받고, 반달을 바라보면 깨끗하고 다소곳한 여성의 느낌을 받는다. 그런데 초승달을 보면 매우 차다는 느낌을 받는다. 이처럼 같은 대상이라도 그것의 모양새나 때에 따라 그 느낌이 다르다. 이렇게 어떤 사물에 상징성을 부여해 놓고, 그 상징성에 영향을 받는 것이 사람이다.

소나무에 대한 상징성도 당연히 다양하다. 예로부터 선비들이면 누구든지 지켜야 했던 지조·절개·충절·기개 같은 언어들이 바로 소나무의 대표적인 상징 언어다.

이 몸이 죽어가서 무엇이 될꼬 하니 / 봉래산 제일봉에 낙락장송 되었다가 /
백설이 만건곤할제 독야청청하리라.

성삼문은 이 시 속에서 금세 녹아 없어질 눈을 간신배로, 변하지 않는 기개와 지조를 나타내는 낙락장송을 충신으로 상징하고 있다.

조선시대에 소나무는 왕실의 생명수(生命水)로 나타난다. 나라 일을 보는 임금이 앉는 자리 뒤편에는 〈일월산수도(日月山水圖)〉가 걸려 있는데, 거기에서 해와 달은 왕과 왕비를 상징한다. 화면 가득 찬 산은 왕실의 존엄을 나타내므로 일명 곤륜산(崑崙山)이라 부른다. 그림 속에는 천계(天界, 해·달)와 지계(地界, 산·바다) 그리고 생물계(生物界, 소나무)가 망라되어 있는데, 거북·학과 더불어 영생(永生)을 염원하고 있다는 것을 충분히 상상할 수 있다. 이들은 십장생(十長生) 속의 주인공으로 등장해 장수의 상징을 확실하게 하고 있다.

《논어(論語)》〈자한(子罕)〉편에 「추운 겨울이 된 뒤에야 송백의 푸름을 알 수 있다 (歲寒然後知松栢之後凋也).」고 했다. 이는 변하지 않는 절개를 상징하는 것이다.

중국 한나라의 사마천(司馬遷)은 황제(黃帝)부터 전한(前漢)의 무제(武帝)까지 역대 왕조의 사적(史積)을 기전체(紀傳體)로 기술했는데, 이것이 기원전 91년경에 완성된 《사기(史記)》이다. 이 책에 「송백(松柏)은 백목지장(百木之長)으로서 황제의 궁전을 수호하는 나무다.」라고 했다. 이 세기적인 명저에 소나무를 국가기관의 최고 수호신으로 밝혀 놓았다는 것은 그만큼 상징성의 의미가 높고 폭이 넓고 깊다는 뜻이다.

| 진태하·전영우 |

소나무는 절벽의 틈새에서도 뿌리를 내린다. 무더운 여름이나 추운 겨울에도 변함 없이 성장한다. 거름이나 물을 별도로 주거나 잔손질도 거의 요구하지 않는다. 살아서는 말없이 사람들에게 여러 가지 교훈을 주고, 죽어서는 땔감이 되거나 살신성인하듯 재목으로 자신을 아낌없이 제공한다. 사람에게 요구하는 것은 적으나 베푸는 것은 아주 많다. 이에 비해 여름 한철 무성한 낙엽수와 같은 소인배는 요구하는 것은 많아도 베푸는 데는 지극히 인색하다.

[1] 종교와 사상으로 보는 소나무

하나

_{한국}

성주신은 하느님에게 소원을 빌고

요람에서 무덤까지 함께하는 소나무

경북대학교에서 목재조직학을 강의하는 박상진(朴相珍) 교수의 조사보고서에 의하면, 1971년 발굴된 백제 제25대 무령왕(武寧王, 재위 501~523) 능(陵)의 관재(棺材)는 일본산 금송(金松)과 삼(杉)나무라고 한다. 상록침엽교목인 금송은 세계적으로 단 한 종류이며, 일본 혼슈(本州)의 저위도 지방과 시코쿠, 규슈 등 일본 남쪽 지방에 주로 분포하고 있다. 나이테를 조사한 결과, 무령왕과 왕비의 관을 만드는 데에는 수령 350년 내지 600년, 직경 130센티 이상 되는 거대한 금송 수십 그루가 사용되었다는 사실도 아울러 밝혀졌다. 또한 무령왕이 재위했던 6세기경, 당시 동북아의 강국이던 한반도의 백제와 일본의 야마토(大和) 정권과의 외교관계를 구명하는 데 이 조사보고서는 귀중한 증거가 되었다.

한편 이 조사보고서에서 가장 흥미를 끄는 것은 아주 오랜 옛날부터 우리나라에서는 소나무를 관재로 사용해 왔다는 사실이다. 세종 2년(1420) 예조(禮曹)에서는 「천자의 곽

(槨)은 반드시 황장(黃腸)으로 만드는데, 견고하고 오래 지나도 썩지 않으나, 백변(白邊)은 내습성이 없어 속히 썩습니다. 하기에 왕대비의 재궁(梓宮)은 백변을 버리고 황장을 서로 이어서라도 만들게 하소서.」라는 내용을 담고 있다.

명(明)나라의 문인 동월(董越)은 성종 19년(1488) 음력 2월 조선에 사신으로 왔다가 3월 말에 압록강을 건너 돌아간 뒤《조선부(朝鮮賦)》를 펴냈다. 거기에 보면 「왕도(王都)에 귀후서(歸厚署)를 설치하고 관곽(棺槨)을 쌓아 두었다가 빈궁한 사람들에게 이를 활용하게 한다.」고 기록되어 있다. 동월은 스스로 주석을 달았는데, 「그 나라의 관곽은 소나무를 많이 쓴다. 한편으로 보면 적당한 재목이 적기 때문에 왕도에서 관청을 두고 편리를 봐준 것이다.」라고 했다.

이 기록으로 볼 때 15세기의 조선시대에는 관곽으로 소나무를 주로 사용했다는 사실을 알 수 있다. 실제로 우리나라에는 소나무가 많이 자생하여 그 목재와 열매, 심지어 껍질까지 여러 용도로 활용되어 왔다. 동월은 이어서 「왕경(王京)의 동쪽에 높게 솟은 삼각산

상산사호(商山四皓) | 현제 심사정 | 한가로이 바둑을 두는 네 신선과 한쪽 구석에서 찻물을 끓이는 차동. 훈수라도 들려는 듯 신선들이 두는 바둑을 엿보는 사슴에 비해 아름드리 굵은 소나무는 턱에 팔을 괴고 물끄러미 바라보는 듯하다.

(三角山)은 푸르고 푸른 소나무로 덮였다.」고 적었다. 「소나무의 겉껍질을 벗기고 그 속의 희고 부드러운 껍질을 발라 거기에 멥쌀을 넣고 찧어서 송부(松膚)떡을 만들어 먹었다.」고도 했다.

또한 그는 「늙은 소나무는 단단하기가 전나무와 같은데, 사람들이 그것으로 등불 기름을 만들려 했지만 송진이 떨어지지 않는다. 그 향기로운 꽃은 한 번의 봄이 지나면 모두 따고, 맺은 열매는 이태 만에 비로소 먹는다. 작은 것은 시내의 다리를 만들고, 큰 것은 묘당의 기둥으로 쓴다. 이유는 그 종류가 달라서 각각 어울리는 용도가 있기 때문이다.」라고도 했다.

동월은 「우리나라의 소나무는 아주 단단하고 빛깔이 누런 것은 전나무 같으며, 어디를 가나 흔하게 볼 수 있다.」고 했다. 또 소나무는 「두 종류가 있는데, 열매를 맺는 것은 경기도에 많으며, 껍질이 그다지 거칠지 않고 가지와 잎은 위로 솟았으며, 익은 열매는 2년째에 딴다.」고 적었다. 이처럼 소나무는 집을 지을 때 기둥이 되었고, 음식을 만드는 재료로도 활용되었으며, 송진은 등불을 켜는 기름으로 이용되었다. 그뿐만이 아니라, 소나무는 시내나 강을 가로지르는 다리 놓을 때에도 활용되었다.

동월은 또 이렇게 적었다. 「걸어가는 길에 물이 있으면, 소나무를 베어 다리를 놓는데, 그 가지는 다듬어서 난간을 만들고, 잎은 좌우 가장자리에 두텁게 켜로 쌓은 후 흙을 덮는다. 보산관(寶山館) 가까운 저탄(猪灘)이라 불리는 자그마한 시내는 폭이 20여 장(丈)쯤 되는데, 이와 같은 방법으로 소나무 다리를 놓았다.」

여기에서 말하는 방법으로 소나무 다리를 놓는 풍습은 오늘날까지도 전해지고 있는데, 강원도 정선·영월 지역의 산간에서 늦은 가을에 놓는 '섶다리' 가 바로 그것이다.

사실 우리나라 사람들은 소나무로 지은 집에서 태어나, 푸른 생솔가지를 금줄에 꽂아 생산을 알리고, 태어난 지 사흘째인 3일과 이렛날인 7일에는 소나무를 매개체로 삼아 삼신할미한테 장수를 빌었다. 또한 소나무 열매, 소나무 껍질을 먹고 솔 연기를 맡으며 살다가, 죽으면 소나무 관에 담겨져 소나무가 자라는 묘역에 묻혔다.

소나무는 통목으로서 신성성 외에도 소나무 가지가 일상의 생활 속에서 정화의 기능을 발휘했다. 소나무 가지는 부정을 물리치고 제의(祭儀) 공간을 정화해 주는 구실을 했다. 출산 때나 장을 담글 때 문 앞에 치는 금줄에도 숯·고추·하얀 한지와 함께 솔가지를 꿰었다. 이처럼 소나무는 민간신앙적 상징성도 높게 지니고 있다.

안동 제비원의 상량신

집을 지키는 신(神)을 '성주' 라고 하는데, 일명 '상량신' 이라고도 한다. 집을 새로 짓거나 이사를 한 뒤에 성주를 받아들이는 의식을 '성주받이' 라고 한다. 무당이 이 성주받이를 할 때 복을 빌기 위해 부르는 노래가 〈성주풀이〉다.

경남서 나온 제비 솔씨 하나 물어다가, 소평대평에 던졌더니, 그 솔이 점점
자라, 소부동이 되었구나, 대부동이 되었구나 금도끼로 베어 넘겨 옥도끼로
다듬어서, 삼간 초당집을 지어, 그 집 짓고 삼 년 만에 아들을 낳으니 효자로
다, 딸을 낳으니 열녀로구나, 소가 나도 금송아지, 말이 나도 용마 나고, 개
가 나도 양사지 나고, 닭이 나도 봉닭이 나고, 에라 만수 에라 대신이야.

경상남도 서부 지역의 촌락에서 불려오던 〈성주풀이〉다. 이 노래의 가사는 여러 이본
(異本)이 있다. 같은 지역에서 굿거리 장단에 맞춰 〈성주풀이〉를 할 경우 그 둘째 절은 이
렇게 이어진다.

성- 주야 / 성- 주- 로- 다 / 성- 주 근본이 어디- 메뇨- / 경상- 도- 아 안
동 땅에 / 제- 비원- 미 본이로다 / 제- 비원- 에 솔씨받아 / 본- 동산- 에
던졌더니 / 그 솔씨 점- 점 자라나서- / 밤이면 이슬 맞고 / 낮이면 볕에 쪼
여 / 청장목 황장목 도리기둥이 되었네 / 도- 리기둥이 되었구나 / 낙- 락장
송이 떡 벌어졌구나.

이렇게 가사가 조금씩 다르게 불렸으며, 특히 경상도 지방에 전해져 오는 〈성주풀이〉
는 새 집을 지을 때 무당이 길흉화복(吉凶禍福)을 주관하는 최고의 가신(家神), 즉 성주
신을 모시기 위해 정성껏 불렀다. 〈성주풀이〉에서 제일 중요한 대신〔坐主, 家長〕은 소나
무 가지를 사용했으며, 이것을 성줏대로 삼아 손에 쥐고 굿을 했다.

성주신은 원래 천상 천궁에 거처를 정하고 살았는데, 어쩌다 죄를 짓고 땅으로 정배
(定配, 귀양)살이를 왔다. 그로부터 성주신은 정처 없이 떠돌다가 강남제비를 따라 제비
원으로 들어가 거처를 정했던 것이다.

성주신은 대부분의 사람들이 나무 위에서 살거나 땅을 파고 그 속에서 사는 것을 보
고 그들에게 집을 지어 주고 싶었다. 성주신은 하느님에게 그 소원을 빌었고, 마침내 제비
원에서 솔씨를 전해 받아 산천에 골고루 뿌렸다. 그렇게 하여 소나무는 집을 지어도 될 재
목감으로 자랐다.

그 중에서 자손을 번창시키고 부귀공명을 누리게 해줄 성주목을 골랐다. 성주목은
산신님이 불 나지 않게 하고, 용왕님이 물을 줘 키운 나무이므로 함부로 벨 수가 없다. 특
정한 날짜를 받아 온갖 제물로 산신제를 올린 뒤에 베고 다듬어서 집을 지었다. 성주는 대
들보에 좌정했으므로 상량신(上樑神)이라고 불렀다.

이 성주 신화를 보면, 소나무는 신성한 나무이고 신격화되어 있다. 동시에 인간 세상
의 안전과 한 집안의 번창을 도와주는 친근한 나무다. 신성한 존재는 초월적이므로 절대
적 신앙을 요구하지도 않으며, 신탁은 천벌을 내리는 전조(前兆)적·계시적 존재도 아니
다. 단지 인간의 주거 공간에 가까이 있으면서 인간의 삶에 직접적으로 복록(福祿)을 내

신선도(神仙圖)|조세걸(曺世傑), 조선, 국립중앙박물관 소장| 조선 후기 광태사학파(狂態邪學派)의 화풍을 구사했던 조세걸의 작품으로 정교한 필치와 선명한 색채가 눈에 띈다. 사뭇 인간과는 다른 선인들의 속기를 버린 가벼움이 느껴진다. 상대방의 수에 집중한 한 선인과 구불구불한 소나무 줄기가 한 팀을 이룬 듯하다.

리는 존재였다. 전국 어디든 편재해 온 소나무는 그런 의미에서 우리 인간과 가장 친숙하고 신성한 존재로 표상되어 왔던 것이다.

다산을 기원하는 목경

2004년 9월 1일자 《세계일보》에 강원도 고성군 죽왕면 문암리에서 행해진 별신굿에 대한 보고가 실렸다. 보고자는 국립민속박물관 민속연구과 김종대 과장으로, 그해 6월 7일 문암리에서는 5년에 한 번씩 치르는 별신굿이 벌어졌다고 한다. 문암리에는 숫서낭과 암서낭이 있는데, 소나무로 남근을 깎아 암서낭에 바치는 제의가 굿의 주제였다. 소나무로 만든 남근을 바치는 경우는 그곳 외에도 강릉의 안인진리, 삼척의 신남에서도 전해져 왔는데, 안인진리의 전승은 단절되었다. 현재는 신남과 문암리 두 군데에서만 그 맥이 이어져 오고 있다.

신남의 별신굿 때 쓰는 남근은 원래 마을 뒷산인 '망찌 꼬댕이('망찌'는 강원도 삼척시에 있는 높이 1202미터의 '망지봉'을 말하며, '꼬댕이'는 '산봉우리'를 가리키는 이 지역 방언이다.)'에서 잘생긴 오리나무를 골라 사용했다고 한다. 그런데 문암리에서 소나무를 남근으로 사용한 것은 무슨 까닭일까?

남근을 봉납하는 제의는 《삼국지》〈위서동이전〉고구려조에 실려 있다. 나라의 동쪽에 있는 수혈(隧穴)에서 매년 10월이면 제사를 지내는데, 이 나무로 만든 수신(隧神)을 모신다고 한 것에서부터 기원한다고 본다. 고구려 사람들은 수신을 국토신 또는 생산신으로 받들어 모셨는데, 이 수신이 큰 구멍, 곧 수혈을 맡은 신이다. 그리고 이능화의 《조선무속고》에도 서울의 부군당(府君堂)에 소나무를 깎아서 만든 목경(木莖)을 주렁주렁 매달아 놓았다는 기록이 있다.

중국의 가장 오래된 시집 《시경》에 보면 소나무는 번성을 상징한다는 기록이 여러 군데 있다. 오래 전부터 다산(多産)의 주술성을 지닌 목경을 깎을 때 그 주된 재료로 소나무를 많이 이용해 왔던 것이다.

늘어진 솔가지에서 보는 피안의 세계

추운 겨울철에도 아무 탈 없이 견뎌내는 나무, 곧 소나무·대나무·매화를 가리켜 우리는 세한삼우(歲寒三友)라고 한다. 그 중에서도 대표적인 소나무는 옳다고 믿는 주의나 주장을 굳게 지켜 바꾸지 않는, 이른바 절조(節操)를 상징하는 것으로 전대(前代)·근대(近代) 시기의 시문(詩文)에 수없이 등장한다.

소나무는 오래 사는 나무인데다 잎이 늘 푸르기 때문에 문학에서는 절조 이외에도 장수와 번성의 상징으로 나타난다. 또한 당(唐)·송(宋)의 시(詩)에서도 소나무는 청정한 자연을 뜻하고, 소나무 숲은 유유자적하는 공간으로 표상되었다. 이러한 보편적 상징성은 중국 유학을 다녀온 한국의 유학자나 승려 혹은 구도자들의 문학에서 반복되어 나타난다.

고려 말의 보우국사(普愚國師, 1301~1382)는 소나무를 가리켜 초목 가운데 군자(君子)라고 했다. 그는 구름을 머리에 이고 있는 소나무가 휘늘어진 모습에서 자연의 조화와 피안의 세계를 본다고 했다. 내시가 고려 31대 공민왕(恭愍王, 재위 1351~1374)의 명을 받고 소설산으로 보우를 찾아가자, 보우는 그의 호를 대송(對松)이라 지어 주며, 부처의 공덕을 찬미하는 노래, 즉 게송(偈頌)을 주었다.

> 산수는 겹겹이 둘렀고 / 구름 얽힌 소나무는 휘늘어져 있구나 / 이에 상대하여 군자가 있으니 / 농서 이씨 이름은 부로구나(重重山水落落雲松於斯相對有君子姓李名榑隴西公).

조선시대의 학자이며, 생육신의 한 사람인 김시습(金時習, 1435~1493)은 참된 자아를 찾아 일생 동안 고뇌하고 방랑생활을 한 시인이자 사상가다. 그도 낙락장송에 얽힌 흰 구름을 자주 벗으로 삼았다. 〈고풍(古風)〉이란 제목의 19수 연작시에서 명리(名利)를 벗어난 세상 밖 마음을 이렇게 노래했다.

> 산중에 무엇이 있는가 / 흰 구름이 낙락장송에 얽혀 있지 / 그저 심상하게 친할 뿐 / 그 자취 따를 수 없다 / 물외의 교분을 맺으니 / 시종 거(駏)와 공(蛩) 같은 관계 / 변하는 것 자못 한가하고 오묘해서 / 마음속을 기쁘게 한다(山中何所有白雲縈長松只可尋常親不可追其蹤物外託交契始終如駏蛩變化頗閑妙可以怡心胸).

이 시는 남조(南朝) 때 양(梁)나라의 도사(道士) 도홍경(陶弘景, 452~536)의 〈산 속에 무엇이 있느냐고 물은 데 대하여 시를 지어 답하다(詔問山中何所有 賦詩以答)〉에서 첫 구절을 따와 그것을 맨 앞에 두고 은둔의 뜻을 토로하는 방식을 취한 연작시 가운데 하나다. 자연에 동화되어 사는 혼자만의 즐거움을 말과 글로써 다 나타내기는 어렵다고 표현했다.

퇴계 이황(退溪 李滉, 1501~1570)은 도산에 절우사(節友社)를 만들어 송(松)·죽(竹)·국(菊)·매(梅)·연(蓮)을 가꾸면서 이 오절군(五節君)의 고절(苦節)·청분(淸芬)·정결(淨潔)을 사랑했다. 언젠가 〈어린 솔을 심으며[種松]〉라는 시를 지어 풍상을 견딜 절조를 기대했다.

> 초동은 쑥대마냥 천하게 보지만 / 산 늙은이는 계수나무처럼 아낀다네 / 푸른 하늘로 치오르게 되기까지 / 풍상을 몇 번이나 극복할 건가(樵夫賤如蓬山翁惜如桂待得昻靑霄風霜幾淩厲).

또한 10경(十景) 시 가운데 〈눈 오는 밤 솔바람 소리(雪夜松籟)〉를 통해 은둔자가 솔바람 소리로 우주의 영원한 사상을 체득할 때 느낄 잔잔한 기쁨을 상상했다.

> 흰 땅에 바람이 일어나 밤 기운 찰 때 / 빈 골짝 솔 숲에 송뢰 들리리니 / 주인은 바로 모산의 은사 / 문 닫고 홀로 누워 흔연히 듣겠지(地白風生夜色寒空山竿籟萬松間主人定是茅山隱臥聽欣然獨掩關).

더구나 찬겨울 솔바람 소리는 자연의 조화음을 넘어 고차원의 세계로 이해되었음을 알 수 있다.

율곡 이이(栗谷 李珥, 1536~1584)도 사물의 근본에 대해 통찰한 소회(素懷)를 소나무에 빗대어 시어(詩語)로써 표현했다.

> 찬바람 불어 산에 있는 집을 흔드누나 / 소리는 구름 밖 저 하늘 위에 퍼지고 / 창문을 열고 보니 별과 달이 밝구나 / 소나무를 덮은 눈은 일산같이 되었고 / 태허는 본래 소리가 없는데 / 신령스러운 저 소리는 어디서 나는고(寒濤憾山齋響在雲霄外開門星月明雪上松如蓋太虛本無聲何處生靈籟).

소나무가 아닌 겨울 나무에 눈이 쌓인들 볼품이 있을 리가 없다. 또한 푸른 솔잎을 스치는 소리가 아니면 신령스러운 소리가 날 리 만무하다. 율곡은 창밖의 겨울 소나무를 보면서 우주[太虛]의 참모습을 깨달았고, 신령스러운 솔바람 소리에서 이(理)와 기(氣)의 작용이 하나인 것을 간파했다.

이처럼 한국의 구도적 지성인들에게 소나무의 모습은 절의의 군자로 형상화되었고, 절벽 위에서 사는 소나무의 늘어진 가지에서 피안의 세계를 본 것이다. │심경호│

둘

중국

은자의 세계에 함께 사는 동반자

유교문화에 미친 소나무의 상징성

흔히 바람과 추위를 두려워하지 않는 소나무를 가리켜 불의와 타협하지 않고 어떤 고난에도 굴하지 않는 유학자의 절의와 통한다고 했다. 그런데 소나무는 세한삼우에는 포함되지만 사군자(四君子)에서는 빠진다.

유교문화권에서 대나무는 학문에 정진하는 선비를 상징한다. 이에 비해 난초는 불우한 선비를 상징한다. 매화·국화도 선비의 상징과 무관하지 않다. 하지만 소나무는 벼슬길에 오른 대부(大夫)를 상징한다. 대나무처럼 절의를 상징하지만, 그것을 표방하는 주체의 신분이 다르다는 것이 차별점이다.

공자와 그의 제자들의 언행을 적어 놓은 《논어》에 나타난 구절만큼 소나무의 상징성을 잘 표현한 말은 없다. 「날씨가 추워진 뒤에야 소나무와 측백나무가 늦게 시드는 이유를 알게 된다(歲寒然後 知松栢之後彫也).」에서 우리는 소나무의 상징성을 한눈에 파악할 수 있다. 소인배와 군자의 차이점은 보통 때는 잘 드러나지 않는다. 하지만 역경에 처하거나 어떤 이해관계로 첨예하게 대립할 경우, 소나무와 낙엽수처럼 그 차이는 뚜렷하게 나타난다.

소나무는 절벽의 틈새에서도 뿌리를 내린다. 무더운 여름이나 추운 겨울에도 변함없이 성장한다. 별도로 거름이나 물을 주거나 잔손질도 거의 요구하지 않는다. 살아서는 말없이 사람들에게 여러 가지 교훈을 주고, 죽어서는 땔감이 되거나 살신성인하듯 재목으로 자신을 아낌없이 제공한다. 사람에게 요구하는 것은 적으나 베푸는 것은 더 많다.

소나무는 여름철에 서늘한 그늘을 드리우는 운치가 있고, 서리를 맞아도 시들지 않으며, 눈 속에서도 우뚝하게 버티는 기백이 있다. 청백리처럼 혹독한 추위나 가뭄 때에도 굳건하게 견디며, 그늘진 곳이나 딱딱한 바위 틈새에도 뿌리를 내리고 살아남는 강한 생명력을 보여 준다. 모진 고난이 닥쳐도 이에 굴하지 않는 투지와 의연한 절개를 보여 주어 예로부터 사람들은 소나무의 품성을 찬탄해 왔다.

소나무는 벼슬길에 오른 사대부들이 갖춰야 할 덕목을 두루 갖추고 있다. 소나무를 사대부와 견주는 데에는 그럴 만한 이유가 있다. 앞에서도 언급했지만 진시황이 태산을 순유하다가 갑자기 폭우를 만나 큰 소나무 밑에서 비를 피했는데, 뒤에 이 나무를 오대부(五大夫)로 봉해 훗날 사람들은 그 소나무를 '오대부송(五大夫松)'이라 불렀다. 사람도 얻기 힘든 벼슬을 소나무가 받았으니 그 소나무에게서 가르침을 받는 것은 마땅하다.

사마천의 《사기》에서는 「소나무와 잣나무는 온갖 나무 가운데 으뜸이니 궁궐을 짓는 데 적당하다.」고 했다. 소나무의 우람한 자태는 믿음직한 충신의 표상을 닮았다. 그래서

송옥독서도(松屋讀書圖) | 일명(佚名), 명(明). 회안시박물관 소장 | 모진 세파에도 굴하지 않는 소나무의 투지와 의연함이 돋보인다.

송나라 때의 정치가 왕안석(王安石, 1021~1086)이 「소나무는 모든 나무 중의 어른으로 공(公)과 같다.」고 한 말에 수긍이 간다.

소나무는 말없이 제자리를 지키며, 사계절을 통해 변함이 없다. 경망스럽게 시류(時流)에 편승해 웃자라지도 않을 뿐더러, 서둘러서 꽃을 피우거나 떨구지도 않는다. 이른바 민폐를 끼치지 않는 소나무를 유교에서는 군자와 동격으로 인정해 '목공(木公)'이라 칭하며, 존경하는 데에는 그만한 이유가 있는 것이다.

인생 무상을 노래하는 소나무

소나무가 유교에서는 사대부의 절의를 상징한다면, 불교에서는 만사(輓詞), 즉 만장(輓章)에 즐겨 인용되었는데, 이는 인생의 무상(無常)함을 상징했다.

송나라의 승려 시인 계숭(契嵩, 1007~1072)은 「세한의 지조를 가졌다 하나 / 손 안에는 아무것도 남은 것이 없네(持此歲寒操 手中空楚楚).」라고 하여 불교의 무상관을 소나무에 빗대어 표현했다.

승려 천석(天石)도 「바위 위에 그늘을 드리우고 / 세한의 지조를 내세우지만 / 뿌리 깊은 곳에 복령을 서려두고 / 천년 세월을 배불린다(偃蓋覆巖石 歲寒傲霜雪 深根蟠茯苓 千古飽風月).」고 노래했는데, 유교에서 주장하는 세한의 지조를 은근히 속된 것이라고 표현하고 있다.

소나무가 어떤 어려움 속에서도 지조를 잃지 않는 고상한 인품을 상징한다는 유학자의 견해와 달리, 불교를 신봉하는 승려의 눈으로 볼 때는 늙어서도 집착을 끊지 못하는 유교적 삶의 무상함을 포착한 것이 돋보인다. 그런데 이것은 유교와 불교의 세계관 차이에서 비롯되었다고 할 수 있다.

불교적 인생관에서는 오래 산다고 삶을 즐거워할 것도 아니고, 요절한다고 해서 반드시 슬픈 삶이라 여기지도 않는다. 길을 걷는 사람들은 소나무가 자라는 것을 보지 못한다. 그러나 늙은 소나무는 길을 걷는 사람들이 어느새 백발노인이 되어 자기 곁을 스쳐 지나가는 것을 지켜본다.

당나라 때 승려 시인 영철(靈澈)은 「소나무에 죽은 가지 걸려 있고 / 무덤 위에 이끼만 무성한데 / 무덤 안에는 산 사람이 들지 않고 / 늙은 나무에는 꽃이 피지 않는다(松樹有死枝 塚上唯莓苔 石門無人入 古木花不開).」고 하여 무병장수의 허망함을 소나무에 비유했다.

송나라 때 천태종 승려 지원(智圓, 976~1022)은 「유골단지 묻어 둔 소나무 아래 / 푸른 이끼와 온갖 풀이 무성하네(陶器一藏松樹下 綠苔芳草自縱橫).」라고 하여 부도탑이 즐비한 솔밭에 누워 삶의 덧없음을 읊조렸다.

이러한 소나무의 불교적 상징은 유교적 가치관의 그늘을 깨닫게 했고, 인생의 궁극

교송선수도(喬松仙壽圖) | 진홍수(陳洪綬), 명(明), 타이페이 고궁박물원 소장 | 높이 솟은 소나무를 바라보며 왕자교(王子喬)와 적송자(赤松子)처럼 늙지도 죽지도 않는 신선이 되고자 함은 아닐까.

적 의미를 어디에 둘 것인가를 캐묻고 있다. '할 수 없는 것을 하고자 함'이 유교의 정신이라면, 불교는 그 '할 수 없는 것을 하고자 함'은 또 하나의 집착이라는 것을 소나무에 빗대어 알려 주고 있다.

그러나 승려들이 늙은 소나무에서 읽어낸 인생 무상은 떠나는 자의 몫이 아니라 남아 있는 자의 몫이다. 온갖 풍상을 겪으며 오래도록 제자리를 지켜 온 소나무에서 승려들은 유교적 삶과 대비되는 불교적 죽음의 의미를 모색한 것으로 해석된다.

장생불사를 상징하는 소나무

유교와 불교에서는 소나무를 도덕적인 인격체나 관념의 상징으로 거론하지만, 도교에서는 인간의 삶에 필요한 실제적인 효용에 비중을 두는 경향이 있다. 일반적으로 알려진 도교 가르침의 주된 요체가 장생불사라면, 장생불사의 구체적 방법은 소나무의 약리적 작용을 어떻게 활용하는가에 달렸다고 도교는 가르치고 있다.

고대 중국 사람들은 사시사철 늘 푸른 소나무가 혹독한 환경 속에서도 강인한 생명

서각배(犀角杯) | 문추(門樞), 명(明), 타이페이 고궁박물원 소장 | 장수를 기원하며 술잔을 기울였을 선인들의 바람이 잔에 새겨진 소나무에 잘 나타나 있다.

력을 보여 주자, 그 잎과 열매를 먹으면 영원한 생명을 얻는 것으로 여겼다. 동진(東晉)의 학자 간보(干寶)가 쓴《수신기(搜神記)》를 보면, 어떤 신장(神將)이 이상한 나무의 열매를 요 임금에게 바쳤는데, 요 임금은 나라일이 바빠 열매 먹는 것을 깜빡 잊어버렸다. 그 결과 그는 오래 살지 못하고 죽었다. 그 열매를 먹은 사람들은 모두 300살까지 장수했다고 한다. 그 나무는 간송(簡松)이라고 하는 소나무였다.

소나무와 관련하여 장량(張良, ?~B.C.168)의 이야기도 빼놓을 수 없다. 널리 알려진 대로 장량은 한(漢)나라의 개국공신이며, 한 고조를 도와 천하를 평정한 뒤에 부귀영화를 멀리하고 신선 적송자(赤松子)를 따라갔다. 장량이 따라간 신선의 이름에서 유추해 볼 수 있듯이, 소나무의 상징은 도교의 신선술과 어느 정도 가깝다는 것을 알 수 있다. 적송자는 사람 가운데 신선이지만, 소나무는 나무 가운데 신선이라는 것도 하나의 이유로 삼을 수 있다.

이밖에도 진부요(陳扶搖)가 쓴《화경(花鏡)》을 보면「소나무는 모든 나무의 어른인데, 껍데기는 용의 비늘 같고, 잎은 말갈기 같으며, 눈서리를 맞아도 시들지 않고, 천년이 지나도 죽지 않는다(松爲百木之長 皮粗如龍鱗 葉細如馬鬣 遇霜雪而不凋 歷千年而不殞).」고 씌어 있다. 이렇듯이 오래 전부터 소나무는 장생불사의 상징으로 여겨져 왔다.

송나라 때 시인 서적(徐積)은「동해의 한 물건은 천하에 걸물이라 / 온갖 신령이 힘을 모아 기이한 소나무를 살린다네 / 천지의 정기가 그 아래 몰려들고 / 푸른 바다 온갖 기운이 서로 만나네(東海有物天下雄 萬靈幷力生奇松 天精地粹萃其下 滄溟百道來相逢).」라고 노래했다. 이 내용에서도 소나무가 여러 나무 가운데 신선과 같은 지위를 누리는 존재라고 알려 준다.

많은 시인 묵객이 소나무를 매화·대나무와 함께 세한삼우로 손꼽은 까닭은 우뚝한 위용과 힘찬 기백이 온갖 나무 가운데 으뜸이고, 늙어서도 정정한 모습을 잃지 않기 때문이다. 그래서 백학과 더불어 한 폭의 송학도(松鶴圖)를 구성하여 장생불사를 상징해 왔다.

은자의 동반자가 된 소나무

중국의《이십오사(二十五史)》중 하나이며, 629년 당나라의 요사렴(姚思廉)이 지은 양(梁)나라의 사서《양서(梁書)》에 이르기를, 「도사 도홍경은 유난히 솔바람 소리를 좋아하여 정원에 소나무를 가득 심어놓고 늘 그 소리를 들으며 즐겼다.」고 한다.

'쏴아 쏴아' 하는 솔바람 소리는 청정한 분위기를 불러일으키며 티끌세상의 근심 걱정을 깨끗하게 씻어내는 느낌을 갖게 했을 것이다. 청렴하게 살고자 벼슬을 버리고 고향으로 돌아온 중국 동진(東晋)의 시인 도연명(陶淵明, 365~427)도〈귀거래사〉에서「외로운 소나무를 어루만지며 이리저리 서성거린다(撫孤松而盤桓).」고 지음(知音)처럼 소나무를 아꼈다.

소나무를 가까이 한 이들의 공통점은 한결같이 초월적이고 은자적인 삶을 지향했고, 그런 삶 속에서의 소나무는 하나의 인격체로 반영되었다. 중국 금나라 때 왕중양(王重陽, 1113~1180)이 화북지방에서 일으킨 도교의 일파인 전진교(全眞敎) 도사 구장춘(丘長春)도 예외는 아니었다. 그는《반계집(磻溪集)》에서 소나무를 은자와 삶을 함께하는 동반자로 표현했다.

> 내 서산에 육 년 머물 때 / 서쪽 산 위에 외로운 솔이 있었더랬지 / 나직한 아
> 침 구름 따라 누각을 감싸안고 / 부슬부슬 저녁 비 따라 동천(洞天)을 오고
> 갔네 / 하늘이 지어낸 이곳에 내 반려로 삼았는데 / 계곡 물이 가로막혀 멀
> 리 서로를 바라보고 섰구나(我居西山時六年 山西上有松孤然 朝雲霏微
> 樓關塞 暮雨淅瀝交洞天 天生此境爲吾伴 隔澗相陪遠相看).

오래된 소나무는 단순한 나무가 아니라, 깊은 고독 속에서 서로를 위로하고 의지하는 은자의 동반자라는 사실을 지울 수 없다.

당시(唐詩) 모음집인《백운집(白雲集)》에 태상은자(太上隱者)의 시가 실려 있는데, 여기에서도 소나무는 한 점 속기(俗氣) 없는 은자를 상징하고 있다.

> 소나무 그늘 아래 / 돌을 베고 잠이 드니 / 달력도 없는 산 속에 / 추위가 다
> 해도 세월 가는 줄 모른다(偶來松樹下 高枕石頭眠 山中無日曆 寒盡不
> 知年).

아무도 없는 깊은 산 속에서 세월을 잊어버리고 잠들 수 있는 것은 늙은 소나무가 옆에 있어서다. 여기에서 소나무는 한낱 식물로서 여백을 채우는 역할을 맡고 있는 게 아니다. 아무나 흉내 낼 수 없는 격조를 보여 오히려 은자의 외로움을 덜어 주는 동반자가 된 소나무의 참모습을 볼 수 있다.

당나라 시인 가도(賈島, 779~843)의 시에서도 그런 은자의 형상으로 소나무가 묘사되고 있다.

> 소나무 밑에서 동자에게 물어보니 / 스승은 약을 캐러 갔다고 / 이 산 속에
> 있기는 하지만 / 구름이 하도 깊어 어딘지 몰라요(松下問童子 言師採藥去
> 只在此山中 雲深不知處).

이 시에서 동자의 뒤에 말없이 서 있는 늙은 소나무의 존재를 느낄 수 없다면 약을 캐러 간 은자의 모습도 찾아내지 못할 것이다. 그런 점에서 동자의 뒤에서 굽어 보고 있는 소나무는 은자의 분신임을 짐작할 수 있다.

시인이 찾아간 은자는 구름 속에 가려 보이지 않으나 소나무를 통해 은자의 모습을 간접적으로 그려볼 수 있는 것이다.

약을 캐러 갔다는 동자의 말에서 은자의 신분이 도사인 것을 짐작할 수 있듯이, 그 도사의 품성도 소나무를 통해 담담하게 드러나고 있다.

| 안동준 |

오대부송

태산 중천문에서 옥황정(玉皇頂, 태산의 정상)으로 가는 길에 운보교(雲步橋)가 나온다. 이 다리를 건너 조금 더 올라가면 오송정(五松亭)이 나오는데. 이곳에 오대부송이 있다. 진시황은 황제의 자리에 오르고 3년 뒤 태산에서 봉선(封禪, 옛날 중국의 천자가 하늘과 산천에 제사를 지내던 일) 의식을 치르게 되었다. 오랫동안 폐쇄되어 있었기 때문에 의식의 절차도 잘 알 수 없었고, 유학자에게 물어봐도 그 설이 분분했다. 진시황은 유학자들을 물리치고 자신의 방식대로 산 정상에 비석을 세우고 봉선 의식을 진행키로 했다. 그런데 의식 도중에 폭풍우가 불어 진시황은 커다란 소나무 밑에서 비를 피하게 된다. 그에 대한 고마움의 표시로 진시황은 그 소나무에게 24작위 중 아홉 번째 작위인 '오대부' 를 내린 것이다.

셋

일본

신이 오가는 신성한 통로

집집마다 내걸린 '가도마츠'

일본인은 많은 나무 중에서 소나무를 가장 신성시한다. '신성한 영(靈)이 깃드는 나무' 라 하여 영목(靈木) 또는 신목(神木)으로 숭앙한다. 지금도 신년을 맞이하는 집집마다 가도마츠(門松)라고 하는 소나무 장식을 문 앞에 세워 두고 새해를 자축하는 것만 봐도 알 수 있다. 고장에 따라서는 가도마츠에 소나무가 아닌 졸참나무나 동백나무 같은 상록수 가지를 사용하기도 한다. 그러나 그 모두를 일괄해서 가도마츠라고 부르는 것을 보면 소나무는 변함 없이 일본인의 의식세계에서 특별한 나무로 자리잡고 있음을 알 수 있다.

소나무는 늘 푸르기 때문에 영구불변, 나아가 장수(長壽)를 의미한다. 또한 소나무는 기뻐해야 할 때 경하(慶賀)의 의미로도 쓰인다. 일본에서 소나무는 무엇보다도 신(神)과 불가분의 관계라는 데에서 그 상징성을 찾을 수 있다.

소나무는 일본말로 '마츠(松)' 라고 한다. 이 말은 '神を待つ(신을 기다린다)' 라는 말의 '기다린다' 즉 '待つ(마츠)'와 음이 같은 데에서 유래되었다는 해석이 있다. 이러한 해석은 논리의 타당성을 떠나 일본인의 의식세계 속에서 소나무가 차지하고 있는 신성성을 보여 주는 한 사례로 봐야 할 것이다.

신목으로 숭배받는 소나무

소나무의 신성함과 신비성을 보여 주는 대표적인 사례로 스가와라 미치자네(菅原道眞, 845~903)와 얽힌 일화가 있다.

미치자네는 당대의 저명한 정치가이자 학자였다. 당시 일본에서는 당제(唐帝)를 알현(謁見)하고, 국서(國書)·공물(貢物)을 바쳤는데, 그 임무를 맡은 사람을 견당사(遣唐使)라고 했다. 미치자네는 이 제도를 폐지할 것을 조정에 건의해 이를 성사시켰다. 그로써 후일 국풍문화라는 독특한 일본식 문화의 흥륭에 초석을 닦았다. 그는 죽은 후 학문의 신으로 추앙받고 있다. 일본 곳곳에 산재해 있는 텐만구(天滿宮)로 불리는 신사(神社)는 거의 그를 모신 곳이라고 봐도 무방하다. 또한 그는 발해(渤海)에서 파견한 사신이 일본에 오면 외교 업무를 도맡았으며, 우리나라와도 관계가 깊다. 그는 정적 후지와라 토키히라(藤原時平, 871~909)의 모함에 의해 다자이후(大宰府, 옛날 구주 지방에 설치되었던

가도마츠(門松) | 집의 입구 양쪽에 대나무와 소나무로 만든 크리스마스 트리처럼 생긴 가도마츠를 세우고, 현관문 위에는 볏집으로 만든 '시메와나'를 붙인다. 이 소나무 장식 기간을 마츠노우치(松の內)라고 하는데, 가도마츠를 장식하기 전에 꼭 대청소를 한다.

관청)로 좌천되었다가 불우한 생을 마감했다. 그에 관한 이야기는《오카가미(大鏡)》상권에 자세하게 기술되어 있다.

> 마침내 미치자네 공은 거기에서 운명하시게 되었습니다만, 그날 밤 공의 영혼이 하룻밤 사이에 이 교토의 기타노(北野)에 수많은 소나무를 자라게 했고, 거처도 이곳으로 옮기셨습니다. 그곳이 바로 지금의 기타노텐만구(北野天滿宮)인데, 신(神)의 영험(靈驗)이 너무 뛰어나 천황도 왕림하셨다고 합니다.

여기에 나오는 소나무를 가리켜 이치야 마츠(一夜松) 또는 히토요 마츠(一夜松)라고 하는데, 이 말에는 '하룻밤 사이에 자라난 소나무'라는 사전적 의미보다는 미치자네의 신통(神通)에 의해 자라난 신성한 소나무, 즉 신목(神木)이라는 의미가 더 강하다. 이러한 사례는《고킨신가쿠루이헨(古今神學類編)》의〈신목〉편에서도 엿볼 수 있다. 아이오이(相生) 소나무의 유래를 보면, 세상에 전해 내려오는 영목(靈木)은 모두 소나무와 깊은 관계가 있다는 것이다.

《슈이슈(拾遺集)》〈카구라부(神樂部)〉에 실려 있는 안포(安法) 법사의 전통적인 시가(詩歌)인 와카(和歌)에서도 소나무는 영생을 상징하고 있다.

> 스미노에(住吉)는 하늘에서 내려오신 신이 정좌하신 곳 / 그러니 스미노에
> 소나무는 신목(神木) / 그것은 한 뿌리에서 두 줄기가 자란다는 아이오이
> (相生) 소나무 / 그 연원도 유구한 스미노에 소나무

안포는 생몰년(生沒年)은 미상이나 헤이안(平安) 시대의 가인(歌人) 중 36가선(三六歌仙)의 한 사람으로 숭앙받았다. 그의 노래로 볼 때도 소나무는 신목임을 알 수 있다.

이렇게 소나무를 신성시하여 신목으로 숭배하는 사례는 모모에 마츠(百枝松)라는 소나무를 통해서도 엿볼 수 있다. 모모에 마츠는 '가지가 무성한 소나무'라는 뜻이지만 특정한 소나무를 가리킨다. 앞에서 소개한《고킨신가쿠루이헨》의〈신목〉에 보면「모모에 마츠는 내궁(內宮)의 신목」이라고 기록되어 있다.

여기에서 말하는 내궁은 이세진구(伊勢神宮)의 하나로 코다이진구(皇大神宮), 즉 일본 천황의 시조로 전해지고 있는 아마테라스오미카미(天照大御神)를 모신 대신궁을 가리킨다. 이것만 보아도 소나무는 신성한 장소에서 신목으로 당당히 자리잡고 있음을 알 수 있다.

그런데 곡물의 신인 토요우케노카미(豊受神)를 모신 이세진구의 외궁(外宮)에 있는 신목이 삼나무로 된 곳도 있다.

이 외에도 신목으로 추앙받고 있는 소나무로는 타카사고(高砂) 소나무, 타마쿠라(手枕) 소나무, 소네(曾根) 소나무, 하코자키(筥崎·箱崎) 소나무 등이 있는데, 일본인의

의식 속에 소나무가 얼마나 중요한 위치를 차지하고 있는가를 짐작케 한다.

재래와 외래의 교차로에 서 있는 소나무

그런데 소나무는 신목이 아닌, 다시 말해 일본의 전통 종교라 할 수 있는 신도(神道)와 맥을 같이하기도 하고, 불교적인 측면에서 인식하고 있는 경향도 보인다. 위의 하코자키 소나무가 바로 그것인데, 《소기호시슈(宗祇法師集)》에 나오는 노래에서도 소나무는 영적인 신목으로 표현되어 있다.

나무 하나에 어찌 다 보일 수 있을까 / 하코자키 소나무는 그 모두 신의 영험

인 것을

그러나 《하치만구도킨(八幡愚童訓)》에서는 불보살의 상징으로 소나무를 대신한다.

하코자키 소나무에 이는 바람 소리는 / 파도가 아닌 사덕(四德)의 바라밀

(波羅蜜) 소리

이렇게 하나의 대상(여기에서는 소나무)을 놓고 이질적인 두 종교, 즉 신도(神道)와 불교가 혼재하는 일은 일본에서는 진기한 현상이 아니다. 일본에는 신불혼효(神佛混淆)

메이지 신궁(明治神宮) | 신이 깃든다고 여겨지는 소나무는 신궁을 드나드는 사람들의 신심(信心)을 한층 더 돋운다.

또는 신불습합(神佛習合)이라는 독특한 형태의 전통이 있는데, 신불동체설(神佛同體說)에 입각하여 일본 고유의 신과 불교의 불보살을 동일시하고 양자를 한 장소에 합사(合祀)하여 신앙하는 것을 말한다.

이로부터 본지수적설(本地垂迹說)이 나오게 되었는데, 일본의 제신(諸神)은 인도의 제불(諸佛)이 중생을 구하는 제도(濟度)의 방편으로 나타난 것이므로 부처와 신은 그 본원에 있어 동일하다는 것이다. 지금도 신목인 소나무에 신불이 일시 현신한다는 '영향송(影向松)'을 일본 각지에서 볼 수 있는데, 위와 같은 신앙의 흔적을 보여 주는 실질적인 사례라 할 수 있다.

와카사(若狹)나 보소(房總) 지방에서도 이 같은 사례를 볼 수 있다. 죽은 사람의 혼령은 신이 된다고 하여 33번째 제사 후에 소나무나 삼나무 가지로 솔도파(率堵婆, 불탑)를 만들어 무덤에 세운다. 이를 '마츠 보토케(松佛)'라고 부르는 것 역시 일본인의 종교관을 보여 주는 사례다.

일찍이 시가 시게타카(志賀重昂, 1863~1927)는 자신의 저서 《일본 풍경론》에서 「일본은 세계 제일의 송백과(松柏科) 식물의 서식지」이며, 「소나무는 일본인의 심성을 순화한다.」고 예찬론을 폈다. 「영국인은 떡갈나무, 스코틀랜드 인은 너도밤나무, 프랑스 인은 낙엽송, 이탈리아 인·스페인 인은 올리브나무를 자랑하겠지만, 일본인은 소나무이고, 일본은 소나무 나라라고 불러야 제격이다.」라고 주장했다. 지리학자이자 골수 국수주의자의 발언이라는 것도 감안할 필요는 있으나, 소나무에 대한 일본인의 애틋한 마음의 일면을 보여 주는 대목이기도 하다.

| 강석원 |

기타노텐만구(北野天滿官)

학문과 문예의 수호신으로 추앙받는 스가와라 미치자네를 모시는 곳이다. 입학 시즌이 다가오면 합격을 빌기 위해 수많은 학부모와 수험생들이 이곳을 찾는다. 매월 25일 거행되는 축제 때에는 골동품, 분재 등 일본의 전통적인 물건들이 쏟아져 나와 깜짝 벼룩시장이 서기도 한다.

본지수적설(本地垂迹說)

8~10세기에 걸쳐 일본에서는 신불(神佛)습합사상이 등장해 일본의 전래 종교인 신도(神道)와 외래 종교인 불교의 서로 다른 교리를 절충하려 했는데, 11세기에 이르러 이 사상은 전국적으로 널리 퍼졌다. 여기에서 근원을 의미하는 본지(本地)는 부처를 가리키며, 수적(手迹)은 신도의 가미(神)를 뜻한다. 다시 말해서 일본의 중생들을 구제하기 위해 부처나 보살이 신의 모습으로 환생(幻生)한다는 것이다. 이런 관념의 원형은 인도불교에서 찾을 수 있다.

넷

한국

풍수신앙의 모태로 본 소나무

길지를 만드는 신통한 소나무

우리의 조상들은 살아 있는 사람을 위해 풍수에 의한 길지(吉地)를 조성하고자 도읍이나 마을, 주거지, 심지어 사람이 다니는 길가에까지 소나무를 심었다. 임금의 무덤이 있는 능역(陵域)이나 일반인들의 묘역 주변에도 소나무를 심었다. 풍수적으로 길지가 아니면 소나무를 심어 그 지형의 부족한 기(氣)를 보완했던 것이다.

먼저 도읍지의 경우, 《고려사》〈세계(世系)〉편에 보면, 풍수에 능통한 강충(康忠, 태조 왕건의 4대조)에게 양택(陽宅)을 잡아달라고 부탁한다. 그는 「형세가 좋고, 수목이 없는 동산(童山, 헐벗은 바위산)에 소나무를 심어 암석이 드러나지 않게 하고, 군(郡)을 산의 남쪽으로 옮기면 삼한을 통일할 자가 나올 것」이라고 했다.

이처럼 고려의 수도 개성은 풍수신앙에 의해 성립된 도시이며, 소나무가 풍수의 핵심적 역할을 했다.

한편 조선시대에도 궁궐에서 소나무를 심어 가꾸고 지키기 위한 다양한 노력을 했는데, 그에 관한 기록들은 《조선왕조실록》 곳곳에 나타난다. 창덕궁에 소나무를 심으라는 내용(太宗實錄)이나, 후원(後園)의 우거진 송림을 다치게 할 수 있는 궁궐 담 이전도 금지시켰으며(成宗實錄), 솔씨를 뿌려 솔숲을 조성하라(燕山君日記)는 등 왕실이 직접 소나무를 보호하고 관리한 기록들이 많다.

　　선비들 또한 곁에 두고 아끼고자 소나무를 거처 주변에 심었다. 선비들은 예로부터 울타리 밖에는 소나무를 심고, 담 안에는 매화나 대나무를 심어 그 절개와 충절, 기상을 사시사철 즐겼다. 《삼국사기》 열전에 보면 「최치원(崔致遠)이 벼슬을 포기하고 산하를 소요하며 누대와 정자를 짓고, 소나무와 대나무를 심어 놓고 책 속에 파묻혀 풍월을 읊었다.」는 내용이 실려 있다.

　　《고려사》에는 「소나무를 중요하게 여기는 관습은 자기 집을 꾸밀 때 후원에 반드시 소나무와 잣나무를 심는 것으로 나타난다.」고 했다.

　　일상생활에 필요한 농업·임업·축산업·잠업·주택·건강·의료·재난 등에 대비하는 방대한 지침서인 《산림경제(山林經濟)》를 저술한 숙종 때의 홍만선(洪萬選, 1643~1715)은 집 주변에 생기를 돌게 하고, 속기를 물리치려면 소나무와 대나무를 심으라고 강조했다. 당시 기세 등등한 주자학(朱子學)에 반기를 들고 실용후생(實用厚生)의 학풍을

서오릉(西五陵)의 익릉(翼陵)을 둘러싼 솔밭 | 사적 제198호. 조선 숙종 원비 인경왕후(仁敬王后)의 무덤 | 왕비가 된 지 6년 만에 천연두로 세상을 달리한 인경왕후의 넋을 달래주기 위함일까. 익릉 주위를 둘러싼 솔밭이 그녀를 포옹하기 위해 내민 팔 같다.

일으켰던 그가 풍수신앙적 의미로 소나무를 대했다는 것은 매우 역설적이다. 또한 소나무가 지닌 변치 않는 속성과 강인한 생명력을 본받아 학문과 인격 수양을 연마하던 서원(書院)에서는 더 말할 필요가 없었다.

죽은 자와 산 자의 연결고리

죽은 자를 위한 공간에 소나무를 심었던 기록은《삼국지》〈위서동이전〉에서도 찾을 수 있다. 고구려 사람들은 장례의 마무리 절차로 「무덤 둘레에 송백을 심었다(積石爲封列種松柏).」는 내용을 담고 있다.

최치원(崔致遠, 857~?)의 〈사산비명(四山碑銘)〉에는 「해당 관사(官司)와 기내(畿內)의 고을에 명하여, 능역 둘레에 소나무를 옮겨 심도록 하였다.」고 새겨져 있다.

위의 두 기록을 통해 삼국시대부터 묘지나 능역 주변에 소나무와 잣나무를 심어 풍수적 길지로 보완해 왔음을 알 수 있다.

왕실의 능역에 소나무를 심었던 기록들은 조선시대에 들어 많이 나타난다.《태종실록》에 보면 태종 재위 8년에 「능침에 소나무와 잣나무가 없는 것은 예전 법이 아니다. 잡풀을 베어버리고 소나무와 잣나무를 두루 심어라.」는 기록과 「창덕궁과 건원릉에 소나무

강원도 강릉의 솔숲 | 마을을 품듯 주위를 둘러싼 소나무들이 이 마을 사람들을 보호해 줘 늘 무병장수했을 것 같다. 눈 앞에 펼쳐진 초록빛 기운과 상큼한 소나무 향이 노인에게는 생기를, 어린이에게는 총명함을 선사했을 것이다.

를 심도록 명하였다.」는 재위 10년의 기록이 있다. 능침 주변에 소나무와 잣나무를 심는 일이 매우 중요한 예법이었음을 밝히고 있다. 이런 전통 때문인지 몰라도 오늘날도 이 땅 곳곳에는 다복솔이 무성하게 자라는 묘지를 어렵지 않게 볼 수 있다.

그렇다면 풍수사상의 보완재로서 소나무를 심는 풍습은 고유한 우리의 문화일까?

중국에서도 능원(陵園)에 소나무나 잣나무를 심고 벌채를 금지했으며, 한(漢)나라 때에도 묘소 주변에 소나무와 잣나무를 심었다는 기록들을 찾을 수 있다. 능원 주변에 소나무나 잣나무를 심는 풍습은 중국이 우리보다 앞섰다고 볼 수 있다.

이로써 동양권에서는 소나무를 여러 방면에서 길지를 만드는 데에 이용해 왔음을 알 수 있다. 그 이유에 대해서 일본의 무라야마 지존(村山智順)은 「오래 전부터 소나무는 생기를 넘치게 하는 축복의 나무로 신앙처럼 믿어 왔기 때문이다.」라고 했다. 소나무의 상징성이 땅과 함께 보완의 관계를 유지하며 완전한 길지를 만든다고 풍수적으로 해석한 것이다.

과학적 증거를 보인 늘 푸른 솔

일체 만물이 생겨나는 원소, 즉 지·수·화·풍·공(地水火風空)들이 어떻게 작용하여 땅과 소나무의 생태를 유지하는가? 또 그것들의 상징성이 합일하면서 인간에게 주는 발복(發福)의 원인은 무엇인가? 그 근거에 대해 현대과학의 프리즘으로 봐도 조상들의 혜안은 참으로 밝았다는 사실을 알 수 있다. 왜냐 하면 소나무의 식재로 형성되는 생기와 길지의 생성 근거로써 우리는 시각적·후각적 관점으로 접근할 수 있기 때문이다.

시각적 관점으로 볼 때 소나무는 초목의 비생장 계절에 녹시율(綠視率, 눈앞에 들어온 광경 중 녹색을 띤 풍광의 비율)을 확보할 수 있는 가장 적합한 수종이다. 녹색이 주는 정신적·심리적 효과는 오늘날 녹색심리학이나 환경행동학에서 구체적으로 밝혀지고 있다.

후각적 관점은 소나무에서 방향성 물질인 테르펜 성분을 방출한다는 것이다. 테르펜은 자율신경을 자극하여 정신집중, 정서순화, 심리안정에 매우 효과적이다. 뿐만 아니라, 소나무는 타감물질(他減物質, allelopathy)이 있어 솔가리가 쌓이는 소나무 밑에서는 다른 식물이 쉽게 자라지 못한다.

생기와 길지를 얻고자 풍수적 방법으로 수천 년 동안 원용된 소나무에 대한 사랑은 오늘도 계속되고 있다. 현재 소나무는 디자인이 돋보이는 첨단 공법으로 지어진 아름다운 건물 공간에는 빠짐 없이 조경수로 등장하고 있다. 그 밖에도 시민을 위한 녹지공간의 정원수로, 유서 깊은 도로변의 가로수로 변함 없이 우리들의 가슴속에, 우리들의 시선 속에 소나무는 살아 있다.

| 전영우 |

다섯

한
중
일

통과의례의 주례자

내나무로 맺어진 운명공동체

십리 절반 오리나무 / 열의 곱절 스무나무 / 대낮에도 밤나무 / 방귀 뀌어 뽕
나무 / 오자마자 가래나무 / 깔고 앉아 구기자나무 / 거짓 없어 참나무 / 그
렇다고 치자나무 / 칼로 베어 피나무 / 입 마추어 쪽나무 / 양반골에 상나무
/ 너하구 나하구 살구나무 / 나무 가운데 나무는 / 내 선산에 내나무.

남도 지역에서 부르는 〈나무타령〉이다. 이 타령의 나무들은 내나무로 귀결되고 있다.
그 내나무가 바로 소나무다.

백여 년 전만 해도 남도에서는 아기가 태어나면 그 아기 몫으로 나무를 심는 관행이
있었다. 딸이면 밭두렁에 오동나무를 심었고 아들이면 선산에 소나무를 심었다. 나의 탄
생목(誕生木)이요, 내 몫으로 심은 나무라 하여 이를 내나무라 불렀다. 그렇게 자라 시집

갈 나이가 되면 밭두렁에 심었던 오동나무를 베어 장롱을 짜서 시집을 갔고, 그렇게 늙어 죽으면 선산에 심었던 소나무를 잘라 관(棺)을 짜서 그 속에 누워 내세로 갔다. 이처럼 태어나면서부터 사후(死後)의 영생을 장만했으며, 그 설계를 소나무가 대행했던 것이다.

나의 운명을 대행하는 내나무이기에 이 소나무로 집약되는 통과의례(通過儀禮, Les Rites de Passage) 또한 다양했다. 프랑스의 인류학자 방 주네프(A. Van Gennep)가 처음으로 사용한 용어인 통과의례는 사람이 태어나면서부터 죽을 때까지 거치게 되는, 이른바 탄생·성년·결혼·장사 등에 수반되는 의례를 통틀은 것이다.

아기가 아프면 어머니는 시루떡을 쪄서 그 아기의 내나무 앞에 시루째 놓고 밤새워 손을 비볐다. 무당으로부터 단명(短命)을 예언받으면 명을 상징하는 타래실을 내나무에 감아 놓고 장수를 빌었다. 장가갈 나이가 되거나 정혼할 색시감이 생기면 내나무를 찾아가 그 밑동에 덩굴풀인 박을 심는다. 소나무와 박 덩굴은 궁합이 맞아 상생(相生)관계를 이뤄 밑동을 잘도 감아 올라 박이 주렁주렁 열린다. 그 중 잘 생긴 표주박을 따서 혼례의 하이라이트인 합근례(合根禮) 때 술을 담는 합근박을 만든다. 신랑 신부가 이 합근박에 더불어 입을 대고 담긴 술을 나누어 마심으로써 일심동체가 되었다. 혼례가 끝나고 신방을 차리면 혼례 때 썼던 합근박에 음양 화합을 뜻하는 청실홍실 수실을 달아 천장 한구석에 매달아 두고 둘 사이의 사랑을 감시하게 했다. 소나무는 이처럼 한국인의 일생 속에서 사랑의 다리를 놓아 주는 역할도 했다.

전북 정읍의 무덤가 솔밭 | 혹시 삿된 기운이 찾아들까 고인의 영혼을 지키는 병사들처럼 굳건히 서 있는 소나무들.

과거에 급제하면 고향에 돌아와 맨 먼저 찾아가는 곳이 내나무다. 그 소나무에 어사화(御賜花)를 걸었고, 벼슬에 오르면 관대(官帶)를 풀어 그 소나무에 둘렀다. 내나무의 송화(松花)나 내나무에 열린 잣은 여느 것들과 구별했으며, 생일이나 장가가는 날 또는 급제한 날이나 회갑날 등 잔치 때면 반드시 내나무 정과나 다식을 만들어 주인공에게 먹게 함으로써 운명공동체를 확인하게 하고, 공존공생했다. 이렇게 소나무는 한국인의 인생과 더불어 살다가, 그 동일체를 감싸 땅에 묻혀 내세를 영생하는 시공을 초월한 반려자였다.

무덤 밖 동반과 무덤 안 동반

한국에서는 사람이 죽으면 소나무와 더불어 땅에 묻히지만, 중국과 일본에서는 무덤 위에 소나무를 심는다. 무덤에 심는 나무도 신분에 따라 달랐다. 천자(天子)는 소나무, 제후(諸侯)는 잣나무(柏), 대부(大夫)는 밤나무, 선비는 느티나무, 서민은 버드나무로 차별해 심었는데 후세로 오면서 이런 제도는 무너졌고, 오늘날에는 누구든지 소나무를 심게 됐다.

시인 도연명은 무덤가에 심어진 소나무를 이렇게 읊고 있다.

무덤 위의 소나무는 베어져 없고 / 높은 봉분은 낮아져 / 무너진 터전에 집
주인은 어델 가고 / 방황하는 혼은 돌아올 줄 모른다.

도연명은 자기 무덤에는 소나무를 심지 말라고 했다. 겸손의 표현인지 또 다른 생각이 있어서 한 말인지는 궁금할 뿐이다.

중국의 괴담 소설집인 《요재지이(聊齋志異)》를 보면 노부모를 둔 자식들이 묘지에 소나무를 심는 대목이 자주 나온다. 이로 미루어 볼 때 무덤에 소나무를 심는 중국의 관행은 오래 전부터 있어 왔음을 알 수 있다.

묘상식송(墓上植松)의 관행은 일본으로도 건너와 이미 8세기 말에 발표된 이 같은 시를 볼 수 있게 한다.

봉분 위에 심은 소나무 / 이미 7척에 이르렀으니 / 묻힌 이 서방 극락에 이르러 / 구품(九品) 연대(蓮臺)에 올랐으려니.

무덤 위와 둘레에 다섯 그루의 소나무를 심는 것이 관행이 된 지방도 있다. 이처럼 저승의 반려로 한·중·일이 똑같이 소나무를 선택하고 있으나, 중국·일본이 무덤 밖 다소 격리된 동반인데 비해 한국은 무덤 속 밀착된 동반을 하고 있다는 차이가 있다.　｜이규태｜

지팡이에 늙은 몸을 의지하여 걷다가, 아무데서나 마음 내키는 대로 쉬고, 가끔 고개를 높이 들
어 자유롭게 주위를 들러본다. 구름은 무심하게 산봉덩이에서 나오고, 새는 날기에 지쳐 둥지
로 돌아올 것을 아는데, 나도 그와 같이 고향에 돌아왔다. 햇빛이 어둑어둑 서쪽으로 지려 하
다가 외롭게 남아 푸른 절조를 지키는 소나무를 어루만지며 떠나지 못하고 서성거리는 모양이
마치 내가 만년에 남은 지조를 지키려는 모습과 같아 감개가 무량하다.

도연명의 〈귀거래사〉 중에서

[2] 문학·설화로 보는 소나무

하나

한국

바위 끝 솔 위에 떠 있는 조각달

시인에게 달을 읊게 하는 소나무

> 오오 솔이여, 솔은 진실로 좋은 나무, 백목지장(百木之長)이오, 만수지왕
> (萬樹之王)이라 하리니 이 위에 다시 무슨 말을 하겠는고!

우리나라의 대표적인 작가 김동리(金東里)가 〈송찬(松讚)〉이란 글에서 언급한 내용이다. 많은 사람이 소나무에 대한 글을 남겼지만 이보다 더 함축적인 극찬의 목소리는 없을 것이다.

일찍부터 소나무의 생태적 상징성은 문학의 단골 소재요, 그 대상으로 채택되어 왔다. 식물 중 문학의 소재로 가장 빈도가 높은 것이 소나무다. 그러나 언제, 누구에 의해 소나무의 상징성이 문학의 소재로 채택되었는지는 정확한 기록이 없어 알 길이 없다. 다만 고려 중기 무인 정권이 무너진 뒤, 혼란기를 원만하게 수습한 사람으로 평가받는 정치가

이인상필송하인물도(李麟祥筆松下人物圖) | 이인상(李麟祥), 국립중앙박물관 소장 | 곧게 뻗은 소나무와 비껴 누운 소나무 아래 한 선인(仙人)이 옆에 칼을 꽂고 차가운 눈초리로 그 무엇을 응시하고 있다. 이 검선의 집중된 정신세계가 눈에 그대로 내비치고 있다. 이러한 전신(傳神)의 완벽함이 배경의 깔끔한 소나무와 어울려 더욱 고결한 분위기를 자아낸다.

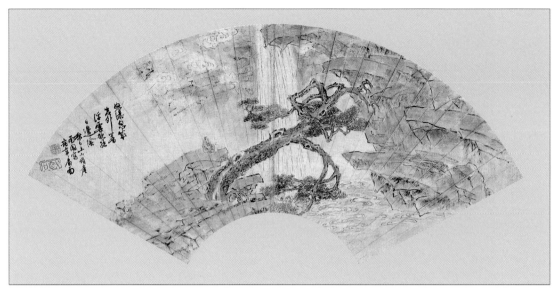

송하관폭도(松下觀瀑圖) | 이인상(李麟祥), 국립중앙박물관 소장 | 당당한 색과 가늘고 유려한 선을 사용함으로써 이인상의 문인 기질이 잘 나타난 작품이다. 왼편에는 '세찬 폭포는 갑자기 공중에서 곧은 줄기를 이루며 하늘가에 걸려 있고, 뜬구름은 태양 주위를 가리려하네.' 라고 시구가 적혀 있다.

겸 문인인 최자(崔滋, 1188~1260)에 의해 온전한 글이 비로소 등장한다.

최자는 전라도 변산에 올랐다가, 하늘을 찌를 듯한 노송과 그 위에 떠 있는 조각달을 보고 정지상(鄭知常, ?~1135)이 남긴 「바위 끝 늙은 솔 위에 조각달이 떠 있고 / 하늘가 구름은 낮은데 천 점 산이 깔려 있네(石頭松老一片月 天末雲低千點山).」라는 시를 연상했다고 밝혔다. 정지상은 자신보다 130여 년이나 앞선 천재시인으로, 당시 김부식(金富軾, 1075~1151)과 쌍벽을 이루었던 인물이다. 그 최자의 시에서도 소나무는 달과 함께 등장한다.

> 창밖에 소나무가 너울대고 / 솔 위로 밝은 달이 떠 있구나 / 솔의 곧음과 달
> 의 빛남이 어울리니 / 운치와 절조가 절경을 이루는구나(苒苒窓外松 妍妍
> 松上月 貞華兩相宜 韻操雙奇絶).

정지상은 당시 서경 천도파(西京遷都派)에 섰다가 김부식에게 해를 입었다. 최자의 시는 단순히 송월(松月)을 노래한 것으로 보이나 절벽, 푸름, 곧음을 아름다운 시어(詩語)로 표현함으로써 소나무처럼 고고한 시인의 장엄한 기상을 간접적으로 보여 주고 있다.

섬돌 아래 길게 누운 소나무

조선조에 들어와서는 선비들의 시재(詩材)로 소나무가 더욱 빈번하게 등장한다. 풍치·송월·송풍·탈속·절조·충절 등의 상징들은 모두 소나무의 생태에서 찾았다고 볼 수 있다.

조선 전기에 시·서·화(詩書畵)로 이름이 높았고, 《양화소록(養花小錄)》등 많은 저작물을 남긴 강희안(姜希顔, 1417~1464)은 「섬돌 아래 길게 누운 외로운 소나무여 / 긴 세월 늙은 등걸은 용의 모습 닮았구나 / 해 저물고 바람 세찬데 병든 눈 씻고 보니 / 천 길 용이 창공으로 오르는 듯하여라(階前偃盖一孤松 枝幹多年老作龍 歲暮風高撤病目 擬看千丈上青空).」라는 시를 지었다. 탁월한 식견을 가진 식물학자이기도 했던 그는 소나무가 가진 생태적 신이(神異)함을 용의 이미지를 차용하여 세상 밖의 나무로 격상시켰다.

같은 연배인 성삼문(成三問, 1418~1456)도 「달은 휘영청 밝은데 솔 그림자 성기고 / 이슬은 차가운데 뜨락은 청결하구나 / 맑은 밤 외마디 구슬픈 학 울음소리 / 저마다 깊은 시름에 젖게 하는구나(月明松影疎 露冷庭隅淨 一聲清夜淚 令人發心炳).」라는 시를 남겼다.

12살에 왕위에 오른 단종(端宗, 재위 1452~1455)의 운명을 예견하고 소나무의 절의(節義)와 학의 고고함을 빌려 순절하려는 의지를 이미 이 시에서 밝히고 있다. 그러다가 마침내 「이 몸이 죽어가서 무엇이 될꼬 하니 / 봉래산 제일봉의 낙락장송 되었다가 / 백설이 만건곤할 제 독야청청하리라.」고 자신의 충절(忠節)을 읊으며 형장의 이슬로 사라졌다.

한 그루 나무에 깃든 우주

조선 11대 왕 중종(中宗, 재위 1506~1544) 때 개혁파의 리더인 조광조(趙光祖, 1482~1519), 미신 타파에 앞장선 김정(金淨, 1486~1521)과 더불어 사림파의 중추세력이었던 김식(金湜, 1485~1520)은 키가 작고 가지가 옆으로 퍼진 한 그루 반송(盤松)에 대한 예찬의 시를 남겼다.

> 나무 한 그루가 숲을 못 이룬다고 누가 말했는가 / 뜰 앞의 반송 한 그루 녹음이 우거졌구나 / 깊고 깊은 뿌리는 지맥에 이르렀고 / 일산처럼 둥근 가지 하늘을 받쳤구나 / 구름을 뚫고 올라 학이 날아오르는 듯 / 비를 부르면서 용 새끼 꿈틀대는 듯 / 스쳐가는 바람결은 옷깃을 펄럭이고 / 소리는 파도 같고 대낮인데도 어둠이 드리웠구나(誰日獨樹不成林 且向庭前坐綠陰 袞袞深根連地脈 盤盤偃盖拱天心 從敎白鶴穿雲起 莫遣蒼虯帶雨吟 夢入祖徠風滿袖 海濤聲裡晝沈沈).

그는 비록 다복솔 한 그루일뿐이지만 녹음이 우거진 것으로, 가지는 하늘을 떠받치고 있는 것으로 보았다. 또한 반송을 하늘을 나는 용으로 보았고, 솔바람 소리는 마치 거센 파도 소리 같다고 했다. 김식은 다복솔 한 그루에서 작은 우주를 보고 있는 것이다.

이에 못지 않게 김정도 「바닷바람 몰아치니 구슬픈 소리 들리고 / 달이 산 위로 높이 오르니 파리한 그림자 성글구나 / 곧은 뿌리 땅 속 깊이 내리고 있으니 / 눈서리 들이쳐도 품격은 변함이 없네(海風吹送悲聲遠 山月高來瘦影疎 賴有直根泉下到 霜雪標格未全除).」라는 시를 지었다. 김정은 당시 제주도로 귀양을 가다가 길가에 서 있는 노송 한 그루를 만나 이 시를 지었다. 늙은 소나무의 성긴 가지가 비록 초라한 자신의 모습과 같았으나 나라를 위하는 충정과 절의는 변함 없음을 토해 낸 것이다. 임금을 위한 마음은 송근(松根)처럼 깊고 그 어떤 고통 속에서도 변함이 없을 것이라고 외친 것이다.

김식·김정 두 사람은 조광조와 함께 부패정치를 개혁하려다 기묘사화(己卯士禍)로 뜻을 이루지 못하고 죽임을 당한 인재들이다. 그들은 함께 소나무의 상징성을 빌려 추호도 다른 뜻이 없음을 하늘에 호소했다.

낙락장송에 담긴 여인의 지조

조선시대 황해도 해주의 유생 박준한(朴俊漢)과 애틋한 사랑을 엮어 온 솔이[松伊]라는 기녀(妓女)는 자기의 지조를 낙락장송에 빗대었다. 그녀는 사랑하는 사람에게 반드시 과거에 급제해 당당한 장송(長松)이 되어 돌아올 것을 훈계한 단가(短歌)를 읊었는데, 이로 보면 소나무가 선비들만의 전유물은 아니었던 것 같다.

「솔이 솔이라 하나 무슨 솔로 여기느냐? / 천 길 절벽에 낙락장송 같은 나로다 / 길 아래 초동아 낫인들 걸어볼 수 있으랴.」조선 영조 8년(1732)에 편찬된 고려·조선시대의 시조집《악학습령(樂學拾零)》에 전하는 솔이의 단가 내용이다.

솔이는 강화도에서 이름을 날린 당대의 명기(名妓)였다. 그녀를 넘보는 한량은 무수히 많았다. 그러나 그 누구에게도 정을 함부로 주지 않았으며, 오직 유생 박준한에게만 정을 주면서 학문을 게을리 하지 말 것을 훈계하기까지 했다. 깊은 학문과 인간 됨됨이가 올바르지 않으면 결코 꺾을 수 없는 천길 절벽에 우뚝 선 낙락장송 같다는 자신의 지조를 알리고 천명하는 소리다. 땔나무를 하는 초동의 무딘 낫은 전혀 베어 넘길 수 없는 고귀한 기품과 지조의 이미지가 바로 낙락장송에 담겨 있다.

조선시대 단가의 명인이었던 고산 윤선도(孤山 尹善道, 1587~1671)는〈오우가(五友歌)〉에서 소나무를 이렇게 찬미하고 있다.

> 더우면 꽃 피고 추우면 잎 지거늘 / 솔아! 너는 어찌 눈서리를 모르느냐? /
> 구천(九泉)에 뿌리 곧은 줄을 그로 하여 아노라.

《고산유고(孤山遺稿)》권6의〈산중유곡(山中新曲)〉에 실려 있는 내용이다. 물론 이 시에서는 이미지의 변용이 아니라, 그 생성 원인이 구천, 즉 저승에 이르도록 곧게 뻗어 내리는 소나무 뿌리에 비밀이 있음을 찬양하고 있다.

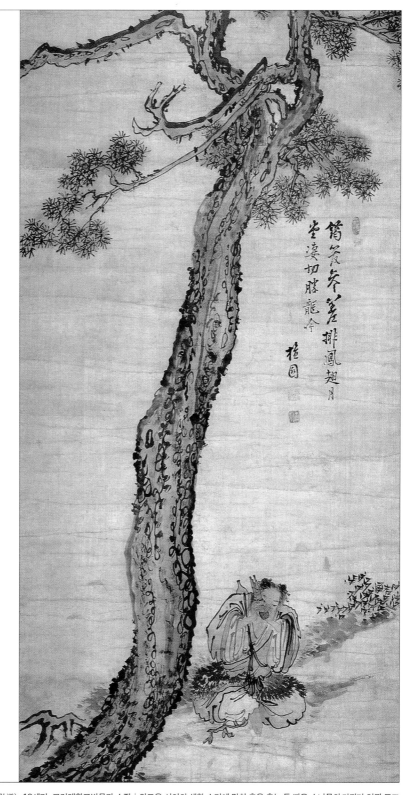

선인송하취생(仙人松下吹笙) | 김홍도(金弘道), 18세기, 고려대학교박물관 소장 | 외로운 선인의 생황 소리에 맞춰 춤을 추는 듯 뻗은 소나무의 가지가 얼핏 고즈넉해 보이는 풍경에 작은 흥을 돋우는 듯하다. 평소 해학적인 풍속화를 많이 그렸던 김홍도의 작은 재치가 엿보이는 것 같다.

아름다운 숲의 주인공

소나무를 신선의 이미지로 노래한 사람 중 현재까지 가장 오래 된 사람은 조선 중기의 갈봉 김득연(葛峰 金得硏, 1555~1637)이다. 그는 〈산중유곡(山中雜曲)〉에서 「솔 아래 길을 내고 못 우에 대를 쌓으니 / 아름다운 자연이 좌우로 오는구나. / 그 사이에 한가히 앉아 늙는 줄을 모르리라.」고 읊었다.

소나무 밑으로 길을 내고 연못 가 언덕 위에 대(臺)를 쌓아 적당히 부는 바람결에 밀려드는 안개와 노을 사이에서 한가롭게 지내면 늙는 줄을 모른다고 했다. 이것은 신선으로 살아가겠다는 자신의 의지를 표현한 것이다. 그러므로 여기에서 소나무는 신선세계를 상징하며 이상세계를 뜻하고 있다.

소나무가 없는 신선이나 그림은 있을 수 없고, 은일의 세계도 있을 수 없다. 소나무가 없으면 고고한 풍취도 없을 뿐더러 소나무 위에 달이 뜨지 않거나 솔바람이 불지 않으면 풍류도 있을 수 없고, 지조와 탈속도 있을 수 없다. 이렇게 소나무를 신선세계로 암시한 작품은 얼마든지 있다.

조선 12대 왕 영조(英祖, 재위 1724~1776) 때의 가객(歌客) 김천택(金天澤, 생몰미상)도 《악학습령(樂學拾零)》에 명시 한 편을 남겼다.

> 송림에 객산(客散)하고 / 다정(茶鼎)에 연헐(烟歇)커늘 / 유선 일침(遊仙
> 一枕)에 오몽(午夢)을 늦이 깨니 / 어즈버 희황(羲皇) 상세를 다시 본 듯하
> 여라.

여기에서 송림은 바로 김천택이 살고 있는 집인데, 이 시의 중심 소재가 되고 있다. '다정(茶鼎)'은 차를 끓이는 솥이고, '연헐(烟歇)'은 불을 지펴 차를 끓였다는 뜻이다. 놀러 온 벗들이 차를 마시고 담소가 끝나 다 흩어진 뒤 낮잠 한숨을 달게 잤으며, 깨어보니 마치 중국의 고대 전설 속에 나오는 이상향에서 살고 있는 느낌이 들더라는 것이다.

대장부나 동량재로 보는 이유

소나무를 건강하고 씩씩한 대장부나 한 집, 한 나라를 맡아 다스리는 동량재(棟樑材)로 상징하여 노래한 가장 오래 된 작품은 유응부(俞應孚, ?~1456)의 시가 아닌가 한다. 그는 조선 7대 왕 세조(世祖, 재위 1456~1468) 때에 단종 복위를 거사했다가 젊은 집현전 학사들과 함께 처형된 사육신의 한 사람이다. 《악학습령》에 그의 작품이 담겨 있다.

> 간밤에 불던 바람 눈서리 치단 말가 / 낙락장송이 다 기울어지단 말가 / 하
> 물며 못다 핀 꽃이야 일러 무삼하리오.

송암복호(松嵒伏虎) | 겸재 정선(謙齋 鄭敾), 간송미술관 소장 | 부드러운 필체로 그려진 소나무가 신선 같은 스님의 온화한 미소와 더불어 한국적 미감을 물씬 느끼게 한다. 허공 속에 묻힌 소나무 가지가 사나운 호랑이를 잠재우는 스님의 손길과 하나가 된 것 같다.

다 기울어간 낙락장송은 세조가 나이 어린 조카 단종을 폐위시키고, 왕위를 찬탈하기 위해 당시 영의정이던 황보인(皇甫仁, ?~1453)과 좌의정 김종서(金宗瑞, 1390~1453)를 차례로 살해한 일을 가리킨 것이고, 못다 핀 꽃이란 나이 어린 왕 단종을 은유한 것이다. 이와 비슷한 노래로 조선 중기에 활동한 송강 정철(松江 鄭澈, 1536~1593)의 작품이 있다.

> 어와! 버힐시고 / 낙락장송 버힐시고 / 저근 덧 두던들 동량재 되리러니 /
> 어즈버 명당(明堂)이 기울거든 / 무엇으로 바치려나.

《송강가사(松江歌辭)》〈성주본〉에 실려 있는 내용이다.

동량재는 양재역 벽서사건으로 야기된 정미사화(丁未士禍)에 얽혀 조선 13대 왕 명종(明宗, 재위 1545~1567) 2년에 사형당한 금호 임형수(錦湖 林亨秀, 1514~1589)를 가리킨다. 그리고 '명당'은 조정을 가리킨다. 유응부나 정철은 한결같이 한 나라를 이끌어갈 인걸들을 낙락장송에 비유해 준엄하게 권력자들을 탄핵하고 있다.

솔바람과 거문고의 협연

스승인 박효관(朴孝寬)과 함께 시가집《가곡원류(歌曲源流)》를 편찬해 시조문학을 정리했던 한말 가객 주옹 안민영(周翁 安玫英, 1816~?)은 소나무의 바람 소리를 거문고의 가락에 비유했고,《금옥총부(金玉叢部)》에 다음과 같이 5장 7구체의 가곡으로 노래했다.

> 벽산 추야월에 / 거문고를 비껴 안고 / 홍대로 곡조 짚어 / 솔바람을 화답할
> 때 / 때마다 소리 냉냉함이여! / 추금호를 가졌더라.

이 외에도 이름은 모르고 자는 관보(寬夫), 호는 묵준당(默駿堂)으로 알려진 한 선
비는《악학습령》에서 솔바람과 거문고를 합주했다.

> 백화산(白華山) 들어가서 / 송단(松壇)에 홀로 앉아 / 태평가 한 곡조에 성
> 세(盛世)를 읊었으니 / 천공(天公)이 / 바람을 보내 송생금(松生琴)을 하
> 더라.

백화산은 괴산과 문경 접경 지역에 실재하는 산인데, 지은이는 그 산에 들어가 태평
가를 연주하며 살았다. 그는 소나무 밑에 앉아 세상으로부터 얻을 것도 바라지 않고, 버릴
것도 없이 유유자적 노래를 하면 자연은 바람을 보내 솔바람을 일으켜 자신의 거문고와
협주를 하니 이것이야말로 송생금이 아니냐고 한 것이다.

다른 한 편의 시에서도「임천(林川)을 초당삼고 석상에 누웠으니 / 송풍은 거문고요
두견성은 노래로다 / 건곤이 날더러 이르되 함께 늙자하더라.」고 하여 이미 자신은 자연
과 합일을 이루었다고 노래했다. 그는 이미 자연의 영원함에 이르렀으며, 환희에 들어갔
음을 표현한 것이다.

소나무는 사람이 살 수 없는 긴 수명을 살고, 의식주를 제공하는 모든 나무 중에서 으
뜸이다. 세속에 함부로 쏠리지 않는 충절과 절개의 모습을 갖고 있으며, 고고한 선비의 덕
목을 지녀 인간으로 하여금 자신을 되돌아보게 하는 지고한 스승의 모습을 하고 있다.

소나무는 사람들이 배가 고프다고 하면 먹을 것을 주고, 아프다고 하면 약을 준다. 더
우면 그늘을 주고, 눈보라를 막는 은신처로서의 역할도 마다하지 않는다. 게다가 지치고
외로운 사람에게는 송생금을 탄주하여 머리를 맑게 해주고, 싱싱한 생명을 이어갈 수 있
는 희망까지 준다. 그래서 소나무는 인간이 지향하는 모든 것을 아우르는 하늘이 내린 신
이한 대상이 되고 있다.

| 최강현 |

양재역 벽서사건(良才驛壁書事件)

조선 명종 때 일어난 정치적 사건으로 정미사화라고도 한다. 을사사화의 여파가 가시지 않은 가운데 1547년(명종 2)
경기도 광주 양재역(良才驛)에서 익명의 벽서가 발견되었다. 벽서의 내용은 「위로는 여왕, 아래로는 이기가 권세를
휘둘러 나라가 망하려 하니 보고만 있을 수 없다.」는 것이다. 이에 윤원형(尹元衡) 등의 소윤(小尹) 일파는 을사사화
때 대윤(大尹) 일파에 대한 처벌이 미흡했던 결과라며 봉성군(鳳城君) 완, 송인수(宋麟守)·이약수(李若水) 등을
사사했다. 이 외에도 이언적(李彦迪)·정자(鄭磁)·노수신(盧守愼)·정황 등 20여 명이 유배되었는데, 대부분 사림
계 인물들이었다.

둘

_{중국}

소나무 아래를 지나 다다른 안식처

번영과 영예의 상서로운 나무

중국문학 속에서 소나무는 어떠한 상징으로 나타나고 있을까?

중국문학의 가장 오랜 고전인《시경》에서 소나무는 번성과 무성함의 상징으로 나타난다.《시경》〈소아(小雅)〉사간(斯干)편에 보면「끝없이 흐르는 계곡 물의 흐름이여 / 그윽하게 연이은 남산이여 / 대나무 뿌리가 질기고 떨기져서 나듯 / 소나무 잎이 푸르러 무성하듯 / ……하고 견고하기를(秩秩斯干 幽幽南山 如竹苞矣 如松茂矣……).」이라고 했다. 사간편에 실린 '모시(毛詩)의 서(序)'에 의하면 주(周)나라의 선왕(宣王)이 궁실을 낙성하고 이를 자축한 노래라고 한다. 대나무나 소나무는 모두 궁실을 영원하게 유지하자는 것을 상징한다고 했다.

《시경》〈소아〉천보(天保)편에도「남산의 영구함처럼 / 어그러지지도 말고 무너지지도 말며 / 소나무와 잣나무가 무성하듯 / 너희의 복록을 이어받을 자가 없지 않으리라

(如南山之壽 不騫不崩 如松柏之茂 無不爾或承).」고 했다.

'모시의 서'에 의하면 천보편은 주 왕조의 신하가 군주를 위해 지은 축복의 시라고 하는데, '같을 여(如)'자를 앞세운 비유를 아홉 번이나 했다. 그 가운데 소나무는 변함 없는 남산과 같이 만수무강의 뜻을 지닌다.

삼국시대 오(吳)나라의 정고(丁固)는 소나무가 자라나는 꿈을 꾸고서 18년 뒤에 삼공(三公)의 자리에 올랐다고 한다. 이것은 '송(松)'이란 글자를 파자(破字)하면, '十八公'이 되는데, 그 꿈을 풀이하면 딱 들어맞는다. 이 고사 역시 소나무가 번영과 영예를 가져다주는 상서로운 뜻을 지니고 있기 때문에 성립될 수 있다.

곧고 변함 없는 절조의 나무

당나라 때 유희이(劉希夷, 652~680)가 쓴 장편 고시 〈대백두음(代白頭吟)〉에 보면 「연년세세 꽃은 같아도 / 세세연년 사람은 같지 않구나(年年歲歲花相似 歲歲年年人不同).」라는 유명한 구절이 있다. 거기에는 「금년 꽃도 지고 안색도 쇠하니 / 내년 꽃필 때 또 누가 있으랴 / 이미 보았지 소나무 잣나무가 꺾여 땔나무됨을 / 또 들었노라 뽕밭이 변하여 바다가 되었다는 말을(今年花落顔色改 明年花開復誰在 已見松柏摧爲薪 更聞桑

청(淸)대 백자 | 십장생, 상해박물관 소장 | 생기 넘치는 사슴과 사시사철 푸른 소나무가 어우러진 자기만 바라보고 있어도 저절로 맑은 기운이 샘솟아 그림을 바라보고 있는 사람이 젊어질 것만 같다.

田變成海).」이라는 표현도 있다.

소나무와 잣나무는 변함 없이 오래 가는 것이지만, 그것도 꺾여 땔감이 되면 무상할 따름이라고 했다. 그것처럼 금년에 핀 꽃도 때가 되면 지게 되고, 젊은 시절의 고운 안색도 사라지고 만다는 이야기다. 하지만 소나무는 원초적으로 번성과 무성함의 상징성을 가지고 있다는 것이다.

소나무는 본래 곧다는 성질을 지니므로, 불교에서는 사물의 고유한 본성을 상징하는 말로 쓰인다. 《능엄경(楞嚴經)》에 보면 「현전하는 모든 종류의 법은 소나무는 곧고 가시나무는 굽으며, 고니는 희고 까마귀는 검은 데 그 원유(元由)가 있다.」고 했다.

소나무의 곧은 성질은 변함 없는 절조를 상징한다. 특히 송균(松筠)·송죽(松竹)이란 복합어는 절조를 상징하는 말로 시문(詩文) 속에 널리 나타난다. 《수서(隋書)》〈유장전(柳莊傳)〉에 보면 「지금 이후로는 송균의 절개를 보리라(而今已後 方見松筠之節).」고 했다. 또 원굉(袁宏)의 〈삼국명신서찬(三國名臣序贊)〉에 보면, 「경쟁적으로 구기자 열매와 가래나무 열매를 거두고 / 다투어 소나무와 대나무를 취한다(競收杞梓 爭采松竹).」고 했는데, 이처럼 송죽은 곧고 견고함을 뜻하며 시문에 전해져 왔다.

소나무 아래는 은둔의 공간

소나무는 국화와 마찬가지로 은둔의 공간과 청정한 자연을 상징한다. 한나라 장후(蔣詡)와 진나라 도연명은 뜰 가운데 세 갈래 길을 내고 대나무·국화와 함께 소나무를 심고 그 속에서 은둔했다.

도연명은 〈귀거래사〉에서 「세 가닥 길은 황폐해져 가지만 / 소나무와 국화는 오히려 예전과 같구나(三徑就荒 松菊猶存).」라 했고, 다시 「구름은 무심히 산등성이에서 피어오르고 / 새는 날다 지치면 돌아올 줄 아는구나 / 햇빛은 가물가물 막 어두워지려 하는데 / 외로이 선 소나무를 어루만지며 서성대도다(雲無心以出岫 鳥倦飛而知還 景翳翳以將入 撫孤松而盤桓).」라고 했다.

〈귀거래사〉는 도연명이 진나라 심양도의 팽택(彭澤) 현령으로 재직하던 41세 때, 하찮은 봉급을 위해 상급 관리들에게 굽실대야 하는 벼슬살이에 회의를 느끼고 그만 집으로 돌아가야겠다고 결의를 다진 작품이다. 고향의 전원이 자꾸 황폐해져 가는 것도 걱정이었다. 그리하여 고향으로 돌아온 그는 한적한 생활에 만족을 느끼고 자연의 추이에 몸을 맡겨 안심입명(安心立命)의 경지에 도달한다. 여기에서 도연명은 소나무는 하나의 주관적 대상으로 표상되는 것이 아니라 나와 하나가 된 자연적 존재라고 나타냈다.

송지문(宋之問, 656?~712)은 〈은자를 찾아갔다가 만나지 못하다(尋隱者不遇)〉라는 시에서 소나무는 속세를 떠난 은자의 고고한 모습 혹은 은둔의 공간 자체를 상징한다고 했다.

소나무 아래에서 동자에게 물으니 / 스승은 약초를 캐러 가셨다고 / 다만 이
산 속에 계신데 / 구름 깊어 어디 계신지 못찾겠구나(松下問童子 言師採
藥去 只在此山中 雲深不知處).

이 시는 산 속에 숨어 사는 은자의 행방을 묻고, 동자가 대답하는 내용으로 구성되었
다. 그런데 그들이 문답을 하는 공간은 소나무 아래로 '이 산 속'이다. 따라서 소나무는 은
눈의 공간인 것이다.

송나라 때 매요신(梅堯臣, 1002~1060)의 「흰 눈에 대하여 지난해 전당의 서호로
임포를 찾아간 일을 회상하다(對雪憶往歲錢塘 西湖訪林逋).」라는 시에서 「꺾인 대나무
가 울타리를 짓눌러 지나가는 것을 방해하지만 / 도리어 소나무 아래를 통과하여 초가집
에 이르렀네(折竹壓籬曾礙過 却穿松下到茅廬).」라고 했다. 임포는 매처학자(梅妻鶴
子)로 유명한 은둔자다.

이처럼 소나무는 은둔의 공간을 가리키기도 하지만 청정한 자연을 상징하는 경우도
많다. 당나라 시인 왕유(王維, 699~761)의 시 〈산집에 가을이 저물어(山居秋暝)〉에서
「명월은 소나무 사이를 비추고 / 청천은 바위 위를 흐른다(明月松間照 清泉石上流).」고
했다. 또한 〈산 생활의 즉흥시(山居卽事)〉에서는 「학은 솔가지에 둥지 틀어 편재하였고 /
사람은 필문에 찾아오는 일이 드물다(鶴巢松樹遍 人訪蓽門稀).」고 했다. 여기에서의 필
(蓽)은 필(篳)과 같은 뜻이며, 필문은 가난한 집의 문짝을 말한다.

청정한 자연을 노래하는 나무

당나라의 시인 유장경(劉長卿, 725?~791?)은 〈여간객사(餘干旅舍)〉에서 푸른 소나무
잎 사이로 서리 맞은 단풍잎이 듬성듬성 보이는 청정한 가을 광경을 묘사했다. 여간(餘
干)은 지금의 강서성(江西省)에 있는 고을 이름이다.

나뭇잎 떨어지고 저녁 하늘 아득한데 / 푸른 솔 사이에 서리맞은 단풍잎 듬
성듬성 / 외로운 성은 강물을 마주해 닫혔고 / 한 마리 새는 사람을 등지고
날아간다 / 나루 어귀에 달이 갓 돋을 때 / 이웃집 사람은 고기잡이에서 돌
아오지 않았구나 / 고향 생각에 정말로 애간장이 끊어지려 하니 / 어디서 겨
울옷을 다듬질하고 있을 건가(搖落暮天迥 青松霜葉稀 孤城向水閉 獨鳥
背人飛 渡口月初上 隣家漁未歸 鄕心正欲絶 何處搗寒衣).

나무들의 잎사귀가 떨어져 하늘이 한층 멀어진 듯한 가을에 상록의 소나무 사이로
곱게 물든 잎이 아주 조금 섞여 있다. 강에 임한 여간의 성은 문을 닫아 걸었고 새 한 마리
가 사람을 등지고 날아간다. 나루터 저쪽에 달이 올라오는 참인데, 이웃집 사람은 고기를

춘산서송도(春山瑞松圖) │ 미불(米弗), 북송(北宋), 타이페이 고궁박물원 소장 │ 세상에 회의를 느낀 어느 은둔자가 뒷짐지고 구름에 둘러싸인 산자락을 소나무 숲 어디에선가 바라보고 있을 것 같다.

잡으러 가서 아직 돌아오지 않았다. 어디선가 들려오는 겨울 준비의 다듬이 소리, 그것을 귀에 접하자 고향을 생각하는 내 마음은 끊어질 듯 애절하기만 하다.

송나라 때 소식(蘇軾, 1036~1101)의 시에도 소나무의 모습은 청정한 자연을 환기시키는 시어로 자주 나온다. 소식이 서사군(徐使君)과 함께 금당하(金堂河)에 배를 띄우고 노닐면서 즉흥적으로 지은 시에서는 「취하여 소나무 밑 바위에 누웠다가 / 서로 붙들고 강가의 나루로 돌아가네(醉臥松下石 扶歸江上津).」라고 했다. 〈바둑을 구경하며(觀棋)〉라는 시 서문에서 「나는 본디 바둑을 둘 줄 모르는데 / 일찍이 여산(廬山)의 백학관에서 혼자 노닐 적에 / 고송(古松) 밑의 흐르는 물에서 바둑 두는 소리를 듣게 되었네 / 그래서 마음속으로 매우 즐거움이 가득 차네.」라고 한 것이 그 예들이다.

푸른 숲 속에서 웃옷을 벗었네

솔바람 소리는 일명 송풍(松風), 송뢰(松籟), 송도(松濤) 혹은 영뢰(靈籟)라고도 하며, 이 모든 말은 탈속한 기상을 상징한다. 남조(南朝) 때 양나라에서 산중 재상(山中宰相)

으로 불렸던 도홍경은 솔바람 소리를 엄청나게 좋아해 정원 가득히 소나무를 심었다.

습자(習字)의 본보기나 감상용으로 선인(先人)들의 필적을 모사(模寫)하거나 임사(臨寫)해 놓은 책을 법첩(法帖)이라 한다. 그 법첩 중에 유명한 당나라 태종(太宗 李世民, 재위 626~649)의 《대당삼장성교서(大唐三藏聖教序)》가 있다. 여기에 보면 「송풍과 수월이란 말로도 그 맑고 아름다움을 비유할 길이 없다(松風水月 未足比其淸華).」는 표현이 있다. 여기에서 솔바람을 뜻하는 송풍(松風)과 물에 비친 달을 뜻하는 수월(水月)은 모두 맑음을 은유하고 있다.

당나라 시인 이백(李白, 701~762)의 〈여름날 산 속에서(夏日山中)〉에 보면, 두건을 벗어 던지고 솔바람을 쐬며 유유자적하는 모습이 묘사되어 있다.

> 백우선 흔드는 것도 게을러 / 푸른 숲 속에서 웃옷을 벗었다 / 두건 벗어 바
> 위 벽에 걸고 / 맨 머리로 솔바람을 쐬노라(懶搖白羽扇 裸袒靑林中 脫巾
> 掛石壁 露頂灑松風).

백우선(白羽扇)이란 흰 새의 깃으로 만든 부채이고, 나단(裸袒)은 웃옷을 벗어서 상반신을 드러내는 일이다. 두건을 벗고 상투를 그대로 드러내는 일은 당시에는 속세간의 예의에서 벗어난 행동이며, 선도적인 행동의 구가였다고 볼 수 있다.

이처럼 전·근대 시기의 군주들도 솔바람 소리를 들으면서 자유로운 정신 세계를 추구했다. 열하(熱河), 곧 지금의 승덕(承德)에는 36경(三十六景)이 있어 청나라 4대 황제 강희제가 경치마다 전각(殿閣)을 짓게 했는데, 그 가운데 송학청월(松鶴淸越)과 만학송풍(萬壑松風)이 가장 절경이었다고 전한다.

소나무는 잣나무와 가장 절친한 친구로 알려져 있는데, 이는 우정을 상징하는 대표적인 예다. 진(晉)나라 때 유명했던 문인 육기(陸機, 260~303)는 〈탄서부(歎逝賦)〉에서 「소나무가 무성하면 잣나무가 기뻐하고, 아아, 지초가 불에 타면 혜초가 탄식을 한다(信松茂而柏悅 嗟芝焚而蕙歎).」고 했다. 잣나무의 기쁨이란 곧 친구의 행운을 자기 기쁨인 양 함께 기뻐한다는 것을 비유하고 있다.

자칫 소나무와 혼동하기 쉬운 것 중에 소송(小松)도 있는데, 흔히 잎이 다섯인 해송(海松)을 그렇게 부른다. 해송은 잎이 다섯이어서 오엽송(五葉松)이라고도 하고, 화산(華山)에서 자생하므로 화산송(華山松)이라고도 한다.

당나라의 소설가이자 시인인 단성식(段成式, 803?~863)이 지은 수필집 《유양잡조(酉陽雜組)》가 있다. 선불인귀(仙佛人鬼)에서 동물·식물에 이르기까지 괴사이문(怪事異聞)을 수필 형식으로 엮었는데, 이 책에 보면 「해송은 외피에 각질 없이 열매를 맺으며 신라에서 많이 심었다.」고 했다. 그 때문에 해송이라 부르게 되었는지는 몰라도 오늘날 바닷가에서 자라는 소나무를 총칭해 해송이라 하는 것은 한·중·일이 같다.

당나라의 시인 이하(李賀, 791~817)의 〈오립소송가(五粒小松歌)〉는 곧 해송을 노

송음서옥도(松陰書屋圖) | 왕세창(王世昌), 명(明), 프리어 갤러리 소장 | 소나무 가지 사이로 불어오는 바람 소리와 향긋한 솔내음 속에서 책을 읽었을 선비들의
여유로움이 눈에 선하다.

래한 것이다.

　　조선 중기의 문인이자 학자인 김창협(金昌協, 1651~1708)도 《농암잡지(農巖雜識)》에서 이에 대해 논한 바가 있는데, 소나무와 해송을 엄격하게 구분하지 못해 시문에서 혼동할 때가 종종 있었다. 그러나 여기에서는 소나무의 생태를 진지하게 따지려는 것이 아니라, 그 비슷비슷한 소나무가 동북아에서 뿌리를 내리고 사는 사람들에게 어떤 의미로 자리잡고 있는가. 즉 인문적 담론에 더욱 뜻이 있는 것 같다. 따라서 소나무와 잣나무가 서로 우정을 나누듯이 한·중·일 3국은 진정한 우정을 나누는 사이여야 한다. 이 지역에 곧고 푸른 소나무가 오래도록 무성해야 하기 때문이다.　　　　　　　│심경호│

모시의 서

〈모시(毛詩)〉는 한(漢)나라 초기 하간(河間)의 헌왕(獻王) 아래에서 박사(博士)를 지낸 모공(毛公)이란 자가 전한 시(詩)인데, 그 앞부분인 '서(毛詩)'가 《시경》에 전하고 있다.

매처학자

매화 아내에 학 아들이라는 말로, 속세를 떠나 유유자적하게 생활하는 것을 비유한다. 송나라 때 임포라는 자는 평생 동안 혼자 산 시인이다. 그는 청고하면서 유정한 풍모를 지닌 그의 삶을 그대로 읊었다. 그러나 자신의 시를 기록으로 남기지는 않았다. 임포는 서호 근처의 고산에서 은둔 생활을 했는데, 아내와 자식이 없는 대신 자신이 머물고 있는 곳에 수많은 매화나무를 심고 학을 기르며 살았다. 그래서 후세 사람들이 그를 가리켜 '매처학자(梅妻鶴子)'라고 부르게 된 것이다.

셋

일본

눈이 내려앉은 연못가의 소나무

전통예능 무대에 오른 소나무

일본인들은 소나무를 신(神)이 강림하는 나무로 여겨 아주 신성시했다. 지금도 새해가 되면 집집마다 문 앞에 세우는 가도마츠(門松)나 노(能), 가부키(歌舞伎) 등 전통적인 예능 무대의 배경이 되고 있는 소나무 그림을 보더라도, 일본인들의 의식 속에서 차지하는 소나무의 비중은 결코 적지 않다는 것을 알 수 있다.

고대 일본인들의 그런 정서와 감정은《만요슈(万葉集)》라는 책을 통해서도 확인할 수 있다.

일본에서는 가장 오래된 가집(歌集)이며, 여러 차례에 걸쳐 편찬된 것으로 보여지는《만요슈》는 나라(奈良) 시대 말기에 성립된 것으로 보고 있다. 일본의 고대 가사를 집대성한 이《만요슈》는 장가(長歌) 260수, 단가(短歌) 420수, 기타 합해 약 4500여 수가 수록되어 있는데, 그 중 990번 수에 이런 내용이 담겨 있다.

일본 구리시키 유가사 벽장문 | 일본의 사원 건축이나 고궁 등의 문에 그려진 금박 바탕의 귀족 문화를 엿볼 수 있는 작품으로, 일반적 회화 속에 나타나는 인물과 추상적인 모습의 소나무가 대조적이다.

> 시게오카(茂岡)에 신령처럼 무성하게 자란 / 천년 송 저 나무 나이를 모르
> 겠구나(茂岡に神さび立ちて栄えたる 千代松の木の年の知らなく).

노송(老松)에 대한 일본 고대인의 독특한 경외심과 신비감이 가득 배어 나오고 있다.

소나무는 신비스러움 이외에도 상록수로서 수령(樹齡)이 길고, 나무의 생김새도 수많은 잔가지로 윗부분이 풍성하게 자란 모습이어서, 예로부터 장수나 번영의 상징으로 여겨 왔다. 그러했기에 헤이안(平安) 시대 이후에는 정원 식수의 중심을 차지했다.

일상생활에서의 비중뿐만 아니라, 운문 문학에서 차지하는 위치도 결코 적지 않았다. 고대 일본인들의 운문을 집대성한《만요슈》에 등장하는 빈도를 헤아려 보면, 식물 중에는 싸리〔萩〕와 매화〔梅〕에 이어 세 번째를 차지하고 있다.

'소나무'와 '기다리다'의 관계

솔을 나타내는 일본어는 '기다리다'라는 의미의 일본어 '마츠(待つ)'와 발음이 같아, 누군가를 기다리는 심정을 노래할 때 동음이의어(同音異議語)의 기교를 살리는 '가케코토바(掛詞)'로 흔히 쓰여 왔다. 뿐만 아니라 한 걸음 더 나아가, 누군가를 기다리는 존재로

소나무를 의인화해 표현했다. 이러한 기법은 《만요슈》63번 노래 속에서 발견되고 있다.

자, 모두들, 어서 일본으로 돌아가자 / 미츠(御津)의 소나무가 그리며 기다
릴 테니(いざ子ども早く日本へ大伴の御津の浜松待ち戀ひぬらむ).

이 노래의 작자는 《만요슈》의 대표적 가인(歌人) 중 한 사람인 야마노우에노 오쿠라(山上憶良)인데, 당나라 파견 사신인 견당사 일행과 함께 당나라에 머물고 있을 적에 고국을 그리면서 읊은 노래다. 고국을 그리는 심정을 출발장소인 미츠(御津)의 바닷가 소나무가 우리를 그리며 기다린다는 식으로 감정이입해 표현한 데에서 의인화된 기법을 확인할 수 있다.

《만요슈》895번 노래도 유사한 모티브의 작품이라고 할 수 있다.

미츠의 바닷가 솔밭을 깨끗이 쓸어 / 선 채로 기다리지요. 어서 돌아오세요
(大伴の三津の松原かき掃きて我立ち待たむはや歸りませ).

앞의 작품과 마찬가지로 오쿠라의 작품이다. 미츠라는 배경도 같다. '소나무'와 '기다리다'가 가진 동음이의어의 관계가 여기에서도 은연중에 활용되고 있다. 솔밭을 깨끗이 쓸어 선 채로 기다리겠다는 것은 소나무와 혼연일체가 되어 기다리겠다는 뜻으로 해석되며, 여기에서도 감정이입과 의인화 기법의 흔적을 찾을 수 있다.

해안 지방에는 흑송(黑松)이 많아 흰색의 모래톱과 함께 아름다운 해변의 대명사격인 '백사청송(白沙靑松)'의 경관을 연출했으며, 고대의 항해자들에게는 뱃길의 이정표가 되기도 했다. 게다가 기다림의 이미지까지 결부되어, 심지어는 고향 땅 또는 목적지의 상징으로 읊어지기도 했다.

《만요슈》1185번 노래는 작자 미상이다.

아침뜸 무렵 노 저어 지표 삼아 보면서 왔던 / 미츠의 솔밭이 파도 너머로 보
이는구나(朝なぎにま梶漕ぎ出て見つつ來し三津の松原波越しに見ゆ).

'아침뜸'이란 말은 참 재미있는 뜻을 담고 있다. 아침 무렵 바닷가에서는 육지에서 부는 육풍(陸風)과 바다에서 부는 해풍(海風)이 서로 바뀌게 된다. 그때 잠시 고요하게 바람이 자는 순간이 있다. 이 현상을 아침뜸이라고 한다. 바로 그 무렵에 파도 너머로 보이는 소나무를 최종 목적지의 상징인 양 읊은 노래이다.

해변의 소나무는 백사청송이겠으나, 백설(白雪)과 대비해 읊은 작품도 있다.

《만요슈》1650번 노래가 바로 그것인데, 이 역시 작자 미상이다.

연못가에 선 소나무 잎새 끝에 내리는 눈아 / 몇 겹이고 쌓여라. 내일도 보자
꾸나(池の辺の松の末葉に降る雪は五百重降り敷け明日さへも見む).

송림도(松林圖)(병풍) | 하세가와 토오하쿠(長谷川等伯) , 모모야마(桃山)
시대, 도쿄 국립박물관 소장 | 일본적인 감성을 가장 시적(詩的)으로 구현한
작품으로, 초서체 화법을 사용해 초겨울 안개에 둘러싸인 송림의 늘어진 모
습을 그렸다. 송림이라는 단일 모티프를 한 쌍으로 화면에 구성하고 있는데,
송림 멀리 눈 덮인 산을 묘사하여 계절적 정감도 선명하게 묘사하고 있다.

소나무와 하얀 눈의 조화가 주는 정취를 즐기는 고대 일본인들의 취향이 손에 잡힐
듯 엿보인다. 이 두 가지 경물(景物)의 조화는 그 뒤 헤이안 시대에도 계승되어 읊어지고
있다.

《슈이슈(拾遺集)》250번 노래가 그런 모티브다.

> 바라다보니 소나무 잎새 하얀 요시노산 / 대체 몇 세상이나 쌓인 눈일까 싶
> 네(見渡せば松の葉しろき吉野山 / いくよつもれる雪にかあるらん).

헤이안 시대의 가인(歌人) 다이라 가네모리(平兼盛)가 섭정 60주년 가네이에(兼
家) 하연(賀宴) 자리에서 병풍 그림을 보고 읊은 와카(和歌)다.

요시노산(吉野山)은 예로부터 눈과 벚꽃의 명소로 이름난 곳이다. 그 산의 솔잎에
내려앉은 하얀 눈은 장수하는 노인의 표상이라고 해석할 수 있다. 소나무와 백설의 조화
가 주는 정취에 장수의 이미지가 더해져 있다. 눈이 녹지 않고 쌓여 있는 것도 장수를 암시
한다. 그것이 대체 '몇 세상이나 쌓인 눈일까' 라며 경외의 시선을 던지는 곳에 섭정의 영
원함을 기원하는 작자의 심성이 집약되어 있다.

바위 위에서 사는 소나무

헤이안 시대 이후에도 솔은 장수나 번영의 상징으로 수많은 작품 속에서 읊어졌다. 생일, 성인식, 결혼, 50세 축하, 60세 축하 등등 경사스러운 인생의 주요 행사에는 그 당사자를 소나무로 비유하며 무궁무진한 발전과 장수를 빌었다.

다음은 어린 왕자들의 하카마기(袴着) 행사에 부쳐 좌대신 후지와라 미치나가(藤原 道長)가 읊은 와카인데,《슈이슈》1165번 노래이다.

> 바위 위에 난 소나무에 견주리 왕자님들은 / 세상에 드문 귀한 혈통이시라
> 여기기에(岩の上に松にたとへむきみぎみは / 世にまれらなるたねぞと思
> へば).

바위 위에 난 소나무는 진귀한 것, 영원 불변한 것, 반석같이 튼튼한 것들을 상징한다. 어린 왕자들의 장래를 기원하는 내용으로는 더할 나위 없는 최고의 미사여구다.

이렇게 궁궐이나 권력자의 저택에서 개최된 각종 연회에서도 주최자의 번영을 비는

소나무 노래가 지어졌다. 다음은 어느 권력자의 저택 신축을 축하하는 자리에서 읊어진 《슈이슈》1175번 노래이다.

> 새 집에 살며 무궁하게 번영함이 눈에 보이는구나 / 물가의 소나무가 그림
> 자를 비치니(すみそむる末の心の見ゆるかな 汀の松の影を映せば).

장래의 무궁한 발전상을 물가에 비친 소나무의 그림자에서 본다는 식으로, 소나무를 번영의 상징으로 읊고 있다. 맑은 물에 어리는 소나무의 모습에서 무궁하게 발전해야 할 새로 지은 저택 주인의 미래상까지 본다는 뜻이다.

여기에 나오는 물은 귀족문화가 꽃 피었던 헤이안 시대의 귀족들이 자신의 저택 뜰에 조성된 연못을 가리킨다. 헤이안 귀족들이 소유한 저택들의 양식을 신덴즈쿠리(寝殿造)라 하는데, 연못은 그 기본 양식 중 하나이며, 그 연못가에 소나무가 반드시 있어야 했다. 저택 연못 물에 비치는 소나무 그림자는 그 집 주인의 번영을 상징하기 때문이다.

이렇듯 옛 일본인들의 눈에 비친 소나무는 주로 번영과 장수의 상징으로 인식되었으나, 그 반대 측면에서 읊어진 작품도 전혀 없지는 않다.

기노 쓰라유키(紀貫之)가 지은 《슈이슈》463번 노래이다.

> 허무하게도 목숨을 부지하고 오래 산다고 / 모래 둔덕 노송도 나를 벗으로
> 보리(いたづらに世にふるものと高砂の松も我をや友と見るらん).

장수에는 노쇠함에서 오는 고독을 수반하게 마련이다. 모래 둔덕 꼭대기에 서 있는 노송은 그러한 노경(老境)의 고독과 인생의 무상함을 상징하고 있다. 위의 작품에는 노경의 허무와 고독을 노송과 공유하며, 그것을 같은 처지인 모래 둔덕의 노송을 통해 달래려는 작자의 의도가 엿보인다.

| 김충영 |

하카마기

'하카마기(袴着)' 란 무사들이 의례를 행할 때 겉에 입는 주름잡힌 바지, 즉 하카마(袴)를 입힌다는 뜻이다. 5살된 남자 어린이에게 '하카마' 를 입혀서 바둑판 위에 세워 놓고 사내답고 씩씩하게 자라기를 빌었다. 이 날 친지를 불러 잔치를 열어 축하하는 집안도 있다. 이는 시치고산(七五三) 행사의 하나로, 시치고산은 어린이들이 탈없이 성장할 수 있도록 수호해 준 조상신에게 감사하며, 앞으로의 행운과 건강을 기원하는 애정 어린 행사다.

신덴즈쿠리

794년 일본의 수도가 나라(奈良)에서 교토로 바뀌면서 헤이안 시대(794~1185)가 시작되었다. 귀족 가문인 '후지와라' 는 그들의 권력을 강화하고 전통예술과 문화를 발달시켰다. 이들은 '신덴즈쿠리(寝殿造)' 형식의 호화스런 저택에서 살았다. 교토의 여름은 덥고 습도가 높아서 사람들은 시원한 폭포와 연못을 좋아했다. 주 건물과 연못 사이의 넓은 공간에는 하얀 모래를 깔고, 도시의 건물 사이에도 수로(水路)를 파고 연못을 만드는 등 인공으로 아름다운 정원을 만들었다. 산책할 수 있는 '슈유(周遊)' 코스도 만들었다. 그러나 배경의 산을 이용하여 가능한 자연과 조화되도록 디자인했다.

넷

한중일

신령들이 키우는 나무

한국 | 소나무의 정기로 태어난 왕후

지금은 많이 사라졌지만 얼마 전까지 마을과 마을의 경계 또는 입구에는 서낭당이 있었다. 서낭당이란 서낭신을 모시는 당집을 가리키는데, 사실은 당집보다 돌무더기인 경우가 많고, 그 옆에는 신령이 깃든 나무가 있게 마련이다. 이 나무가 바로 서낭이다. 그런데 서낭은 특정한 수종(樹種)일 필요는 없지만 대체로 보면 오래된 소나무일 경우가 많다. 사실 우리나라의 대표 나무가 소나무이고, 그것은 오래 살기 때문에 노송(老松)일 경우 자연스럽게 신수(神樹)로 여겨졌다. 소나무를 신이 머무는 나무 또는 신 자체로 생각해 왔던 것이다.

《삼국유사》와《동국여지승람》에 수록되어 있는 설화를 찾아보면 재미있는 이야기를 많이 발견할 수 있다.

신라의 중 원효(元曉, 617~686)가 의상(義湘, 625~702)의 뒤를 이어 낙산사로 관

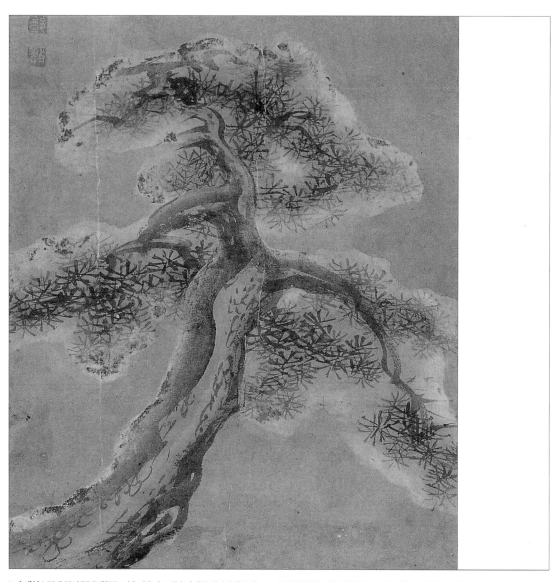

노송재설 | 겸재 정선(謙齋 鄭敾), 간송미술관 소장 | 섬세한 필치가 돋보이는 노송의 자태에서 따뜻하면서도 단아한 한국의 미가 물씬 풍긴다.

음보살의 진용(眞容)을 보러 떠났는데, 남쪽 교외에 이르렀을 때 벼를 베는 흰 옷 입은 여자를 만나게 되었다. 원효는 그 벼를 조금만 달라면서 농담을 걸었고, 다리 밑에 이르러서는 빨래하는 여자를 만나 그녀에게는 물을 달라고 청했다. 여자가 빨래를 하던 물을 퍼주자, 얼굴을 찡그리며 그 물을 버리고 흐르는 냇물을 떠서 마셨다. 이때 소나무 가지에 앉아 있던 파랑새가 "여자들에게 수작 부리지 말라."고 호통을 친 뒤 신발 한 짝을 남기고 사라졌다. 낙산사에 다다른 원효는 관음보살상 앞에 파랑새가 남기고 간 다른 한 짝의 신발이 놓여 있는 것을 보고 비로소 앞서 만났던 여자들이 관음보살의 변신임을 깨달았다. 후세의 사람들은 그 파랑새가 앉았던 소나무를 가리켜 '관음송(觀音松)'이라 부른다.

세종의 왕후이자 세조의 어머니인 소헌왕후는 소나무의 정기로 태어났다는 구전이 있다. '청송(靑松)'의 옛 이름은 '송생(松生)'이었다. 이곳의 용선암이라 불리는 바위 위에서 소나무 한 그루가 자라고 있었는데 그 때문에 이 같은 이름을 얻었다. 심회라는 이름을 가진 대신이 그 바위 위에서 주석(酒席)을 벌였다가 취해 그만 꿈나라로 가게 되었다. 갑자기 백발노인이 현몽하여 이르기를, "이 소나무의 정기를 그대에게 내려 주니 배양하여 큰 그릇을 만들라"고 했다. 심회는 꿈에서 깨어난 후 소나무에 치성을 드렸다. 그 후 일년 만에 딸이 탄생했는데, 바로 '소헌왕후'였다.

중국 | 신술을 가르쳐 주는 소나무

소나무를 생태적으로 관찰하면 장수 식물이다. 그 때문인지 신술(神術)을 배우고자 하는 사람에게는 소나무 열매(松實)의 복용은 필수적이라고 한다. 식품영양학적으로 보면 인간이 다람쥐가 아닌 이상 이치에 맞지 않는다. 하지만 신선들의 이야기에 의하면 송실은 인공식이 아닌 자연식, 화식이 아닌 생식에 있어서는 최고의 식품으로 전한다.

중국의 《신선전(神仙傳)》에 의하면 악전(偓佺)이란 사람은 송실을 즐겨 먹었는데, 그 걸음이 마치 달려가는 말과 같았으며 수백 세까지 살았다고 한다. 믿기 어렵지만 송실을 먹은 사람은 평균 300살까지 살았다고 전한다. 그래서 '복송실(服松實)'이란 어휘는 소나무 열매를 먹고 신을 배운다는 뜻을 지닌다.

신선의 수명과 관계가 있는 말로 '송교지수(松喬之壽)' 혹은 '교송지령(喬松之齡)'이 있다. 문자의 의미로만 보면 소나무와 관계가 있을 듯하나, 사실은 옛날 중국의 선인 가운데 가장 장수한 것으로 알려진 적송자(赤松子)와 왕자교(王子喬)의 이름에서 각각 한 자씩 따서 이루어진 말이다.

일본 | 신궁을 다녀온 신통한 마을 지킴이

옛날 데와(出羽)의 구니(國) 기타아키타(北秋田) 독고(とっこ, 獨鈷) 마을에 사는 젊은 남녀가 이세 대신궁을 참배하러 왔다. 촌사람치고는 두 사람 다 품위가 있어 보였고, 여자는 놀라울 만큼 아름다웠다. 이름은 마츠코(松子)라고 했다.

그런데 두 사람은 하는 일마다 다소 얼뜬 구석이 있었다. 특히 돈 계산을 정확하게 못했다. 그래서인지 대신궁을 참배하고 돌아갈 즈음 돈이 한 푼도 남아 있지 않았다. 옆에서 보기에도 딱할 정도였다. 그러나 두 사람은 조금도 당황하지 않았으며, 오히려 의연한 모습마저 보였다. 다만 세상물정에 어두운 사람들로만 보였을 뿐이다. 이들을 보고 있던 여관 주인은 이렇게 말했다.

"손님, 숙박비 걱정은 하지 마세요. 내년에 그곳 마을 사람들이 참배하러 올 때 보내

주세요. 그리고 집으로 돌아가려면 여러 날 걸릴 테고 여비도 만만치 않을 텐데……"

여관 주인은 숙박비를 받기는커녕 집으로 돌아가는 데 필요한 여비까지 빌려 주었다. 다음 해에 독고 마을 사람들이 그 여관에 와서 묵자 주인은 작년 일을 생각하며 마츠코에 대해서 물어보았다. 독고 마을 사람들은 이름에 마츠(松) 자가 들어가는 사람은 몇 명 있으나 마츠코는 물론이고, 그렇게 아름다운 미인은 없다고 잘라 말했다. 뿐만 아니라 그 마을에서는 작년, 재작년에 이세신궁에 참배하러 온 사람이 한 사람도 없다고 했다.

"그래요? 그렇군요! 결코 남을 속일 사람들은 아니었는데……"

여관 주인은 실망스런 표정을 감추지 못하면서 여러 번 고개를 저었다. 마을 사람들은 결국 주인이 속은 것으로 간주했다. 이세신궁을 참배하고 돌아온 독고 마을 사람들은 지체 없이 이세의 여관에서 들은 이야기를 마을에 퍼트렸다. 그런데 그 이야기를 들은 마을 사람 하나가 이상한 말을 했다. 마을에 있는 수아 신사 옆 두 그루 소나무 위에 작년부터 하얀 것이 걸려 있다는 것이다. 그 소리를 들은 마을 사람들은 아이들이 띄운 연이 걸렸다는 둥 설왕설래하다가 혹시 그것이 '이세님의 대마가 아닐까?' 하는 의문이 들었다.

연경당 소나무 | 사대부 집을 모방한 왕가의 살림집으로 사대부 생활 체험장소인 창덕궁 연경당 담이다. 이 소나무 문양 역시 집 안의 상서로운 기운을 보호하고 장생의 의미를 새겨 놓았다.

아스쿠시아 신사 소나무 | 일본의 신사 주변에는 소나무가 많다. 신사를 지키듯서 있는 소나무가 신사의 영험함을 보호하고 그 신비함을 드높이는 데 한몫하고 있다.

마침내 나무를 잘 타는 사람이 그 나무 위에 올라가서 확인해 보기로 했다. 나무는 30 미터도 더 되는 큰 나무였다. 하늘에 떠 있는 구름 가까이까지 솟아 있었다. 게다가 그 나무 가까이에는 여러 종류의 나무들이 자라고 있어 그 나뭇잎에 가려 꼭대기가 잘 보이지 않았다. 바로 그때였다.

"맞다! 맞아."

큰 외침이 나무 꼭대기에서 들려왔다.

"역시 대마야! 대신궁님이 주신 게 분명해!"

그 소리를 듣고 마을 사람들은 모두 깜짝 놀라 서로 얼굴을 쳐다보았다. 바로 그 큰 소나무 두 그루가 사람의 모습을 하고 이세에 가서 신궁 참배를 했던 것이다. 마을 사람들은 회의를 한 끝에 귀중한 대마를 받아오느라 소나무가 지고 온 빚을 마을이 대신 갚아 주기로 결정했다. 온 마을 사람들은 조금도 지체하지 않고 돈을 모아 여관 주인에게 보냈다. 그때부터 이 소나무 중 하나는 남자이고, 다른 하나는 여자라는 사실을 알았다. 지금도 게와의 구니 기타아키타의 독고 마을에 가면 그 소나무가 하늘 높이 구름을 이고 있는 모습을 볼 수 있다고 한다. 지금도 그 이름은 마츠코이다.

| 조희웅·쯔보다 죠지(坪田讓治) |

그것은 지상에 있어 모든 시간적인 것의 속박을 초월해서 얻은 인간 실존의 가장 청정하고 가장 원만하며 가장 영원한 모습의 심벌이었습니다. 나는 오늘날까지 수십 년 동안 철학자로써 일해 왔지만 이만큼 참다운 인간 실존의 평화로운 모습을 구현한 예술품을 본 일이 없습니다. 이 반가사유상은 우리 인간이 가진 마음의 영원한 평화의 이상을 남김 없이 최고로 나타내고 있습니다.   야스퍼스

[3] 그림과 도자 그리고
민화와 조각으로 보는 소나무

하나

한국

겨울 속에서 봄날을 준비하는 솔

예부터 한국 사람들이 즐겼던 자연은 물질적 세계라기보다 정신적 세계였다. 그들은 자연을 대할 때 가까이 다가가서 객관적으로 살펴보는 것이 아니라, 멀리서 주관적인 시선으로 바라보았다. 소나무에 대해서도 실제 형태나 크기, 잎의 수 같은 생태를 객관적으로 관찰하는 데에는 무관심했다.

그런 객관적 사실을 부정하는 데에서 오히려 소나무의 진짜 생태를 관찰하고 해석하는 것을 즐겼다.

그런 결과 소나무는 단순한 자연물에서 인문화(人文化)의 과정을 거치면서 신(神)과 인간의 통로로서 신격화되기도 했고, 유교의 이상적인 인간상으로 인격화되기도 했으며, 인간의 다양한 현실적 욕망을 대변해 주는 상징으로 탈바꿈하기도 했다.

이렇게 여러 가지 의미를 얻게 된 소나무는 화가의 화의(畵意)에 의해 그림 속에서 다양한 의미로 재탄생했다.

하늘과 인간 사이의 통로로서의 솔

나무는 인류의 가장 강력한 상징물 중 하나다. 나무는 생명의 구현물이며, 세 영역(하늘·땅·바다)의 통합점이며, 전 우주가 그 주변으로 조직화되는 세계축이다. 그런데 각 문화권에 따라 세계축, 즉 우주목의 의미가 부여된 수종(樹種)이 다르게 나타나는 것은 자연환경과 문화가 다르기 때문이다. 한국에서는 그와 같은 의미를 가진 나무가 신단수(神檀樹)이고, 그런 의미가 대입된 나무들 중 대표적인 것이 소나무다.

사찰의 삼성각(三聖閣)이나 산신각(山神閣)에 봉안된 〈산신도〉를 보면 백발 노인과 그를 호위하듯 앉아 있는 호랑이, 배경 구실을 하는 소나무, 이렇게 3가지 요소가 일체를 이루고 있다. 때로 산신에게 공물을 바치거나 시중드는 한두 명의 시자(侍者)가 추가되는 경우도 있으나, 이것은 〈산신도〉의 성격에 별다른 영향을 주지 않는다.

〈산신도〉를 민화의 범주에 포함시키기도 하는 것은 필력을 갖춘 화승(畵僧)들이 정해진 도상(圖像)에 의거하여 그린 불보살이나 신중(神衆) 탱화와 달리 비교적 자유로운 형식과 치기 어린 표현을 보여 주는 경우가 많기 때문이다. 그러나 〈산신도〉는 민화처럼 서민들이 일상생활 속에서 향유하는 장식 미술품이 아니라, 신앙의 대상으로 경배하는 일종의 무화(巫畵) 같은 성격을 띤 그림이다.

우리가 〈산신도〉에서 주목하는 것은 산신의 뒤에 서 있는 노송이다. 〈산신도〉에서는 소나무 이외에 다른 종류의 나무가 등장하는 경우는 찾아볼 수 없다. 산신의 거처가 깊은 산 속이라는 것을 암시하기 위해서라면 배경을 숲의 형태로 묘사해야 옳을 것이다. 그러나 〈산신도〉에서는 숲이 아니라 홀로 서 있는 노송만 강조해서 그려져 있다. 이것은 〈산신도〉의 소나무가 다른 어떤 것으로 대체될 수 없는 핵심 소재이기 때문이다.

고려시대 일연 스님이 지은 《삼국유사》 고조선 편에 기록된 〈단군신화〉에 의하면 환웅이 무리 3천을 이끌고 이 땅에 내려올 때 태백산 꼭대기 신단수 아래로 내려왔다고 한다. 신단수는 천상과 지상을 연결하는 매개자인 동시에 분리자이다. 신단수는 세계수요, 우주수이고, 생명수이기도 하다. 무속에서는 당산나무가 신의 세계인 하늘과 인간들의 세계인 땅 사이에 자리 잡고 있으면서, 그 두 세계 사이의 고리 역할을 한다고 믿는다. 당산나무는 인간의 뜻을 하늘에 전달하는 통로 구실을 하며, 동시에 하늘의 신지(神智)가 땅에 전달되는 통로 구실도 하는 것이다.

민간에서 생각하는 산신의 원형은 호랑이이고, 호랑이가 인격화된 것이 〈산신도〉에 보이는 선풍도골(仙風道骨)의 노인이다. 산신은 서민들이 소원하는 데에 따라 재액을 물리치고, 풍작을 이루게 해주며, 생의 이득을 얻게 해준다. 한국 무속의 뚜렷한 한 줄기를 차지하고 있는 산신 신앙의 원류를 단군신화에서 찾을 수 있다는 것이 학계의 일반적인 견해다. 따라서 〈산신도〉의 소나무는 우주목의 성격을 지닌 신수(神樹)의 상징형으로 볼 수 있다.

세한도(歲寒圖) | 김정희(金正喜), 국보 제180호, 개인 소장 | 표면적인 빈틈과 허전함 속에 보이지 않는 무엇이 충만되어 있다. 바로 추사의 겸손함과 제자에 대한 고마움, 나라와 임금에 대한 충절이 아닐까.

지조와 절개의 상징으로서의 솔

옛 한국의 시인 묵객들은 물론 일반인들까지도 소나무를 사랑하되 자연 자체보다는 인간 중심적으로 해석된 소나무의 모습에 더욱 관심을 두었다.

추사 김정희(秋史 金正喜, 1786~1856)의 〈세한도(歲寒圖)〉에 그려진 소나무가 바로 유교적 윤리 규범에 조응하는 소나무다. 이 그림은 스산한 겨울 분위기 속에 서 있는 소나무와 잣나무의 모습을 빳빳한 갈필로 그린 것인데, 그림의 소나무는 자연의 일부가 아니라 지조와 절의의 상징형으로 탈바꿈되어 있다.

〈세한도〉의 화의(畵意)는 공자가 일찍이 「추운 겨울이 닥쳐 온 뒤에라야 비로소 송백이 뒤에 시든다는 것을 알게 된다(歲寒然後知 松柏之後凋).」고 한 의미 내용과 직결되어 있다. 공자는 이 비유를 통해서 사람이 곤궁과 환난에 처하더라도 겨울에도 푸름을 잃지 않는 소나무와 잣나무처럼 지조(志操)를 바꾸지 않는 것이 군자의 도리임을 밝혔다.

김정희는 그림에 첨부된 발문(跋文)을 통해 이 그림을 그리게 된 동기를 구체적으로 설명했다. '윤상도(尹尙度)의 옥'과 관련되어 지위와 권력을 박탈당한 자신에게 사제간의 의리를 저버리지 않고 두 번씩이나 북경으로부터 귀한 책을 구해 준 제자 이상적(李尙迪, 1804~1865)의 인품을 소나무와 잣나무에 비유해 그렸다고 밝힌 것이다.

세한의 소나무와 잣나무에 대한 인간 중심적인 해석은 설중송백(雪中松柏)이라는 관념과도 관련을 맺고 있다.

　　능호관 이인상(陵戶官 李麟祥, 1710~1760)의 〈설송도(雪松圖)〉는 화면 가득히 눈 덮인 두 그루의 소나무를 그린 그림이다. 위를 향해 곧게 뻗은 소나무 등걸은 보는 이로 하여금 굳은 지조와 절개를 느끼게 하기에 충분하다. 조선 21대 왕 영조(英祖, 재위 1724~1776) 때의 화가로 개성이 분명하고 기골이 출중했던 이인상은 이 그림에 그려진 유교적 절의를 눈 덮인 소나무를 통해 상징적으로 표현했다.

　　〈세한도〉나 〈설송도〉는 상징적 수법을 통해서 말로써 할 수 있는 것보다 더 많은 이야기를 표현하고 있다. 그래서 보는 이로 하여금 높은 감상안을 요구한다.

　　그러나 이재관(李在寬, 1783~1837)의 〈송하처사도(松下處士圖)〉는 「흘긴 눈으로 다른 세상 사람을 본다(白眼看他世上人仁).」라는 화제를 통해서 화의(畫意)를 선명하게 드러내고 있다. 화제의 내용은 세상 사람과 타협하지 않고 고답적으로 추구하는 화가 자신의 심경을 드러낸 것이다. 이재관은 문인화가가 아닌 화원(畫員)으로서 이와 같은 소나무 그림을 그렸는데, 그것은 그의 그림을 김정희가 인정해 줄 정도로 평소에 문인화의 세계를 추구했던 결과로 보인다.

　　〈세한도〉〈설송도〉〈송하처사도〉 등에서 볼 수 있는 성글고 담담하고 자유로운 회화적 표현은 조선시대 사대부들이 그린 그림에서 공통적으로 찾아볼 수 있는 현상이다. 이것은 의도적으로 과장하거나 왜곡해 충만한 볼거리를 제공하는 중국의 경우나, 한 치의 파격도 허용하지 않고 틀에 박힌 미의 세계를 표현하는 일본 미술과 비교하면 큰 차이를 보인다.

탈속과 풍류의 상징으로서의 솔

화폭 속에는 유교적 윤리에 조응해 인격화된 소나무가 있는가 하면 순수한 자연의 일부분으로서 탈속과 풍류의 상징형으로 존재하는 소나무가 있다.

조선 말기 화가인 북산 김수철(北山 金秀哲)의 〈송계한담도(松溪閑談圖)〉나, 유춘 이인문(有春 李寅文, 1745~1821)의 〈송계한담도〉에 그려진 소나무가 이런 부류에 속한다고 볼 수 있다. 시원한 솔바람이 스쳐갈 듯한 소나무 그늘 아래에서 서너 명의 선비가 청담을 즐기고 있는 모습을 묘사한 이 그림에는 탈속의 여유가 가득하다. 〈송계한담도〉의 소나무는 절의나 지조 같은 유교적 규범과는 상관 없는 산수 자연의 일부로 존재하는 소나무다.

송계연월옹의 시조는 「벼슬을 매양하려 고산(故山)으로 돌아오니, 일학송풍(一壑松風)이 이내〔塵口〕 다 씻었다. 송풍(松風)아 세상 기별오거든 불어 도로 보내라.」고 했다. 이 시조의 소나무는 탈속과 풍류의 상징이다.

동양회화에는 화가가 붓을 먹물에 담그기 전, 시인이 글을 쓰기 전에는 시인과 화가의 정서가 다를 것이 없다는 시화일체사상(詩畵一體思想)이 있다. 그래서 「그림은 소리 없는 시이고, 시는 형태 없는 그림이다.」라는 관점에서 본다면 송계연월옹의 시조의 정조(情操)와 같은 것으로 볼 수 있다.

송계한담도(松溪閑談圖) | 이인문(李寅文), 국립중앙박물관 소장 | 이인문의 노년작으로 선비들이 한여름 더위를 피해 계곡물이 흐르는 소나무 숲 속에서 맑은 대화를 나누고 있는 그림이다. 소나무 가지들의 움직임과 변화와 힘의 균제감을 보여 주는 폭포가 청량한 활기를 불어넣고 있다.

장수의 상징으로서의 솔

옛 선비들은 관조와 사색을 거쳐 소나무 자체보다도 인간적으로 해석된 소나무의 모습을 글이나 그림으로 표현했다. 그들의 입장에서 바라보는 소나무는 대개 지조와 절개 등 유교적 윤리와 조응하는 상징물이다. 그러나 평범한 서민들에게 있어서 소나무는 지조나 절의가 아니라 장수의 상징물이다.

장수의 상징형으로 소나무를 그린 그림 중 대표적인 것은 민화 〈십장생도〉와 〈오봉산일월도〉이다. 〈십장생도〉에 등장하는 소나무는 추사 김정희의 〈세한도〉나 이인문의 〈설송도〉에 그려진 소나무와 성격이 근본부터 다르다. 〈세한도〉나 〈설송도〉의 소나무는 유교적 절의의 상징형으로 그려진 것이지만, 십장생도류 그림의 소나무는 수명장수라는 인간의 원초적 욕망을 상징하는 상징으로 그려진 것이다.

일반적으로 십장생도류의 그림은 소나무를 비롯해서 소나무에 앉아 있는 학, 소나무 주위를 선회하는 학 그리고 수석·사슴 등이 함께 그려지는 것이 보통인데, 소나무가 학과 함께하면 〈송학도(松鶴圖)〉, 암석과 함께하면 〈송석도(松石圖)〉, 사슴과 함께하면 〈송록도(松鹿圖)〉가 된다. 이처럼 소나무를 주제로 하고 있지만 여타 장생물(長生物)과 함께 그려지는 것이 민화의 특징이자 사의적(寫意的)인 소나무 그림과 구별되는 점이다.

〈십장생도〉는 해마다 정초에 새해를 축하하고 재앙을 막기 위해 그려진 세화(歲畵)로 제작되었으며, 조선시대 궁중에서 치러지는 왕의 성혼, 즉위나 세자·세손·태자·태손의 성혼, 책봉 등의 예식인 가례(嘉禮)나 환갑을 축하하는 수연(壽宴) 잔치 때 크고 화려한 십장생 병풍으로 펼쳐졌다. 그림에 관한 일을 맡아보던 도화서(圖畵署)에서 그린 세화나 병풍 등이 궁의 각 전(殿)과 종실·신하 등에게 하사되면서 민간에까지 널리 퍼지는 계기가 되었다.

〈오봉산일월도〉는 궁중에서 임금이 근무할 때 앉는 어좌 뒤편에 걸리는 장식미술품이다. 〈천보구여도(天保九如圖)〉라 불리기도 하는데, 그것은 그림의 내용이 《시경》〈천보〉에 실린 내용과 대동소이하기 때문이다. 〈천보〉의 내용 중에 9가지 장생물을 거론하면서 임금의 수명장수와 왕족의 번영을 축원하는 대목이 있다. 9가지 장생물은 송백(松栢)을 비롯해 해·달·산·들·작은 언덕·큰 언덕·강물·남산을 가리킨다. 그런데 「송백의 무성함과 같이(如松柏之茂)」「해와 같이(如日)」「달과 같이(如月)」로 표현한 여자(如字)가 모두 9개나 됐는데, '구여(九如)'라는 이름은 이렇게 해서 얻은 것이다.

장생수로서 소나무를 그린 십장생도류 그림은 속화(俗畵)로 분류된다. 그러나 속화라고 해서 사대부나 지식인들이 외면한 것은 결코 아니다. 선비들도 십장생 병풍을 사랑방에 둘러치기를 좋아했고, 친구의 칠순이나 회갑을 기념해 '연년익수(延年益壽)' 등 길상 문구를 쓴 소나무 그림을 그려 선물하기도 했다.

고려의 이색(李穡)은 문집 《목은집(牧隱集)》의 〈세화 십장생〉이라는 글에서 「북쪽

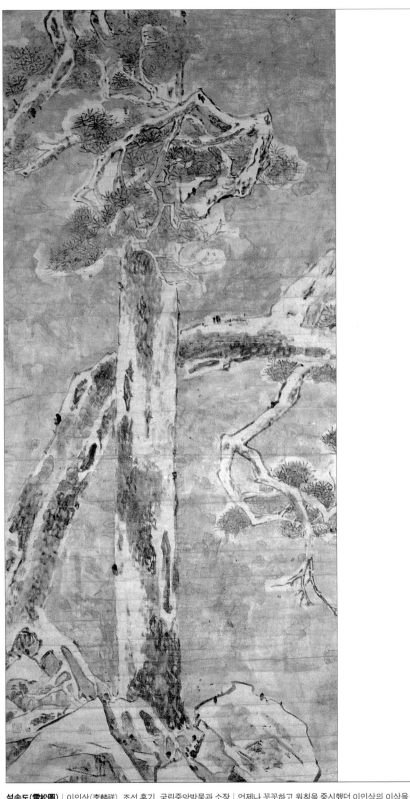

설송도(雪松圖) | 이인상(李麟祥), 조선 후기, 국립중앙박물관 소장 | 언제나 꼿꼿하고 원칙을 중시했던 이인상의 이상을 보는 듯, 절개와 영원을 상징하는 소나무와 바위를 먹만의 조화로 작품화하여 문인의 숭고한 철학을 표현했다.

언덕에 한 그루 소나무가 있는데, 늙은 내가 옮겨 가서 다시 겨울이 오네. 더구나 이 용만 (龍巒) 조곡령(朝鵠嶺) 구름 속에 푸르고 푸르러 스스로 묵직해라.」라고 썼다. 이것만 봐도 〈십장생도〉가 선비들의 생활 공간 중에서 장식용으로 고려 이전부터 애호되어 왔음을 알 수 있다. 아무리 유교적 절의와 명분을 중시하는 선비라 해도 현실 생활 속에서는 인간의 원초적 욕망을 외면할 수가 없었던 까닭이다.

자연을 인간 중심으로 해석해 온 한국인들

한국인들이 사랑했던 나무는 오랜 시간에 걸쳐 집단적 가치 감정과 통념에 의해 상징화되었다. 그리고 성현들이 한결같이 사랑했거나 찬양했던 나무였다. 그 중에서 대표적인 것이 소나무다. 한국 사람들은 정신생활의 여러 가지 의미를 상징적으로 나무에 담았고, 소나무도 이러한 상징들 중 하나로 생활공간 속에서 공존하게 되었다. 그 과정에서 소나무는 다각화되었고 세분화된 해석의 과정을 거쳐 그 의미하는 내용이 더욱 복잡해지고 다양해졌다.

소나무는 〈산신도〉 같은 무속화에서는 신단수로 형상화되었고, 생명 지속의 소박한 염원을 표현한 민화에서는 장수의 상징물로 그려졌다. 그런가 하면 유교적 사상에 젖은 선비들은 지조와 절개의 상징으로 소나무를 감상했으며, 자연 속에서 은둔생활을 즐기는 은일자들은 그림 속에서 소나무를 탈속과 풍류의 상징으로 즐겨 다뤘다.

소나무가 이처럼 다양한 의미의 상징으로 그림 속에 존재하게 된 것은 그것을 바라보는 관점이 지식 수준이나 사회적 지위, 처한 입장이나 처지 또는 소망하는 내용에 따라 달랐기 때문이다. 그러나 소나무가 가지는 다양한 상징성을 인정하더라도 그것은 결국 한국인이 자연을 인간 중심으로 관찰하고 해석한 결과라는 점에서는 공통점을 가지고 있다.

| 허균 |

윤상도의 옥

당시 호조 판서였던 박종훈의 잘못을 탄핵하는 과정에서 윤상도(尹尙度)가 왕세자의 잘못까지 들추게 되었다. 그것이 바로 '윤상도의 옥사'다. 1840년 7월 안동 김씨 김홍근이 10년 전의 윤상도 옥사를 재론하면서 동지부사(冬至副使)로 책봉되어 청나라로 떠나게 된 형조 참판 김정희를 연루시켜 대역죄인으로 만들어 제주도로 유배를 당하게 한다.

둘

중국

도교의 영향 속에서 핀 길상의 상징

범속한 마음에서 벗어나 풍류를 사랑하게 하는 솔

산수 풍광을 표현 대상으로 하는 산수화가 중국에서 본격적으로 발달하기 시작한 것은 당나라 말경이다. 그 이후 육조(六朝)시대에 와서 산수화의 몇 가지 중요한 화론(畵論)이 성립되었는데, 대자연과의 교감을 통해 정서적으로 감동받은 체험은 미술작품의 표현 내용을 보다 깊고 풍부하게 해준다고 강조했다. 그와 관련해서 세속을 떠나 자연을 즐기면서 고답을 추구하는 것이 선비들의 세련되고 교양 있는 소일거리로 제시되기도 했다. 그런 선비들의 생활 모습을 담은 그림 중 대표적인 것이 마린(馬麟)의 〈정청송풍도(靜聽松風圖)〉다.

현재 타이페이 고궁박물원에 소장되어 있는 이 그림은 자연과 함께하는 정서적 체험 그 자체를 주제로 삼았다는 점에서 중국의 회화사상 큰 의의를 가진다. 나무 그늘에 앉아 소나무를 스치는 바람 소리를 듣기 위해 조용히 귀를 기울이고 있는 선비의 한가로우면서

정청송풍도(靜聽松風圖) | 마린(馬麟), 타이페이 고궁박물원 소장 | 소나무 가지에 걸린 가는 줄기에 바람의 자락이 걸쳐져 있다. 바람 소리에 귀를 기울인 선비의 눈빛이 자못 진지하다.

도 진지한 표정이 실감나게 표현되어 있다. 이런 형식의 그림은 12세기 후반, 남송(南宋)의 화원 화가이자 마린의 아버지인 마원(馬遠)에 의해 창조되었는데, 그 후 수많은 추종자들이 흉내 냈다.

자연을 즐기는 선비들의 모습을 그린 작품으로 명나라의 화가 구영(仇英)이 그린 〈송계논화도(松溪論畵圖)〉도 유명하다. 현재 길림성박물관에 소장되어 있는 이 그림 왼쪽에는 굴곡이 심한 노송이 바위 틈에 뿌리를 박고 서 있고, 오른쪽 물가의 평평한 암반 위에서 두 선비가 마주 앉아 대화를 나누고 있다. 이 그림에서 소나무는 화의(畵意)의 핵심에 존재하고 있지는 않으나 화가가 표현하려고 한 탈속과 풍류의 경지를 드러내는 데 중요한 역할을 모자람 없이 수행하고 있다.

이런 형식의 그림은 실제로 정청송풍(靜聽松風)의 풍류를 즐긴 경험이 있거나, 송계에서 벗과 함께 청담을 나눈 경험이 있는 사람만이 그릴 수 있는 것은 아니다. 평소에 세속의 욕망과 명리에서 벗어나 물외한객(物外閑客)으로서 자연과 벗하는 생활을 동경해온 사람이라면 한 번쯤 그려볼 수도 있는 그림이다. 이 그림은 선비들이 평소에 가졌던 포부와 이상을 간접적으로 표현한 그림이라고 정의할 수 있으며, 이런 그림의 소나무는 탈속과 풍류의 상징형으로 그려졌다고 볼 수도 있다.

길상과 욕망을 함께 상징하는 솔

선비가 소나무와 직접 접촉하면서 교감을 나누는 장면을 묘사한 그림도 있다. 타이페이 고궁박물원에 소장되어 있는 명나라 화가 정가수(程嘉燧)의 〈고송고사도(孤松高士圖)〉가 그 예다. 축의 형태로 된 이 작품의 화면 중심에 키 큰 소나무 한 그루가 서 있고, 아래쪽에 소나무를 어루만지며 서성대는 한 선비의 모습이 묘사되어 있다. 이 그림의 정서는「저녁빛이 어두워지며 서산에 해가 지려 하는데, 나는 외로운 소나무를 어루만지며 서성인다(影翳翳以將入 撫孤松而盤桓).」고 한 도연명의 〈귀거래사〉의 정서와 직접 연결되어 있다. 따라서 그림에서 선비가 어루만지는 소나무는 고아한 군자의 기품을 지닌 인격화된 소나무라 할 수 있다.

소나무는 이처럼 탈속과 풍류의 상징형으로 애호받는 한편, 길상과 현실적 욕망의 상징형으로도 다양한 형식의 그림에 등장했다. 원나라 이후 오랜 기간에 걸쳐 그려진 소나무 그림들을 살펴보면 나무를 단독으로 그린 경우보다 학·사슴·등나무 넝쿨 등 길상 상징물을 같이 묶어 그린 장식적인 그림인 경우가 많다. 예를 든다면 원나라 오진(吳眞, 1280~1354)이 그린 〈송석도〉, 명나라 주첨기(朱瞻基, 5대 황제, 1398~1435)가 그린 〈연포송등도(蓮蒲松藤圖)〉, 화암(華嵒)의 〈송학도〉, 임이(任頤)의 〈백록정송도(白鹿貞松圖)〉, 채함(蔡含)의 〈송등도(松藤圖)〉 등이 있다.

일반적으로 순수 감상용 그림에서는 소나무가 가진 기(氣)의 표현을 중요시하고 있는 것에 반해 장식적인 그림에서는 질(質)의 묘사에 치중하는 현상이 두드러지게 나타난다. 예컨대 화암의 〈송학도〉를 보면 길상화에서 볼 수 있는 것과 같은 강한 장식성이 배어 있는 것을 직감할 수 있다. 소나무와 학을 함께 그린 것이 「송수천년 학수만년(松壽千年 鶴壽萬年)」이라는 일반적 통념을 회화적으로 표현한 것은 두말할 나위가 없다. 임이의 〈백록정송도〉나 채함의 〈송등도〉도 마찬가지로 흰 사슴이나 등넝쿨 등 길상 상징물을 함께 그리고 있는데, 이 역시 길상적 의미를 가진다.

군자의 상징성보다 길상의 상징성이 더 짙은 솔

소나무 그림 중에는 바위·국화·대나무·매화·원추리를 함께 그린 것이 많으며, 명나라의 화가 주지면(周之冕)이 그린 〈송토도(松兎圖)〉에서처럼 토끼 등 다른 길상동물이 함께 등장하는 소나무 그림도 적지 않다.

학·사슴은 선계(仙界)의 동물로서 장수의 의미를 가지며, 등나무는 넝쿨이 끊임없이 뻗어 나간다는 이유에서 연면(連綿)의 의미를 얻었다. 바위·대나무는 그 자태와 속성이 시간과 계절을 초월하는 영구(永久)한 상징형으로 인식되었다. 매화는 은일, 원추리는 근심을 없애 주는 길상식물로, 달과 관련된 토끼는 선계의 동물로 알려져 있다. 이런 길상 상징물과 같은 틀 속에 공존하는 소나무는 이미 유교적 절의나 지조의 상징형으로서의 소나무로부터 멀어져 있다.

세한삼우도(歲寒三友圖) | 조맹견(趙孟堅), 남송(南宋), 타이페이 고궁박물원 소장 | 조맹견은 그림에서 세 식물을 간략하게 표현했다. 뿌리를 내려 잘 자라고 있는 모습이 아닌 가지 하나만을 그려 나라를 빼앗긴 설움을 표현하고자 한 것 같다.

중국의 문학에서는 유교의 이상적 인간상인 군자(君子)의 고고한 성품을 곧잘 송죽이나 송백에 비유한다. 때로는 송죽이나 송백이 사군자보다 더 강한 이미지를 가지고 빈번히 등장하기도 한다.

이처럼 문학에서는 소나무가 유교적 절의나 지조의 강력한 상징형으로 회자되고 있는 데 반해, 그림에서는 소나무의 그런 이미지를 선명하게 부각시킨 것이 의외로 적다. 이런 현상은 조선의 경우 김정희의 〈세한도〉나 이재관의 〈송하처사도〉, 이인문의 〈설송도〉처럼 선비들의 출처지의(出處之義) 생활철학이나 유교적 이념이 선명하게 부각된 소나무 그림이 적지 않은 것과 대조된다.

그렇다고 해서 군자의 상징형으로 소나무를 그린 예가 전혀 없는 것은 아니다. 상해 박물관에 소장된 원나라의 화가 예찬(倪瓚, 1301~1374)의 〈육군자도(六君子圖)〉가 그 예다. 육군자란 송(松)·백(柏)·장(樟, 녹나무 상록 교목)·남(楠, 녹나무과의 상록 교목)·괴(槐, 회나무)·유(楡, 느릅나무) 등을 말하는데, 모두 겨울에도 낙엽이 지지 않고 상록을 유지하는 생태적 속성 때문에 군자에 비유된 것이다. 그러나 이 그림에서는 문학적 상상을 통해 쉽게 감지할 수 있는 소나무가 가진 세한(歲寒)의 기(氣) 같은 것을 느끼기는 어렵다.

현세 행복 추구의 상징으로서의 솔

중국의 선비들은 군자의 상징형으로 소나무를 그리기보다 오히려 사군자, 즉 매·난·국·죽을 그리는 데 정성을 쏟는 경향을 보였다. 사군자 그림은 그 표현 기법이 서예의 서법에 바탕을 두고 있기 때문에 화공이 아닌 선비나 문인들이 여기(餘技)로 그리고 즐기는 데 적합했을 것이 분명하다. 그런데 소나무는 서법과 거리가 있기 때문에 소나무를 그린다는 것은 여기화가로서는 부담이 가는 일이었을 것이다.

실제로 소나무 그림은 화공에 의해 더 많이 그려졌다. '세한삼우' '송석' '송죽' '송매' 라는 그림의 소재는 소나무였으며, 절의·지조, 꿋꿋한 기상, 고아한 자태를 보이는 상징으로 칭찬받았다. 소나무와 대나무는 겨울이 되어 모든 식물의 잎이 낙엽져 떨어질 때도 푸름을 유지하기 때문이고, 매화는 잔설이 분분한 이른 봄에 꽃을 피우는 것이 고고한 군자의 자태를 닮았기 때문이다. 그러나 일반인의 요구에 의해 그려지는 그림 속의 소나무는 이 세 가지가 모두 길상의 상징으로 함께 그려지는 경우가 빈번했다.

소나무가 길상화의 소재가 되면서 문학에서 주로 표현했던 내용과 달리 친구나 형제간의 우애의 영속성, 부부간의 변치 않는 사랑 등 세속적 의미로 해석되었다. 이러한 현상은 수명장수, 부부화합 등 생명의 지속과 현세의 행복을 추구하는 중국 도교의 영향으로 볼 수 있지 않을까 생각된다.

| 허균 |

셋

일본

신성과 장수를 기원하는 그림 문자

한국·중국 못지 않게 송·죽·매는 일본의 미술 작품에서도 빈번히 등장한다. 동아시아에는 고대로부터 자연과 더불어 살아간다는 생활이 있었기 때문에 자연을 그림의 제재(題材)로 즐겨 다뤄온 것 같다. 그러나 서양미술은 다르다. 근대를 제외하면 옛날부터 자연 자체를 주제로 그린 그림은 별로 없다. 서양은 그림에서도 인간이 중심이었던 것이다.

또 하나 중요한 사실은 동아시아 세계에서는 한자를 사용하고 있었던 까닭에 형태와 소리의 일치, 그림과 문자의 공존 같은 것이 예술의 큰 특징을 이루고 있다. 중국 미술의 경우에도 한자의 음을 그림에 결부시킨 것이 있다.

일본의 경우는 한자 외에 가나(仮名)가 나왔다. 특히 헤이안 시대 초기에 나타난 히라가나가 일본화(日本化)하면서부터 흘려 써야 보기가 유려한 문자는 점차 큰 의미를 갖게 된다.

그리고 '아시데(葦手)'라고 하는 소나무·바위·풀 같은 것을 가나와 한자로 회화화(繪畵化)한 그림인 동시에 글자인 양면의 성격을 띤 장르가 태어났다.

송등시회즐상(松藤蒔繪櫛箱) │ 영원히 그대의 행운을 빈다. (소나무의) 천년 그늘에 살며 (그대만을) 생각하리.

신을 맞이하는 소나무

일본에서 소나무의 이미지는 몇 가지가 있다. 세한삼우(歲寒三友), 곧 추위를 이겨내고 끝까지 절도(節度)를 지키는 군자(君子)의 이미지가 첫째다. 둘째는 속세를 떠나 자신의 윤리적 가치를 지키는 유교적인 가치관이다. 죽림칠현(竹林七賢)이 그런 이미지의 하나일 것이다. 셋째는 '성스러움'과 결부된다.

가미사마(神)가 내려오는 길을 일본의 대표적인 가면 음악극 노(能)에서 보면, 무대의 지붕 경사진 곳, 즉 하시가카리(橋掛)가 된다. 하시가카리가 지금은 노 무대의 좌측에 나오지만 본래는 무대 안쪽에 있었다. 무대 안쪽에서 길을 타고 내려와 카가미타(鏡板, 노 무대의 정면 배경에 붙이는 송·죽·매 그림)에 와 닿는다. 거기에 '요리시로(依り代, 신이 내려오는 곳)' 역을 맡은 소나무가 있고, 그 앞이 바로 신성한 공간이 된다.

이처럼 신이 찾아오는 소나무를 '영향(影向, ようごう, 신이 일시 모습을 드러내는)의 솔[松]'이라고 한다. 그렇게 말하는 것은 가미사마가 그림자로 나타나기 때문이다. 그러니까 일본 예술에는 신의 모습이 따로 없다. 신사(神社)에 가도 그 안에 무엇이 있는지는 안 보인다. 하지만 가미사마가 찾아오는 곳은 있다. 그곳이 바로 신을 맞이하는 '요리

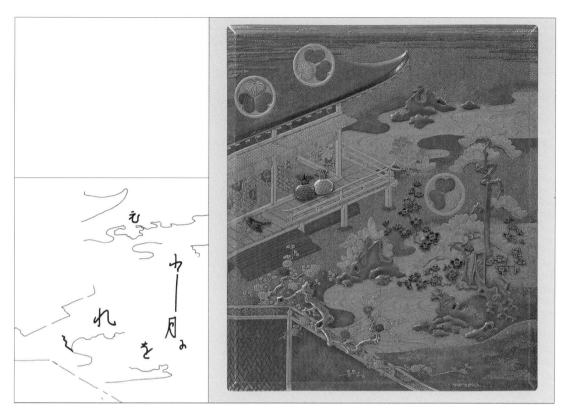

송석일시회경상(松夕日蒔繪鏡箱) | 소나무는 이렇듯 한국·중국뿐 아니라 일본에서도 일상생활과 밀접하게 친근한 존재로 자리매김해 왔다.

시로'이고, 그곳에는 '요리시로'로 상징되는 소나무가 있다.

이 '요리시로'에는 영향석(影向石)으로 불리는 돌 같은 자연 그대로의 것을 비롯해 여러 종류가 있다. 그 중에도 제일 많은 것이 소나무다. 소나무는 늘 변하지 않는 영원성을 갖고 있기 때문이다. 그것은 신이 언제나 올 수 있다는 상징성을 말한다. 그리고 소나무가 간직한 고결한 상징성도 뜻한다.

그림과 문자의 절묘한 조화

일본에서는 그림과 문자를 한데 결합한 숨은 그림[隱し繪], 즉 그림문자[繪文字]가 하나의 독립된 세계를 만들어내고 있는데, 그 수법이 독특하다.

문자와 그림은 모두 붓이나 펜으로 그리기 때문에 서로 조화를 이룬다. 글자를 쓰는 방법은 어떤 틀에 얽매이지 않고 자연스러우며, 가타카나 문자가 주류다. 치라시카기(散らし書), 이른바 그림문자를 얼기설기 써 놓은 것이다. 그림뿐 아니라 일상의 공예품에도 소나무 그림은 흔하게 등장한다.

상자 모양의 송등시회즐상(松藤蒔繪櫛箱, 빗을 담는 상자)이라는 생활도구의 겉에

는 소나무와 등나무가 그려져 있다. 등나무 꽃처럼 보이는 것은 문자 그림이다. 문자와 그림을 구별하기가 어려울지 모르지만, 소나무와 등나무를 그리고 그 위에 소성법사(素性法師)의 「万代を待つぞ君を祝ひつる 千歳の蔭に住まむと思へば」, 즉 「영원히 그대의 행운을 빈다. (소나무의) 천년 그늘에 살며 (그대만을) 생각하리.」라는 노래를 히라가나로 써 놓은 것이다. 당시 사람들은 이런 일상적인 생활도구만 봐도 〈고킨와카슈(古今和歌集)〉를 떠올렸고, 곧 소나무를 연상했다. 이처럼 소리와 문자가 한데 어울려 일상생활 속에 스며 있다.

〈송석일시회경상(松夕日蒔繪鏡箱)〉이라는 화경 겉에는 아시데 문자(葦手文字)가 새겨져 있다. 소나무 그림 위에 들어 있는 'な나, が가, む무'를 비롯해, 'れ레, ば바, ま마, た타' 같은 글자가 여기저기 자유롭게 그려져 있다.

여기에도 후지와라 테이카(藤原定家)의 노래, 「생각타 못해 쳐다보는 석양이 비낀 처마 끝 저 언덕에 소나무 한 그루 한스럽네.」가 새겨져 있다. 이처럼 일부분만 새겨져 있어도 노래에 조예가 있는 사람이면, 이것이 테이카의 것임을 안다.

〈초음회시수상(初音繪蒔手箱)〉이라는 상자는 특히 에도 시대 전기의 작품인데, 국보로 지정된 걸작품이다. 3대 장군인 도쿠가와 이에미쓰(德川家光)의 딸이 시집갈 때 만든 글과 그림을 합친 아시데(葦手) 수법의 특제 가구다.

소나무가 있고 꾀꼬리가 나온다. 「오늘 꾀꼬리의 첫 소리를 들려다오.」라는 메시지도 나타난다. 그 오른쪽 소나무 뿌리 근처에 월(月)자가 보인다. 토시(年)의 'し(시)'자를 길게 끌어당겨 소나무 모양을 만들어 놓았다. 그래서 솔〔松〕이라는 문자는 생략한 채 '끌어당겨(ひかれて)'만 놓아도 뜻이 통한다.

> 오랜 세월 소나무〔마츠〕에 끌려 다닌 사람에게 오늘은 꾀꼬리의 첫 소리를
> 들려다오(年月をまつにひかれて経(ふ)る人に今日うぐいすの初音聞か
> せよ).

일종의 수수께끼지만 이러한 맞춤 가구에 새겨진 그림과 글 그리고 그 속에 숨어 있는 노래〔和歌〕를 찾아내고 즐기는 교양을 지닌 사람들의 문화가 일본에는 있었던 것이다.

| 다카시나 슈지(高階秀爾) |

넷

한국

고절선풍의 솔과 여백미의 한국 도자

고려청자에 새겨진 익살과 해학

소나무는 소나뭇과 소나무속에 속하는 식물의 총칭이다. 이 중에서도 흔히 송백(松栢)을 푸름의 대표로 치는데, 그 이유는 송백조(松柏操) 때문이다. 소나무와 잣나무가 사철 푸른 것처럼 결코 변하지 아니하는 절개를 상징적으로 나타낸다. 그런 소나무를 중심으로 도자 문양에 나타난 그림[紋樣]에 대해 알아보고자 한다.

고려시대의 그림이 남아 보존된 것이 극히 드물어 지금까지 소나무 그림도 찾을 수 없었다고 생각한다. 도자기에도 소나무 그림은 매우 희귀하여 12세기 중엽으로 추정되는 청자상감〈송하탄금문매병(松下彈琴文梅瓶)〉한 점이 있을 뿐이다. 이 매병에는 잣나무[柏]가 세 그루 있고, 그 좌우에 악기를 타는 인물[仙人], 춤추는 동자, 춤추는 학이 세 마리 있다. 잣나무는 등걸이 심하게 구불구불 올라가 좌우로 벌어진 나뭇가지와 함께 춤을 추는 듯하다.

대체로 작은 솔방울이 달리는 보통 소나무와 등걸과 가지가 죽죽 뻗어 올라가는 잣나무는 그림에서도 어느 정도 쉽게 구별된다. 그런데 이 매병의 잣나무는 등걸과 가지가 곧게 쭉쭉 뻗어 올라가지 아니하고 보통 소나무처럼 가지가 좌우로 벌어졌다. 그러나 나뭇가지에 커다란 잣송이가 여러 개씩 달려 있어 이 나무가 잣나무라는 것을 쉽게 알 수 있다.

　　이 매병의 그림들은 송백조를 그렸다기보다는 흥에 겨워 나무도 학도 사람도 춤을 추는 익살과 해학을 나타낸 것이라 생각된다. 다시 말해 잣나무와 소나무를 구태여 구별하지 않고 사람과 동물과 나무가 나같이 흥겹게 춤을 추는 모습을 통해 세외(世外)의 이상향을 상징적으로 나타낸 것이라 하겠다.

청화백자에 새겨진 고절한 전통

조선조에 들어오면 유교이념의 영향이겠지만 그림에도 도자기에도 소나무가 많이 등장한다. 15세기 초로 추정되는 청화백자도형(靑華白瓷桃形) 〈연적〉에 소나무와 매화 그림이 같이 그려졌고, 1489년 명문이 새겨진 키가 큰 청화백자 항아리에는 큰 소나무와 왕대나무가 함께 그려져 있다. 송·죽·매는 세한삼우(歲寒三友)라 하여 겨울철 관상목으로도 유명하지만 그보다는 지조나 절개의 덕목으로 더 많이 해석되고 있다. 연적의 소나무와 항아리의 소나무는 당당한 필치로 그림 자체도 의연하게 그려졌으며, 매화와 대나

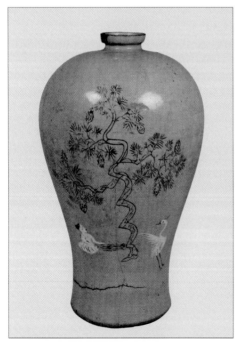

청자상감송하탄금문병(靑磁象嵌松下彈琴文甁) | 12세기 중엽,
국립중앙박물관 소장.

백자청화송매문수적(白磁靑花松枚文水滴) | 15세기, 국립중앙박물관 소장.

무가 조화를 이루어 고절한 품위를 잘 나타냈다.

소나무 그림이 있는 16세기로 추정되는 도자기 중 대표적인 것은 현재까지 3점 있는데, 모두 청화백자 항아리로 2점은 16세기 전반, 또 하나는 16세기 후반으로 추정되는 키가 큰 항아리이다. 16세기 전반의 항아리 중 하나는 소나무와 매화 그림만이 있고, 다른 하나에는 송매에 새 그림이 있다. 소나무에는 새 두 마리가, 매화에는 새 한 마리가 곁들여 있다. 16세기 후반의 또 다른 큰 항아리에는 큰 소나무 한 그루

백자청화송하초옥문병(白磁青花松下草屋文瓶) | 18세기.

에 작은 대나무가 곁들여 있고 나무 밑에는 두 사람의 인물과 동자들이 있다.

15세기와 같이 16세기에도 도자 문양으로 소나무와 매화·대나무가 등장하고 있으나, 15세기에 비하면 소나무는 당당하고 매화와 대나무가 곁들여 있는 반면, 새와 인물상이 새로 등장한 것을 볼 수 있다. 따라서 15세기부터 16세기 전반까지 송·매가 같이 등장하나 소나무가 주제이고 새가 등장하는 것이 새로운 현상이다.

16세기 후반까지도 소나무와 대나무가 같이 등장한다. 그러나 소나무가 여전히 주제이고 거의 대나무가 부수되며, 거기에 선풍(仙風)의 인물이 등장하고 있음을 볼 수 있다. 따라서 이 시기의 도자기에 선풍의 인물과 함께 나타나는 소나무는 15세기와 같이 여전히 고절(孤節)의 전통적인 상징으로 등장하고 있다.

여백의 미가 돋보이는 청화백자

조선백자에서 17세기는 청화백자가 매우 희귀하며, 철화 그림은 많이 등장하나 청화백자와 철화백자 다같이 소나무 그림은 아직까지 찾아볼 수 없다. 18세기 중엽까지는 청화백자가 드물고 소나무 그림 또한 매우 드물다. 그러나 18세기 중반으로 추정되는 청화백자 〈송학지초문(松鶴芝草紋)〉 항아리와 청화백자 〈송하초옥문병(松下草屋文瓶)〉 등이 남아 있다.

청화백자〈송학지초문〉항아리에는 소나무 두 그루와 그 사이에 학이 있고 밑에 지초가 있으며 위에 당초로 표현된 간략한 구름무늬가 있다. 이것은 소나무와 학이 크게 그려지고, 밑의 지초는 작으며 구름은 더 작게 나타났다. 이 항아리 그림은 18세기 전·중반 청화백자의 그림같이 필선이 간결하고, 여백을 많이 살린 것으로 보아 18세기 후반부터 점차 확산되는 십장생문의 초기 단계라고 생각된다. 여기에서 소나무는 세한고절보다는 장생의 의미로 사용된 것으로 보인다.

청화백자〈송하초옥문병〉에는 두 그루의 노송 밑에 각기 초옥이 하나씩 그려져 있어 흡사 완당(阮堂)의 〈세한도〉를 연상케 한다. 18세기의 청화백자 그림의 특징대로 필치가 간결하고 여백을 많이 살리고 있다.

그 이전 시기에 소나무가 대나무·매화와 함께 등장하거나 새·인물과 등장한 것과 달리, 여기에서는 소나무에 한 초옥의 형상만이 등장한 것을 보면 역시 세한고절을 나타냈다고 봐야 할 것이다.

따라서 18세기 중반에는 소나무가 고절과 장생의 의미를 함께 나타낸 상징성이 다양화되는 첫 단계일 것이다.

18세기 후반부터 점차 조선백자에 청화 문양이 많이 등장하고 진사(銅畵) 문양도 나타나기 시작하며, 문양 소재가 다양하고 각 문양이 복합적으로 섞여 여러 가지 의미를 함께 내포하기도 한다.

백자청화수하인물문병(白磁靑花樹下人物文甁)

철화백자호문병(鐵花白磁虎文甁)

주역의 자리를 양보하지 않는 소나무

18세기 후반과 19세기 초에 걸쳐서는 백자에 진사로 그린 소나무 문양이 다양하게 나타난다. 소나무와 학·구름이, 소나무와 새·호랑이가, 소나무와 독수리, 산 중의 도승이 소나무·버드나무와 함께 항아리나 병(瓶)에 그려지고 있다. 또한 청화백자로는 달·소나무·호랑이 그림이, 호랑이·소나무·사슴 그림이, 소나무와 까치·호랑이·독수리 또는 해태와 비슷한 괴상한 동물까지 등장하는 다양한 문양의 자기가 나타나고 있다. 심지어 해가 떠 있는 산수문(山水紋) 중에 술상을 차려 놓은 인물이 있는가 하면 여기에 소나무 한 그루가 운치를 돋우는 그림도 있다.

먼저 진사 그림을 보면 소나무와 학·구름은 장생을 뜻한다. 그런가 하면 소나무와 함께 호랑이·독수리 같은 맹수가 등장하고 산 속 깊은 곳에서 살아가는 도승까지 등장한다. 바로 이 시기가 난정(難政)으로 조선사회가 무너지기 시작한 것과 무관하지 않다. 피폐한 현실에서 어렵지 않게 접근할 수 있으면서 백성들을 지켜 주고 의지할 수 있는 신격화된 존재를 희구하는 시대에, 여러 부제의 문양 소재와 함께 그려진 소나무가 도자 문양에서는 장생의 상징을 넘어 신격으로 승화된 것이라고 볼 수도 있다.

결국 이 시대 진사 그림에서 소나무는 장생의 대상과 산중에서 신선이나 도승과 함께 신격화된 대상으로 복잡하게 나타난다. 뿐만 아니라 온갖 동물문과 산수문 중의 소나무는 운치를 돋우는 역할까지 겸하고 있다. 다만 소나무와 버들 그림은 다양한 문양의 효과를 나타낸 것으로 보는 견해도 배제할 수는 없다. 이 시대의 청화백자에는 소나무를 중심으로 벽사나 서수에 해당하는 동물들이 등장하는데, 진사 그림[紋樣]과 같이 장생의 의미 이외에 절의를 나타낸 것으로 보인다.

19세기 초반을 지나면 진사 그림은 격감하고 청화로 된 소나무 그림이 수없이 나타나는 반면, 모두 장생문으로 등장한다. 소나무는 대나무·사슴·해와 달·구름·바위·학·거북·지초 등과 같이 그려져 장식성도 강하게 나타난다. 그러나 그 중에서도 소나무는 여러 다른 대상물에 비해 제일 크고, 잘 생기고, 다양한 구도로 운치 있게 의연한 모습으로 그려지는 것이 특징이다.

14세기 이후 도자기에서는 처음 세한삼우가 함께 등장하기 시작해 끝까지 당당한 주역의 자리를 한 번도 양보하지 않은 소나무가 더욱 돋보인다.

| 정양모 |

다섯

중국

현란한 솔 문양의 중국 도자

본격적이지 못한 시절의 회화 문양

중국 고대부터 당대(唐代)에 이르기까지 도자기 문양 중에서 소나무를 찾아보기는 힘들다. 세계적으로 잘 알려진 당대 당삼채(唐三彩)에 시문된 문양들은 청동기에 시문된 각종 기하학적 문양이나 동물의 형상을 본뜬 문양들이 주를 이루었다. 인물이나 동물의 형상을 한 조소적인 작품들 속의 의복이나 여러 가지 장신구에도 소나무 문양이 부속적으로 사용된 경우는 찾아보기 어렵다. 아직 소나무에 대한 상징이 확립되지 않았던 때문으로 여겨진다.

송대(宋代) 들어서도 이런 경향은 바뀌지 않는다. 다만 화북 지방에 위치한 자주요(磁州窯)의 경우 백화장토를 바르고 그 위에 철화 안료를 사용해 붓으로 문양을 시문하는 회화적인 표현이 주를 이룬 탓인지 몇몇 예가 보일 뿐이다.

예를 들면 북송대(北宋代)와 금대(金代)에 생산된 자주요 베개에 〈인물고사도(人

物故事圖)〉나 송죽호문(松竹虎文)의 배경으로 간략하게 시문된 것이 있는데, 이들을 제외하고는 오늘날 우리가 알고 있는 사군자의 개념으로 소나무가 시문된 경우는 거의 없다. 특히 자주요는 다른 황실용 가마와 달리 보다 대중적인 성격을 지니고 있기 때문에 소나무의 상징성보다는 주제 문양을 보조하는 장식적인 성격이 더 강했던 것으로 보인다.

　　원래 매·난·국·죽의 사군자와 송·죽·매의 삼우도(三友圖) 개념은 북송대에 이미 성립된 것으로 보인다. 시나 그림 등에서는 이들의 상징 의미가 그대로 드러난 작품들이 많다. 이들은 문인 애호가와 후원층의 욕구에 부응해 등장했지만, 도자기의 문양으로서 채택된 시기는 원대(元代)까지 내려온다. 아마도 이들 소나무와 국화·난초 등이 아직은 지면(紙面)에서만 섬세한 붓놀림으로 그려내는 화목(畵目)으로 등장했기 때문은 아닐까 싶다. 다시 말해 도자기의 굴곡진 입체에 알맞은 새로운 구도를 고안하여 고난도의 용필(用筆)을 보이려면 시문자(施紋者)가 어느 정도 숙련된 솜씨로 그려야 했기 때문이다. 또한 소성(燒成)할 때의 고온을 견딜 수 있는 안료를 사용하는 데에 따른 기술적인 문제를 해결하는 데에도 시간이 걸렸을 것이다. 뿐만 아니라 원대 이전까지 단색 자기를 주류로 제작하던 경향도 색상의 농담 같은 회화적 표현을 요구하는 이들 문양이 본격적으로 등장하지 못한 것에 한몫했을 것으로 보인다.

고고함과 고난에 굴하지 않는 매개체

14세기 중엽 명나라 학자인 송렴(宋濂, 1310~1381)이 오래된 건물 벽에서 북송의 화가 곽희(郭熙)가 그린 두 그루의 소나무 그림을 찾아냈다. 그가 「촛불을 들고 이 두 그루의

청화백자인물문발(青華白瓷人物紋鉢) | 15세기 전기.　　**청화백자송죽매문반(青華白瓷松竹梅紋盤)** | 명(明), 선덕.

소나무를 보니 어느 것이나 겨울의 추위를 이기고 승리를 거둔 자긍감과 도덕적 성실감을 가지고 있었다.」는 글을 남긴 것으로 보아 원대(元代) 소나무의 상징성이 명백히 드러난다고 마이클 설리번은 《중국의 산수화》에서 주장했다.

이처럼 원대 이후 소나무는 어려운 시절과 역경을 견뎌낸다는 도덕적·유교적 가치관의 상징으로 자리매김했다. 도자기 문양으로서 그러한 상징은 대나무와 매화를 동반한 소나무의 삼우로 주로 표현되었다. 원대 자기 생산의 메카인 징더전(景德鎭)의 발전과 함께 유행하는 청화백자에서 푸른 청화 안료를 사용해 그린 소나무의 모습을 볼 수 있다. 이 시기에는 삼우도의 형식 외에 인물산수화의 배경으로 등장하는 소나무도 눈에 띈다.

명대(明代) 15세기 전반에 제작된 〈청화백자인물문발(靑華白瓷人物紋鉢)〉에는 특히 전선(錢選)이 그린 〈왕희지관아도(王羲之觀鵝圖)〉식의 수금(水禽)을 바라보는 인물 뒤에 소나무 가지 하나가 길게 뻗어 있다. 이를 통해 당시의 그릇 문양에 회화 주제가 반영되었을 가능성을 짐작해 볼 수 있다. 여기에서 소나무는 문인으로 추정되는 주인공의 문인적 품성인 고고함과 어떠한 고난에도 굴하지 않는 의지를 상징하는 표현 매개체로 등장한다.

오채를 이용한 다양한 채색의 등장

선덕(宣德) 연호(年號, 1426~1435)의 명문이 들어간 〈청화백자송죽매문반(靑華白瓷松竹梅紋盤)〉에 보이듯 문양 소재들이 회화적 구성보다는 단순히 가득 화면을 채우려는 듯 도안 계획을 충실히 따르고 있다. 이 그릇의 소나무는 매화·대나무와 결합해 송·죽·매

두채인물문배(豆彩人物紋盃) | 명(明), 성화.　　　　　　**시지녹채송학문발(柿地綠彩松鶴紋鉢)** | 명(明), 가정.

의 상징인 불굴의 의지보다는 그릇의 장식성에 기여하는 디자인의 요소로서 더 눈에 띈다.

　　명(明) 중기에 이르러 다양한 채색이 가능한 오채(五彩)와 이를 이용한 자기가 유행하게 되었다. 청화로 채색한 후 백자 유약을 시유하고 한 번 구운 후 다시 그 위에 오채 안료로 그림을 그린 〈두채인물문배(豆彩人物紋盃)〉에 보이는 인물산수나 삼우도 형식의 소나무 상징체계는 원대와 다름없다. 그러나 이전의 청화자기 위주와는 다른 다채로운 표현을 보여 준다.

　　표현뿐 아니라 상징 의미에 있어서도 변화가 느껴진다. 〈시지녹채송학문발(柿地綠彩松鶴紋鉢)〉처럼 학과 결합한 길상 문양으로서의 소나무는 다양한 색채를 사용해 장식적 요소를 더욱 강화시킨 듯이 보인다. 여기에서의 송학문은 송령학수(松齡鶴壽)의 길상적 의미가 훨씬 강하게 느껴진다.

여백을 살린 분채자기의 등장

이후 명말(明末) 청초(靑初)를 거쳐 청대에 들어서면 소나무는 사슴과 결부되어 송록문(松鹿文)의 형태로도 나타난다. 송록문은 백년식록(百年食祿)의 길상적 의미로 시대의 변화에 따라 상징 의미도 변화해 간 것을 보여 준다. 청대 강희연간에 제작된 〈청화송죽매문수주(靑華松竹梅紋水注)〉는 도안화된 나열구도를 벗어나 마침내 여백을 살린 문인 취향의 구성을 보여 준다. 또한 황실을 포함한 부유한 후원 세력의 취향에 따라 오채를 대체해 등장한 분채자기는 자기 위의 문양 표현에 명암과 농담을 더해 주는 중요한 역할을 맡게 되었다.

청화송죽매문수주(靑華松竹梅紋水注) | 청(淸), 강희.

분채산수문완(粉彩山水紋碗) | 청(淸).

이로써 근경에 소나무가 배치된 〈분채산수문완(粉彩山水紋碗)〉의 산수 표현과 같이 회화적 요소가 풍부한 시문이 가능해졌던 것이다. 이 경우 소나무는 단독의 상징성보다는 산수문의 구성요소로서 전체의 상징성에 함몰되어 그 자신의 의미는 일부 퇴색하게 된다. 이는 점차 하나의 독립된 문양으로서 그 비중이 커지는 대나무·난초·국화와 다른 점이라 할 것이다.

| 방병선 |

여섯

일본

길상적 의미의 솔과 일본 도자

상징성보다 장식성이 강한 문양

일본 도자기에 나타나는 소나무 문양은 16세기 모모야마 시기 이전까지는 잘 보이지 않는다. 소나무 잎으로 추정되는 간략한 문양이 도기나 다(茶) 도구에 간혹 보이지만 이를 상징성을 갖춘 완전한 소나무로 보기는 어렵다. 또한 소나무의 나뭇가지와 등걸 표현 역시 이와 궤를 같이한다.

　일반적으로 소나무의 경우, 나무 자체가 주 문양으로 그려지는 경우와 주 문양의 배경을 이루는 지문(地文)으로 표현되는 경우가 있는데, 일본 도자의 경우는 후자의 표현이 더 많다. 대개 솔잎이 기면(器面)을 빼곡히 메우는 형태로 시문되어 장식적인 느낌을 주는데, 이 경우 소나무의 상징 의미는 원래의 의미와 다르다.

　중국 원대(元代)의 소나무가 어려운 시절과 역경을 견뎌낸다는 도덕적·유교적 가치관의 상징으로 확립된 이후, 소나무는 한·중·일 삼국에서 개별적으로 또는 삼우도(三友

圖) 형식의 주제를 통해 유교 덕목의 상징물로 종종 표현되고 있었다. 하지만 일본 도자의 소나무는 장식으로서의 성격이 강했다.

본디 상징체계란 것은 시간의 흐름에 따라 세속적 기호(嗜好)나 원망(願望)에 부합해 특정 기호나 문양으로 변화하게 마련이다. 이러한 변화는 지역적 특성에도 영향을 받으며 상징 표현의 최종 단계인 기호나 문양이 어떤 의도로, 어떻게 표현되느냐에 따라서 그 의미는 달라진다. 일본 도자의 소나무 문양은 그 표현 방식과 의도에서 한국·중국과는 다른 모습을 보여 주는데, 결국 이에 따른 상징 의미 역시 다를 수밖에 없다.

일본 자기 가마의 시초로 여겨지는 17세기 전반 아리타의 텐구다니 가마(天狗谷窯)에서 제작된 〈청화백자송매문병(靑華白瓷松梅紋甁)〉과 사가(佐賀) 현 가라스(唐津)시 일대에서 생산된 도자기 중 철화로 문양을 그려 넣은 에가라츠(繪唐津) 양식의 〈송문화형접시(松紋花形皿)〉에는 형태가 왜곡된 소나무 그림이 시문되어 있다. 이들 접시에 그려진 소나무는 유려하게 몸을 비틀어 마치 일본 고유의 노(能)나 가부키를 공연하는 사람의 모습을 연상시킨다. 이러한 표현은 디자인의 장식적 효과를 높이기 위해 그릇의 형태에 맞춰 문양을 변형한 것이다. 자연 소나무의 상징성은 그릇의 장식성에 우선할 수 없고, 단지 그릇의 장식요소에 불과했다. 이는 그릇의 사용자가 문양의 상징성보다는 그릇의 기능과 용도, 즉 일용 식기나 술병에 부합한 문양을 더 요구했을 가능성도 시사한다.

한편 이보다 늦은 17세기 후반 아리타(有田) 지역에서 생산된 백자의 소나무들은 특이하게 일곱 갈래로 갈라진 솔잎을 보인다. 그 중 이마리 양식의 〈오채송범괘선문접시(五彩松帆卦船紋皿)〉는 사방으로 연속된 격자무늬 사이로 부정형(不定形)의 바탕을 설정하고 그 안에 소나무와 돛단배를 배치했다. 화면을 기하학적으로 분할하고 정교한 계획

청화백자송매문병(靑華白瓷松梅紋甁) | 텐구다니(天狗谷窯), 17세기 초, 아리타 도자미술관(有田陶磁美術館) 소장.

송문화형접시(松紋花形皿) | 에가라츠(繪唐津), 17세기 초, 우메자와 기념관(梅澤記念館) 소장.

아래 배치된 문양과 마치 자로 그은 듯한 문양 시문은 문양의 상징성보다는 그릇의 장식성을 우선한 제작자와 수요자의 의도를 그대로 드러낸다.

　이 같은 형태의 소나무 잎은 막부(幕府) 헌상용의 고급 자기를 생산하는 나베시마(鍋島)의 〈철지청화송문접시(鐵地靑畵松紋皿)〉 내부에도 시문되었다. 이들 그릇에 등장하는 소나무는 문양 전체가 회화적 분위기나 장식적 분위기 어느 것을 띠든 유교적 가치관이 부여된 소나무 본래의 의미와는 거리가 멀다.

　다음 〈오채송문평발(五彩松紋平鉢)〉은 채색을 중시하는 고쿠타니(古九谷) 특유의 아오데(靑手) 형식으로 채색·시문되어 있다. 아오데는 화면을 주 문양과 지문(地文)으로 나누어 구성하고, 기면 전체를 진한 초록색 또는 황색 안료로 칠한 기법을 말한다. 문양을 보면 암석 위의 소나무가 주 문양이고 지문은 황색 바탕의 물결 문양으로 가득 차 있는 구성으로, 중국의 전통 도안을 따르면서 일본의 화풍을 접목시켜 도안화된 모습을 보여 준다. 상징 의미는 송암(松岩)의 성격인 영원불멸이나 장생에 가깝지만 디자인 요소로서의 성격도 무시할 수 없다.

　이 외에 고쿠타니 양식의 접시와 사발에는 회화풍의 문양을 묘사하면서 주위에 기하학적 문양을 시문하는 경우가 많은데, 이는 당시 기모노 같은 염직물이나 칠기공예품 등에 나타난 기하학적 문양의 영향으로 보인다.

　이러한 장식적 성격의 기물들은 당시 일본 주요 도시에 만들어진 성곽 내부의 벽이나 병풍을 장식하는 장벽화(障壁畵)와도 잘 어우러져 일종의 인테리어 소품으로 기능했을 것으로 여겨진다. 이런 경우 대부분의 문양은 진지한 상징성의 함축과 함께 일종의 길상 도안으로서 작용하게 되었다.

만사형통의 길상적 의미

일본 도자의 소나무에서는 본래의 문인을 상징하는 의미는 그다지 찾아보기 어렵다. 따라서 대부분 기복·장수와 같은 길상 의미가 강하게 드러난다. 이러한 예로 중국이나 우리나라의 경우 소나무와 대나무가 결합하거나 송·죽·매의 형태로 함께 그려질 경우 문인을 상징하는 것에 비해, 일본에서는 장

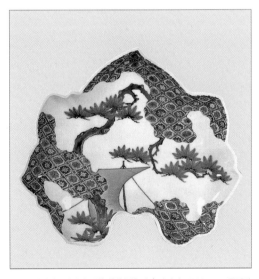

오채송범괘선문접시 (五彩松帆卦船紋皿) | 이마리, 1693, 도쿄 국립박물관 소장.

식적인 요소로 인식되거나 길상적인 의미인 만사형통의 의미로 사용한 경우를 종종 찾을 수 있다.

예를 들어 앞에서 살펴본 나베시마 자기에는 소나무와 대나무 그리고 매화가 결합한 삼우도 형식의 소나무 표현이 등장한다. 〈청화송죽매문병(靑畵松竹梅紋甁)〉이 그것으로 문인화의 주제가 채택되었으나 소나무 줄기의 표현과 솔잎의 형태 등은 여전히 도안화·장식화되어 있고, 그러한 성격을 띠고 있어서 그 상징 의미는 길상적 의미에 더 가깝다. 이러한 현상은 일본 회화에서 의미하는 문인화의 성격과도 관련이 있다. 일본의 사사키 조헤이는 《일본의 문인화(文人畵)》에서 일본에서 문인화란 양식적으로 중국의 남종화뿐 아니라 북종화 양식을 포함하고 있으며, 농민 출신을 포함해 화공이나 상인도 이를 그리고 있어 엄밀한 의미에서 중국 송대(宋代)의 사대부 계급이 그리던 문인화와는 다르다고 했다.

결국 소나무를 비롯한 세한삼우와 소나무 자체의 상징 의미는 일본 내에서 변화할 수밖에 없었고, 그것이 도자 문양으로 표현되었을 때에는 길상의 의미가 담긴 장식요소의 하나로 인식되기에 이르렀던 것이다.　　　　　|방병선|

일곱

한국

민화에 나타난 소나무

공기보다 소중한 소나무의 존재

기층문화의 꽃이라 할 수 있는 민화는 아름다운 금수강산을 잘 나타내기 위해 기교를 부리지 않고 민중의 심성을 솔직하게 그려낸 그림이다. 우리네 산천에 지천으로 자라는 소나무는 민중의 마음속에 보이는 그 형태가 때로는 춤추는 소나무로, 손을 늘어뜨린 처진 소나무가 되기도 한다. 등 구부러진 동물형 소나무가 있는가 하면, 때로는 글자로, 가옥으로, 산으로 보이게 하는 다양한 형상을 자연스럽게 그리는 것이 민화라 할 수 있다.

신비하고 기이하게 생긴 동구 밖 소나무, 좌우로 굽어 멋지게 곡선을 만들어낸 우람한 나무 등걸이 중심이 된다. 길게 휘어진 크고 작은 가지들이 등걸에서 뻗어 나가 여인의 가냘픈 춤사위처럼 보이며 대체로 좌우 대칭적인 구도를 이룬다. 흥이 많은 떠돌이 작가의 손에서 순간적으로 혹은 무의식적으로 거침 없이 그려낸 춤추는 소나무가 민화로 보는 본래의 모습이다.

민중의 희노애락이 배어 있고, 작가의 마음이 의도적으로 표현되었을 때 격에 맞는 민화에서의 살아 있는 소나무가 되는 것이다. 소나무는 우리네 지친 삶에 위안을 준다. 그래서 우리 민족에게 있어 공기만큼이나 편안한 존재가 된 것이다.

정신의 신성함까지 상징하는 매체

소나무는 대나무와 함께 십장생 가운데 첫 번째로 꼽히는 장수의 상징물이다. 십장생은 소나무·대나무·해·구름·학·사슴·거북·바위·물·불로초를 가리키는데, 오래 살고 변치 않는 사물 열 가지를 말한다.

민화 속에 그려진 소나무 관련 화제(畵題)를 보면 불로장춘(不老長春), 지선연연(芝仙延年), 불로부귀(不老富貴), 불로만년(不老萬年), 송수천년(松壽千年), 만년희보(萬年喜報) 등으로 전통 회화에서 영향을 받았다는 것을 쉽게 알 수 있다. 또 소나무는 학·사슴·까치·불로초·바위 등의 장생 상징물을 함께 그려 장생도라는 표현을 사용한다. 또한 매화·철쭉·모란·원추리·나리·국화 등 사철 피는 꽃과 함께 그려지고 있어 늘 푸른 초목의 군자임을 나타낸다.

십장생 속의 소나무는 수직의 건장하고 붉은 나무 등걸에 가지와 솔잎이 성성한 푸름 일색으로 눈 덮인 나무는 찾아볼 수 없다. 수직의 건장한 소나무 꼭대기에는 기본 형식처럼 흐르는 오색 구름 사이로 붉은 해를 반쯤 그린다. 소나무를 타고 흐르는 듯 넝쿨이 무성하고 태고적 흥취를 묘사함으로써 신비한 신선세계를 연출한다.

민화에서의 소나무는 역시 장생의 상징성뿐만 아니라 정신적 신성함을 상징하는 매체로 등장한다.

기교나 격식을 멀리한 그림

생활 속에서 실용적으로 사용되는 민화는 인간에게 믿음이나 소망 같은 삶의 지향성을 심어 준다. 소나무의 다양한 형태를 이용하여 문자 형상으로 그려내기도 한다. 소나무의 상징인 장수를 기원하는 '수(壽)'자나 기쁨의 상징인 '희(喜)'자를 찾아볼 수 있다. 국화 꽃송이처럼 소나무 잎을 3층으로 그리고 중심에 큰 등걸을 중심으로 완벽한 좌우 대칭의 나뭇가지를 그려 균형 잡힌 글자의 윗부분을 그리는 것이다. 소나무 아래쪽에 국화·사슴·불로초·바위 언덕을 자연스럽게 안정된 화면으로 구성했다. 그런가 하면 사슴이나 바위 언덕은 의도적으로 정형화된 글씨체로 보이도록 그렸다. 그림의 구도나 격식보다는 '목숨 수(壽)'로 보이도록 그려내는 작가의 의식 속에는 소나무 자체가 글자처럼 보였기 때문이다.

전통적인 화원의 마음속에는 글자로 보이기보다는 절개와 정절의 상징으로 보였을 것이고, 그 의미를 화폭에 표현하려고 노력했을 것이다. 그렇기 때문에 그들은 구도와 필

장생소나무 | 개인 소장 | 학과 소나무가 한데 어울려 춤추듯 자유로운 분위기가 편안한 느낌을 준다.

까치와 호랑이 | 조선 후기, 개인 소장 | 호랑이·까치·소나무가 한데 어울린 대표적인 까치 호랑이 그림으로 해학적인 호랑이의 표정이 인상적이다.

력을 높이 사려는 격식에 치우쳤고 고도의 기교가 필요한 그림을 그렸을 것이다. 그러나 〈문자도〉의 소나무나 춤추는 소나무는 대체로 동구 밖이나 들 가운데 혹은 산모퉁이에 홀로 서서 모진 풍상을 겪어 부러지고 꺾여 뒤틀린 것 같은 나무일 수도 있다. 그러나 정겹고 아름다운 자태로서 드러나는 소나무의 전형적인 상징성을 무명의 민화 작가는 놓치지 않고 형상화시킨다. 그들에게는 기교나 격식이 아닌 열린 마음속에 자라고 있는 소나무를 그린 것이다.

나무꾼과 호랑이의 재판

민화 속에 등장하는 다양한 소나무 구도 가운데에는 심산계곡의 소나무를 배경으로 그린

무송반환도(撫松盤桓圖) | 조선 후기, 가회박물관 소장 | 중국 고사 내용을 그린 것으로 소나무와 인물이 희화적이다.

〈신선도〉나 괴이한 반석 위 소나무 아래 명상에 잠긴 독성(獨聖), 소나무 아래에서 마음을 비우고 달을 감상하는 〈관월도〉 등에는 푸른 청송과 유유자적한 인간관계를 그려낸 인물을 빼놓을 수 없다.

고매한 인격이나 역사적 귀감이 되는 인물에 관한 고사를 설명적으로 그린 고사인물도 가운데 〈무송반환도(撫松盤桓圖)〉가 있다. 괴암·괴석 사이에 'S'자로 멋지게 구부러진 소나무 등걸을 손으로 쓰다듬으며 무위자연을 벗삼아 세상을 등지고 살아가는 시인 도연명이 등장하는 민화가 그것이다.

한국의 민화적인 정서와 자연을 사랑하는 민중의 과장된 소나무에 대한 애착이 본질보다 더 아름다운 추상성을 만들어냈다고 할 수 있다. 구름 속에 떠오르는 붉은 해는 백학을 비추고, 천년 소나무 고목 등걸 아래서 노닐고 있는 신선과 주안상을 차려든 동자의 즐거운 행보는 평화라는 메시지를 전해 준다.

까치 호랑이 그림은 호랑이·소나무·까치를 등장시켜 이루어진 한국적인 발상의 이야기를 그린 것으로, 이 이야기는 민화를 대변해 주는 해학과 익살스런 내용을 담고 있다.

함정에 빠진 호랑이를 구해 준 나무꾼과 호랑이와의 재판 과정에서 증언대에 선 소나무는 호랑이에게 사람을 잡아먹으라고 했다. 그 이유를 "사람들은 내가 수십 년 동안 자라서 큰 재목감이 되었더니 베어다가 기둥, 들보 삼아 집을 지어 수십 년을 산다. 또 집이 오래 되어 부서지면 톱과 도끼로 자르고 쪼개어 뜨거운 불 속에 넣어 불을 때고 재를 만들어 거름으로 사용하면서도 고마움을 모르는 배은망덕"한 처사라고 꼬집었다.

현명한 재판관인 까치는 당연히 사람 편을 든다. 현장 검증에서 호랑이를 다시 함정에 넣어 사람을 구해 주고 소나무 위에서 호랑이를 골려 주는 재치와 해학성을 띤 그림이다. 미물에 속하는 까치와 소나무로 인과응보를 통해 사람에게 고마움을 일깨워 주는 교훈적인 내용을 담고 있다. 　　　　　　　　　　　　　　　　　　　　　　　　| 윤열수 |

여덟

일
본

야스퍼스를 감동시킨 소나무 목불상

일본 국보 제1호 반가사유상

일본의 국보 제1호는 〈목조미륵반가사유상(木彫彌勒半跏思惟像)〉이다. 한쪽 다리를 다른 다리의 무릎 위에 올리고 앉아 오른손으로 가볍게 턱을 괸 모습인데, 이 불상 조각품은 현재 교토 고류사(廣隆寺)에 있다. 이 목조 사유상은 신라 사람에 의해 신라 소나무로 조각, 전래되었다고 알려져 있다. 다만 일본 당국이나 일본 사람들이 자기 나라 국보 1호가 다른 나라 사람에 의해 만들어졌다는 사실을 밝히지 않을 뿐이다.

일본의 정사인 《일본서기(日本書紀)》에는 신라에서 건너온 불상을 고류사에 안치했다는 기록이 그대로 전한다. 고류사는 603년 한국에서 이주해 온 직물기술자 진하승(秦何勝, 일본명 하타노 가와카스)이 건립한 절이다. 그는 쇼토쿠(聖德) 태자와 절친한 사이였다. 쇼토쿠 태자가 불행하게도 48세에 홍역으로 급사하자 쇼토쿠 태자를 기려 자신이 세운 절 고류사에 모실 미륵보살상을 신라에 주문했다. 이에 신라의 장인은 시일이

목조미륵반가사유상(木彫彌勒半跏思惟像) | 교토 고류사(廣隆寺) 소장 | 일본 국보 제1호. 눈매와 입은 웃고 있지 않은데 미소를 느끼게 한다. 조각한 자의 영감과 공명하는 소나무가 아니었던들 이런 미소를 얻을 수 있었을까.

촉박하여 청동 대신 적송 통나무로 미륵보살반가사유상을 깎아 금을 입혀 일본으로 보냈는데, 봄에 서거한 태자의 명복을 기리기 위해 조성된 보살상이 623년 7월 달에 일본에 도착했다. 이로써 불상이 일본에 도착한 시기도 《일본서기》의 기록을 통해 알 수 있다.

이 사유상은 《일본서기》의 기록뿐만 아니라 재질이 한반도에서 자라는 소나무라는 것이 과학적으로 규명되기도 했다 그리고 조각 방식이 전통 일본 조각 방식과는 다르게 목리(木裏)에서 목표(木表)로 조각했다는 사실들이 증명되어 소나무와 접속된 신라미의 위대한 창조물로 각광을 받아왔다.

일본의 목재 재질학자 고하라 지로오(小原二郎) 박사는 일본 목조 불상의 대부분이 활엽수인 녹나무(柑)인데, 이 반가사유상만이 유일하게 침엽수인 소나무이고, 그 뿌리를 소급해 보니 한반도에서 자라는 적송(赤松)의 일종이며, 일본에서는 유일하게 목조 불상 중 역조(逆彫) 방식으로 조각되었음을 밝혀 낸 것이다.

활엽수는 같은 나무라 해도 색조나 질감이 고르지 않을 뿐더러 나뭇결이 무질서하여 만약 사유상을 그것으로 조각했다면 오묘한 미는 창출해 낼 수 없었을 것이다. 사유상에 숨겨진 그 오묘한 미의 뿌리 가운데 하나는 소나무 특유의 목리 처리에 있었다. 이 불상이 지닌 완곡한 부위, 이를테면 걸친 두 다리의 무릎, 굽힌 팔꿈치, 유연한 곡선의 젖가슴, 코를 복판으로 하여 양쪽으로 스러지는 두 볼의 곡선 등을 유심히 보면 목리가 동심원을 그리도록 처리되어 있는 데 눈길이 간다.

소나무 한 토막으로 그 많은 둥근 부위의 동심원 목리를 동시에 표출시킨 놀라운 예술적 계산에 의해 소나무가 비장한 최고의 미를 들춰낸 셈이다. 만약 이 소나무의 동심원 목리를 표출하는 데 실패했다면 이 사유상이 지닌 볼륨과 원만감이 보는 이의 시각에 강조되지도 않을 뿐더러, 보는 이의 사고에 평화와 안정을 유발하지도 못했을 것이다. 눈매와 입매는 웃고 있지 않은데 미소를 느끼게 하는 비밀은 조각한 이의 예술적 심도(深度)의 깊이에 있겠지만 단단하기 비길 데 없는 소나무의 재질이 날(刀)을 통해 조각한 자의 영감과 공명하고 있음을 감수할 수 있으며, 소나무가 아니었던들 가능했을까 하는 의심을 남게 한다.

인간이 가진 영원한 평화의 모습

한말 조선에서 살았던 프랑스의 리델(F. C. Ridel, 한국명 이복명(李福明), 1830~1884) 신부는 소나무의 침엽 사이를 가르는 솔바람 소리를 한국 땅에서 들을 수 있는 가장 장엄한 소리라고 했다. 우리 조상들은 마음이 스산하면 돗자리를 말아들고 산 속의 노송을 찾아가 그 아래에 앉아 솔바람 소리로 스산한 마음을 가라앉히고 돌아오곤 했다. 한국 사람을 다독거리는 영감을 한국 소나무는 그 솔바람 소리로 구현했다.

매월당 김시습은 산야를 방랑할 때 어느 산에 들면 그 산의 소나무로 금(琴)통을 만들어 금을 타고 그 산의 소리를 즐겼다. 그 산을 떠날 때는 그 산의 소나무로 만든 금통을 버린다. 그리고 새로 든 산의 소나무로 다시 금통을 만들어 그 산의 솔소리를 식별해 들었으니 솔소리와 전생에 인연을 맺고 태어난 한국인들의 인생을 매월당이 대변한 셈이다. 이처럼 소나무의 바람 소리와 한국인이 공명하듯이 그 영적 접점을 반가상의 조각으로 구현한 것이라고 본다.

고류사 경내 영보전에는 이 사유상을 복판으로 일본의 국보급 불상 수십 기가 즐비해 있다. 그런데 범인(凡人)일지라도 이 사유상과의 대조에서 풍기는 이미지에서 현격한 차이를 직감할 수 있다. 그 이미지의 폭을 벌리는 데 한국 소나무가 막중한 역할을 감당한 것이다.

그 폭을 독일 철학자 야스퍼스(Karl Jaspers)의 직감으로 감지해 본다.

"그것은 지상에 있어 모든 시간적인 것의 속박을 초월해서 얻은 인간 실존의 가장 청정하고 가장 원만하며 가장 영원한 모습의 심벌이었습니다. 나는 오늘날까지 수십 년 동안 철학자로써 일해 왔지만 이만큼 참다운 인간 실존의 평화로운 모습을 구현한 예술품을 본 일이 없습니다. 이 반가사유상은 우리 인간이 가진 마음의 영원한 평화의 이상을 남김 없이 최고로 나타내고 있습니다."

| 이규태 |

굳이 옮겨 심으려면 막걸리를 며칠 동안 계속 먹여야 한다. 한국 사람의 체질에 맞는 술이 막걸리이듯이 소나무가 생명을 부지하는 수단으로 막걸리를 선호한다는 것은 흥미 있는 일치가 아닐 수 없다. 막걸리가 한국 사회의 이질 요인을 해소시키듯이 소나무가 새 환경에 적응하는 데 마비하는 어느 만큼의 시간을 필요로 한 것일 게다. 곧 정착성이 강하다는 한국인의 의식구조를 이동을 거부하여 마비시키지 않고는 정든 땅의 이탈을 죽음으로써 거부하는 소나무가 대변해 준 것이 된다.

[4] 생활 속에서 보는 소나무

하나

한국

여성 장식물에 새겨지는 솔 무늬

띠 고리에 새겨진 무늬

혁대(革帶, belt)의 두 끝을 서로 끼워 맞추게 하는 자물 단추를 대구(帶鉤)라고 한다. 가죽으로 만든 벨트뿐만이 아니라 비단을 접어 허리에 둘러매는 여성용 허리띠의 자물 장식(Buckle) 일체를 대구라고 한다.

이러한 띠 고리의 역사는 청동기시대까지 올라가는데, 출토된 그 시대의 대구에는 흔히 말이나 호랑이 모양이 새겨져 있다.

우리나라에서는 조선조 후반 들어 벼슬아치들이 예복에 띠던 각띠에서 이를 볼 수 있으며, 특히 종래의 봉건적 사회 질서를 버리고 근대적 사회로 개혁하려던 1876년의 강화도 조약 이후부터 사용된 여성들의 허리띠 대구가 다양한 무늬를 보여 주고 있다. 이때의 띠 고리는 부풀어 오른 여성 한복의 허리 부분을 차분하게 고정시켜 주는 기능을 했다. 생활 양식이 바뀌면서 우리의 전통적인 의생활 양상도 달라졌으며, 특히 여성들의 아름다운 선을 살리게 해주는 허리띠는 유행이었고, 그 띠 장신구에 새기는 무늬는 대단한 의미를 부여받고 탄생했던 것이다.

구리와 니켈을 합금한 고아한 은백색의 백동(白銅)에 십장생을 음각한 직사각형 모양의 대구를 여성들은 가장 즐겨 착용했다고 한다. 이른바 장생불사(長生不死)한다는 해·산·물·돌·구름·소나무·불로초·거북·학·사슴을 허리띠의 고리 장신구에 새겨 착용한 그 시대 여성들의 생활문화를 엿보게 해준다. 탐스런 불로초 위로 부챗살을 펼쳐 놓은 것처럼 소나무 잎이 드리워 있고, 그것을 왼편에서 학과 사슴이 바라보고 있다. 장생을 상징하는 소나무가 이렇게 여성들의 패션 장식품에 새겨져 한 시대의 유행문화까지 전달하고 있는 것이다.

그런가 하면 쇠뼈〔牛骨〕로 만들어진 원형 띠 고리도 있다. 가로지른 소나무 등걸 밑에 허리를 길게 늘이고 정면을 응시하는 호랑이를 돋을새김하거나 뚫어 파서 모양을 낸 것이다. 민화의 대표적인 소재인 소나무와 호랑이를 무늬화한 이 익살스러운 송호(松虎) 무늬의 띠 고리는 지니기만 하면 사귀(邪鬼)를 물리치는 벽사(僻邪)의 의미를 가지고 있다.

머리 단장의 필수품 빗치개

여성들이 머리 모양에서 아름다움을 찾은 것은 동서고금이 다를 게 없었다. 조선 정조 12년(1788)에 《가체신금사목(加髢申禁事目)》이란 책이 간행됐다. 당시 여성들이 너무 심하게 다리 드리기를 하자 이를 금하게 하려고 만든 법령문집이다. 그 무렵 여성들은 머리 숱을 많아 보이게 하려고 자기 머리가 아닌 딴 머리, 즉 다리를 덧넣어 머리 모양을 풍성하게 꾸미는 것이 유행이었다. 자연히 딴 머리를 고정시키는 다리 꼭지를 많이 소유한 여성

백동대구(白銅帶鉤) | 조선, 이화여자대학교 담인복식미술관 소장.

각대구(角帶鉤) | 조선, 이화여자대학교 담인복식미술관 소장.

이 비단을 넉넉하게 가진 부유한 여성이고, 아름다움을 다양하게 표현할 수 있는 행복한 여성으로 여겨졌다. 가체가 아닌 자기 머리털로 머리를 땋아 뒤로 틀어 올려 쪽을 지는 풍속이 정착한 것은 조선 23대 왕 순조(純祖, 재위 1800~1834) 중엽부터로 보고 있다.

쪽진 머리는 모발을 가르는 선이 분명해야 하므로 빗치개 없이는 머리를 빗을 수가 없다. 여인들은 이마에서 정수리까지의 모발을 양쪽으로 갈라붙여 가르마를 타는데, 이로써 정숙한 아름다움을 강조할 수 있었다.

빗치개는 빗살 틈에 낀 때를 빼거나 기름을 바르는 도구이기도 하지만, 주로 가르마를 타는 데 사용됐다. 여기에서 보는 올망졸망한 세 개의 백동 빗치개 중 돋을새김된 솔잎들을 기점 삼아 사다리꼴로 올라간 소나무형은 끝에 한 송이 꽃처럼 솔잎 하나로 마무리되어 있다.

또한 위에서 아래로 뻗은 한 줄기의 소나무형과 가늘게 뻗은 두 줄기의 소나무형은 간략하게 음각되어 있다. 이들 소나무 무늬는 모두 부정(不淨)한 것을 씻어내는 정화(淨化)의 역할을 하고 있으며, 속기(俗氣)를 버리고 아기(雅氣)를 간직하려는 의도를 내포하고 있다.

고이댕기에 새겨진 무늬

요즘은 결혼이라는 말로 통용되지만, 혼례라는 말로 표현되는 의례는 매우 다양한 격식을 갖춘다. 우리나라 혼례의 역사는 우리 민족이 지구상에서 생활해 온 만큼이나 길다. 그런데 혼례는 하나의 풍속이기 때문에 어떤 시기에 어떻게 변화하고 발전했는지는 정확하게 알 수 없다. 그러나 고려 말에《주자가례(朱子家禮)》를 받아들이면서 그 바탕을 마련했다. 혼례가 보다 체계화하고 형식을 갖추게 된 것은 조선시대에 들어와서라고 보여진다.

특히 신부의 혼례복은 격식이 복잡한데, 가화(假花)로 화려하게 장식된 화관(花冠)을 머리에 얹은 신부의 귓바퀴 밑에는 밀화(密花) 귀걸이가 달려 있다. 털배자 아래 다홍치마 앞자락에서는 무거운 은 노리개가 흔들릴 때마다 서로 가볍게 부딪친다. 잠두(簪頭)가 유난히 큰 비녀에는 검은 공단 고이댕기가 감겨 있다.

우리나라 서북 지방에서 혼례를 올릴 때 신부가 드리는 댕기를 '고이댕기'라고 하는데, 오른쪽 가닥에는 모란꽃 세 송이가 정교하게 수놓여 있고, 왼쪽 가닥에는 십장생이 우아하게 수놓여 있다. 십장생 무늬는 일견 운보 김기창(雲甫 金基昶, 1914~2001) 화백이 스스로 '바보산수'라고 부른 그의 그림을 닮아 있다.

붉은 햇살 아래에는 푸르디푸른 바닷물 방울을 뚝뚝 떨구며 푸른 솔잎이 무성하고, 그 밑에는 붉은 불로초가 의연하게 누워 있다. 그리고 붉은 솔잎, 노란 솔잎이 잔디처럼 사슴이 거니는 자리에 깔려 있으며, 댕기의 끝자락에는 능형(마름모) 무늬가 수놓여 있다. 그래서 자웅동주(雌雄同株)인 소나무는 행복한 부부애를 상징하는 나무가 된 것이다.

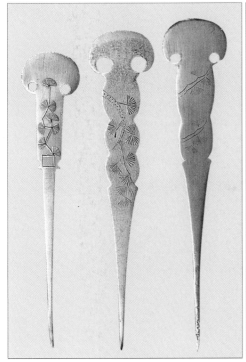

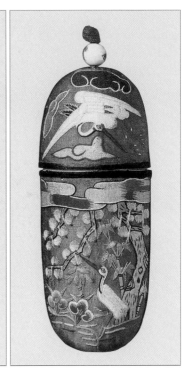

백동(白銅) 빗치개 │ 조선, 이화여자대학교 담인복식미술관 소장.

고이댕기 │ 조선, 이화여자대학교 담인복식미술관 소장.

십장생문 안경집 │ 조선, 개인 소장.

소나무와 호랑이가 함께한 무늬

흉배(胸背)는 문무관(文武官)이 입는 관복의 가슴과 등에 붙이던 학이나 범을 수놓은 표장이다. 흉배는 조선시대에만 있었던 것으로 품계에 따라 문양을 다르게 했는데, 고종 8년(1871)에 마련한 제도에 의하면 무관 당하관은 단호(單虎)로 되어 있다.

여기 홀로 앉아 있는 점박이 호랑이의 배경에는 다채로운 색을 띤 구름 사이로 방사형(放射形) 솔잎이 곳곳에서 얼굴을 내밀고 있고, 오른쪽 위에는 구름 사이로 붉은 해가 절반쯤 모습을 보이고 있다.

흉배에서 송호문(松虎紋)은 매우 드물다. 엉거주춤 앉은 호랑이의 뒷발이 위엄 가득한 얼굴에 비해 어색하지만 익살스럽다. 호랑이가 새겨진 다른 흉배에서 보기 어려운 이 소나무 무늬는 늘 푸른 기상과 청청한 기상을 잃지 않고, 곧은 절의(節義)를 지켜나가는 남성다운 기개와 충절을 표상하고 있다.

돌쟁이 사내아이가 뒷솔기를 길게 째고 소매가 없는 전복(戰服)을 입고, 복건(幅巾)을 받쳐 쓰고 아장거리는 모습은 온가족에게 기쁨을 준다. 그 등에 수놓인 횡대(橫帶)가 붙어 있다.

위쪽 두 귀의 모서리를 죽인 바탕에는 빛나는 해와 반달을 구름의 좌우에 배치하고,

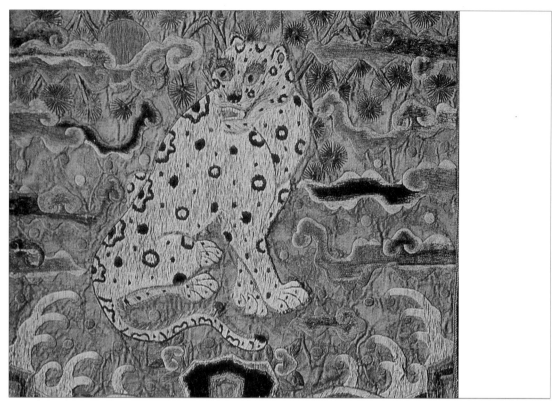

단호흉배(單虎胸背) | 조선, 온양민속박물관 소장 | 소나무와 호랑이가 그려진 흉배 부분으로, 흉배에 소나무가 수놓인 경우는 매우 드물다.

그 아래 중앙에는 우람한 소나무가 자리잡고 있다. 뭉게구름 위로는 눈송이처럼 솔잎이 가득하고, 양 옆으로는 운학(雲鶴)이 날아든다. 한 송이 탐스러운 꽃에는 나비가 기웃거리고, 또 한 마리의 나비는 난향(蘭香)에 취해 해롱거린다.

이런 정경 속에서의 소나무는 주인공 사내아이의 장수와 융성한 복을 비는 상징체이며, 여타의 장식물들은 인간이 희망하는 이상세계에서 늘 행복을 구가하며 살기를 기원하는 어버이의 심정을 담고 있다.

안경집과 귀주머니에 새겨진 무늬

안경은 사물을 더 확실하게 보거나 먼지·바람 또는 강한 광선을 차단, 보호해 주는 역할을 한다. 1268년 영국의 베이컨(R. Bacon)이 처음으로 고안했다고도 하고, 그 이전 몽골이나 중국에서 이미 사용했다는 설도 있다. 하지만 13세기 후반 서양에서부터 본격적으로 사용했던 것은 확실하다.

안경이 우리나라에 언제 들어왔는지에 대해서는 아직까지 밝혀지지 않았다. 다만 임진왜란 때 명나라의 심유경(沈惟敬, ?~1597)과 일본인 중 겐소(玄蘇, ?~1612)가 나이가

송호문 귀주머니 | 조선, 한국자수박물관 소장 | 소나무와 아기 호랑이가 매우 익살스럽게 표현되었다.

많음에도 안경을 끼고 글을 잘 읽어 많은 사람이 놀랐다고 하고, 선조가 안경을 중신들에게 하사했다는 기록이 있는 것으로 보아 적어도 임진왜란을 전후한 시기에 이미 전래되었으리라 짐작된다.

또한 중국에서는 안경을 전한 네덜란드 사람의 이름을 따서 '애체'라고 불렀는데, 우리나라에서도 초기에는 이 같은 이름을 썼다고 하니 중국을 거쳐서 들어왔다고 추측할 수 있다. 그러나 우리나라는 연장자 앞에서는 안경을 쓸 수 없다는 예법상의 문제로 오랫동안 일반에게 보급되지 못했다.

그러다가 구한말 고종의 외교고문 묄렌도르프(Mollendorf)가 평소에 안경을 쓴다는 사실을 알고 1882년에 고종은 이를 써도 좋다는 허락을 내렸다. 그리고 김득신(金得臣, 1754~1822)이 그린 〈팔기도(八技圖)〉에 보면 안경을 쓴 사람이 등장하는데, 이로써 일반에 널리 보급된 것은 17세기에 들어서면서부터라고 생각된다.

문헌에 안경을 소개한 것으로는 1560년대 초 《오봉집(五峯集)》에 〈안경명(眼鏡銘)〉이 있는데, 중국 사람들이 안경을 사용하며, 그 효과가 크다고 칭송하고 있다. 안경에 대한 자료로서는 비교적 초기의 것으로 참고할 만하다.

초기의 안경알은 수정을 깎아 만들었는데, 경상북도 언양과 경주에서 생산되는 수정의 품질이 뛰어나 이를 많이 썼다.

이처럼 귀중한 생활의 필수품으로 자리잡게 된 안경을 깨뜨리지 않고 홈집 나지 않게 보호하기 위해 견고하게 만들어진 '안경집'이 등장하게 된다. 안경집을 만드는 재료는 닥나무 한지로 된 부드럽고 하얀 종이 안경집에서부터 표면이 우둘투둘한 상어 껍질을 씌운 것에 이르기까지 다양했다. 또한 아름다운 수를 놓은 비단을 덮기도 했다. 이때 미끈하게 뻗은 소나무가 중앙에 놓인 십장생 무늬는 필수였고, '수(壽)' 또는 '복(福)' 자를 한 땀 한 땀 정성 들여 수놓았다.

학문하는 지식인의 안경을 보호하는 집 치레에도 이처럼 소나무의 상징성을 빠뜨리지 않고 부여했다.

또한 '귀주머니'라는 것이 있다. 네모지게 지어 아가리께로 세 골을 접어 아래의 양쪽에 귀가 나오게 만든 것이 귀주머니다. 이것은 궁궐에서도 사용했고, 세시풍속에 따라 민간에서도 널리 사용했다.

새해 들어 첫 번째로 맞이하는 돼지날이나 쥐날이 되면 볶은 콩이나 곡식을 그 귀주머니에 담아 선물하는 풍습이 있었다. 이렇게 함으로써 멧돼지나 들쥐로부터 농작물의 피해를 막을 수 있다고 믿었기 때문이다.

또 신부가 시집으로 오는 우귀(于歸) 때나 돌·환갑 잔치 때 정성껏 만든 귀주머니를 선물하는 것이 통례였다. 이때는 붉은색 귀주머니의 입주름 부분과 양쪽 귀 부분에 여러 가지 모란꽃이 오순도순 엉덩이를 맞대고 있으며, 그 중심에는 소나무가 의젓하게 자리잡고 있다. 가지에는 솔잎이 마치 커다란 눈송이처럼 매달려 있으며, 그 아래에는 귀여운 호랑이 한 쌍이 해학적인 춤을 추고 있다. 이 소나무는 사귀(邪鬼)를 물리치는 척사(斥邪)의 의미를 가진 귀주머니와 함께 지식인들의 장수를 책임지는 주인공임을 증거하고 있다.

| 장숙환 |

둘

사랑방 가구와 문방사우에 나타난 소나무

사랑채에 자리잡은 소나무 문양

집의 안채와 떨어져 바깥주인이 거처하며 손님을 접대하는 곳을 사랑(舍廊)이라고 한다. 일명 객당, 외당, 외실로 불리는 이 사랑방은 남성들만의 생활 공간이다. 그 사랑방은 남성들의 거실이자 서재며, 응접실을 겸하는 곳이었다. 그곳의 가구나 꾸밈은 그 사랑방의 주인인 선비나 사대부의 취향에 맞춰졌다. 그런데 조선시대의 선비나 사대부들은 근본적으로 물성(物性)에 대해 어떤 관념을 갖고 있었을까?

　　그들은 사회적으로 보면 지배층이었고, 부르주아 계급들이었다. 하지만 부귀를 나타내는 화려함을 속된 것으로 여겼으며, 고상하면서도 청아한 멋을 선호했다. 그들은 유교가 가르치는 윤리관을 지키려 했고, 사랑방을 꾸밀 때에도 화려함보다는 청빈과 검소가 배기를 원했다. 나무결이 그대로 살아 있는 가구를 선호했고, 세한삼우나 오우(五友), 십장생 문양을 즐겼다. 결국 사랑방의 주요 소재는 소나무였다.

나전칠기 2층장 | 18세기, 84.3x84.5x127.5센티, 국립민속박물관 소장 | 십장생과 함께 회화적으로 시문된 소나무를 바라보면서 장생을 소망했다.

소나무는 그 자체로도 의미가 깊지만, 비슷한 성격을 지닌 다른 식물들과 짝을 지어 사랑을 받았다. 소나무는 추운 계절에도 싱싱한 푸름을 잃지 않는다 하여 동절(冬節)을 푸르게 견디는 대나무와 눈 속에서도 꽃을 피우는 매화를 합해 세 벗, 즉 세한삼우라 일컬었다. 고산 윤선도는 〈오우가(五友歌)〉에서 소나무를 비롯해 물·돌·대나무·달을 다섯 동무〔五友〕라고 했다.

민간신앙이나 도교에서는 불로장생을 상징하는 열 가지의 사물을 해·달·산·물·대나무·소나무·거북·학·사슴·불로초라 하기도 하고, 해·돌·물·구름·소나무·대나무·불로초·거북·학·산이라 하기도 한다. 이렇듯 소나무를 비롯해 열 가지 사물의 형태는 궁중뿐 아니라 민간에 이르기까지 사랑방 가구나 장식품의 문양으로 옮겨져 사용됐다. 매일같이 가구나 문방사우 등에 새겨진 소나무 문양을 바라보면서 장생의 소망을 기원했던 것이다.

수복강령을 염원하는 문양

선비들은 간결하고 담백한 것을 좋아하여 무늬가 없거나 무늬가 있더라도 상징적 의미를 지닌 것을 선호했다. 특히 소나무는 사랑방 가구와 문방사우, 병풍 그림 등에서 절개·의지

죽제화형필통 | 19세기, 높이 15센티 내외, 국립민속박물관 소장 | 소나무와 사슴이 만나 불로장생의 상징을 부각시켰다.

·지조·장수·풍류 등을 상징했다. 소나무는 은행나무 다음으로 오래 사는데 이를 장수의 상징으로 내세웠던 것이다. 거대하게 자란 노송은 장엄한 모습이고, 줄기·가지·잎은 아름다운 조화를 이루며, 눈서리를 이겨낸 푸른 기상은 곧은 절개와 굳은 의지를 표징(表徵)하기에 적절한 대상이었다.

소나무와 함께 등장하는 십장생 문양은 사랑방 가구에 빠짐없이 등장한다. 사랑방 가구 중 나전칠기로 된 의걸이장, 연상(硯箱), 문서를 넣어 두는 서류상자와 함, 화각으로 장식된 작은 상자 등 모든 소품에 소나무는 십장생과 함께 회화적으로 반드시 시문되었다.

국립민속박물관에 소장된 가래나무로 만든 의걸이장에는 소나무와 사슴 문양을 포함해 다양한 길상문이 투각되어 있다. 그 이층장은 일층과 이층에 각각 여닫이가 있다. 장의 문판에는 용·구름·학 등이 표현되어 있고, 머름(미닫이 문지방 아래나 벽 아래 중방에 대는 널조각)에는 새·나무·사슴·봉황·당초 등 다양한 문양이 새겨져 있다. 사실적인 조각으로 화려한 느낌을 주도록 투각된 문판, 머름에는 붉은색의 천을 붙여 이물질이 들어가지 못하게 해놓았다. 문판에 용이 투각되고 다양한 길상문이 구성된 것으로 보아 사랑방에서 사용된 것이 분명하다.

사랑방의 팔걸이와 목침에는 소나무를 투각해 새기는 것이 상례였다. 목침에는 소나무와 사슴이 함께 등장한다. 소나무는 단독으로 그려지거나 학이나 사슴 등과 함께 송학(松鶴)·송록(松鹿) 무늬 형식을 갖춘 경우도 있고, 때로는 바위와 함께 그려진 경우도 있다. 소나무와 사슴의 만남은 불로장생의 상징이다. 백송(白松)은 백수(百壽)를 의미하고, 여기에 사슴[鹿]이 불로초를 먹는데, 이것이 바로 불로장생이다.

팔걸이는 보통 세 개의 다리로 상하 판을 연결했고, 위아래 구별 없이 사용한다. 세 개의 다리에는 똑같이 소나무를 투각으로 새겼다.

선비들의 필수품에 새겨진 문양

선비의 사랑방 문방구에도 소나무는 등장한다. 붓을 꽂아 보관하는 필통은 나무·대나무·옥석·자기 등으로 만들어졌는데, 현존하는 것은 백자가 대부분이다. 필통에 시문된 소나무 역시 다른 상서로운 동물이나 식물들과 짝지어 나타난다. 벼루와 적당량의 물을 담는 연적에도 소나무가 시문되어 있다.

이렇듯 비바람, 눈보라 같은 자연의 역경 속에서도 늘푸른 소나무의 기상은 꿋꿋한 절개와 의지를 나타내는 상징으로 쓰여 왔다. 다른 나무의 잎이 모두 시들고 떨어진 추운 겨울이 되면 소나무는 상록의 푸른빛이 오히려 되살아난다. 그래서 소나무를 일컬어 초목의 군자(君子)라고 하며, 군자의 절개, 송죽(松竹)의 절개, 송백(松栢)의 절개를 지녔다고 하는 것이다.

사랑방 가구에 시문된 소나무는 단순히 자연의 일부가 아니라 추운 겨울에도 시들지 않는 상록수의 생태와 속성을 문화적으로 해석해 지조와 절개의 환유로 상징한 것이다.

사랑방에는 병풍뿐 아니라 그림 액자나 족자도 반드시 걸려 있다. 특히 소나무는 학과 함께 노인 선비들의 장수를 상징한다. 흔히 친구의 회갑이나 칠순이 되면 장수를 바라는 뜻에서 화제(畫題)를 곁들인 소나무 그림을 그려 선물하는 것이 상례였다. 병풍에 그려진 소나무를 비롯한 십장생 그림은 이처럼 오래 살기를 바라는 인간들의 현실적인 염원에서 그려진 것이다.

그림에 등장하는 소나무는 절개·지조 혹은 장수의 상징과 달리 탈속(脫俗)이나 풍류의 상징까지 부여받기도 한다. 신선한 솔바람이 일고 있는 공간에서 소나무들은 저마다 자리를 지키고 있고, 한가로이 청담(淸談)을 나누는 모습은 탈속과 풍류를 상징한다. 소나무는 풍진에 찌든 세속을 멀리하려는 선비들의 마음을 의탁할 수 있는 대상이었다.

소나무는 정중하고 엄숙하며, 과묵하고 고결했다. 또한 소나무는 기교가 없고, 고요하며 항상 변하지 않는다. 그리고 자연스럽게 잘 어울리는 까닭에 선비들의 심성을 사로잡아 사랑방 가구와 문방구로, 오래 전부터 친숙하게 자리잡게 된 것이다. │이종철│

셋

한국

소나무와 의식구조

골산을 삶의 터전으로 삼은 소나무

초의선사(草衣禪師)는 3년 동안의 좌선을 끝냈음에도 심신이 분리되는 득도(得道)의 경지에 들지 못하자 좌선을 포기하고 속세에 들고자 한양을 향해 떠났다. 남산 고개를 넘는데 두서너 길 바위 벼랑을 뚫어 뿌리를 박고 독야청청 자라고 있는 소나무를 보았다. 「남산 소나무는 바위에다 뿌리를 박는데……」라고 찬탄을 하며, 그제야 이치를 깨닫고 급히 되돌아가 정진 득도를 하게 된다.

한국의 산은 흙이 많은 육산(肉山)과 바위투성이인 골산(骨山)으로 대별되는데 75퍼센트가 골산이다. 소나무는 살기 어려운 골산에서 주로 기생한다. 한양의 남산은 골산이다. 남산에 소나무가 많은 이유도 여기에 있으며, 남산이 권력·돈과 등진 선비들의 집단 거주지가 된 것도 우연이 아닌 것이다.

이탈리아의 작곡가 레스피기(Ottorino Respighi, 1879~1936)가 만든 관현악 조

통도사 탱화 쌍송도(부분) | 통도사 박물관 소장 | 석가모니의 일생을 그린 석가팔상도로, 한국적 배경에 소나무가 그려져 있다.

곡(組曲)으로 〈로마의 소나무〉가 있다. 그 유명한 로마의 소나무를 현지에서 본 적이 있는데, 밑동도 군더더기 없이 미끈하게 뻗어 하늘을 찌르고 나뭇가지도 좌우가 대칭되게 기하학적으로 만들어 놓은 것처럼 균제감을 주었다.

한국의 소나무는 그렇게 순탄할 수가 없다. 산지를 겨우 두 뼘쯤 파들어 가면 온통 바스러지는 노생대(老生代)의 화강암 지대요, 그 땅에 비비적거리고 뿌리를 내리다 보면 단단한 바위와 부딪친다. 그 바위를 뚫고 하강하다 보니 저토록 소나무 밑동이 구불구불 휘지 않을 수 없고, 거기에 혹심한 눈비에 짓눌리고 바람에 시달리며 참아내다 보니 가지도 난마(亂麻)처럼 찢기어 기구한 몰골일 수밖에 없다.

한반도는 70~80퍼센트가 비생산적인 산지요, 그 가장자리에 빗물을 실어 펼친 좁은 땅에 곡식을 가꿔 근근히 살아왔다 이처럼 국토의 혜택을 철저히 받지 못한 세계에서 손꼽히는 민족이다. 그 좁은 불모의 땅에서 살아내려면 인구가 적어야 할 텐데 웬일로 생식력은 왕성하여 인구밀도는 세계에서 다섯 번째 안에 든다. 가난과 기근은 민족이 타고난

숙명인데다 지정학적으로 강대국의 틈에 끼어 오랜 동안 외세에 의해 찢기고 발기고 굶고 헐벗으면서도 이 땅에 군이 뿌리를 박고 살아온 한민족의 고통과 고뇌가 외형으로 고스란히 투영된 것이 소나무인 것이다.

소나무 마인드는 한국인 마인드

식물학자 월터는 나무 가운데 가장 식생이 부적한 땅, 이를테면 풍화된 암질의 땅, 자갈땅, 건조한 땅, 산성이 강한 땅, 비탈진 땅만 골라 군이 그곳에 집착하여 사는 가장 참을성 많은 나무가 소나무라 했다. 곧 소나무 마인드는 한국인 마인드인 것이다.

풍토나 식생 환경이 그 속에 사는 사람들의 의식구조를 좌우한다는 것은 학문의 상식이다. 곧 소나무는 한국의 식생 중에 한국인의 마음과 공통항을 가장 많이 지닌 나무로 악착스레 바위를 뚫고 한 곳에 살아내는 정착성 의식구조가 그 공통항의 하나다. 웬만큼 자란 소나무를 옮겨 심으면 새 환경에 적응 못 하고 죽는다는 것은 소나무의 성깔로 알려져 있다.

꼭 옮겨 심어야 한다면 막걸리를 며칠 동안 계속 먹여야 한다. 한국 사람의 체질에 맞는 술이 막걸리이듯이 소나무가 생명을 부지하는 수단으로 막걸리를 선호한다는 것은 흥미로운 일치가 아닐 수 없다. 막걸리가 한국 사회의 이질 요인을 해소시키듯이 소나무가 새 환경에 적응하는 데 마비하는 어느 만큼의 시간을 필요로 한 것일 게다. 곧 정착성이 강하다는 한국인의 의식구조를 이동을 거부하여 마비시키지 않고는 정든 땅의 이탈을 죽음으로써 거부하는 소나무가 대변하는 것이 된다.

정착성은 아는 사람끼리 친화력을 갖는 동류성(同類性)을 수반한다. 한국인이 선점한 직장이나 사회 공간에서 텃세를 부리듯이 소나무는 같은 수종(樹種)이 아니면 이종(異種)의 나무들에 텃세를 부리는 것으로 알려져 있다. 소나무 군락지에 딴 수종의 나무들이 자랄 수 없는 것은 그 때문이다. 또한 이 소나무의 강한 동류성은 다른 수종 사이에서 자란 소나무는 같은 소나무 사이에서 자란 나무보다 성장이 28퍼센트나 느리다는 조사보고도 있다. 곧 한 마을에서 태어나 부모형제 친척 틈에 자라 이웃 마을의 처녀총각과 시집 장가가 살다가 늙어 죽어 뒷산에 묻히는 한국인을 소나무는 고스란히 닮았다.

분재로 살펴보는 소나무의 매력

나무를 분(盆)에 심어 가꾸고 감상하는 것을 분재(盆栽)라고 한다. 그러나 가꾸어지는 나무가 자연스럽고 고목다운 운치가 풍겨야 바람직하다. 다시 말하자면 창작성을 더함으로써 비록 나무는 작으나 웅장한 느낌과 예술적 아름다움이 나타나게 된다. 따라서 분재는 회화나 조각처럼 예술의 한 장르로 다뤄져야 한다. 또한 나무의 아름다움을 감상하는 것뿐만 아니라 그 분재가 가진 상징성을 제대로 알아야 한다.

고려 고종 때 학자 이규보(李奎報, 1688~1241)가 쓴《동국이상국집(東國李相國集)》에 보면 분재를 소재로 한 〈가분중육영(家盆中六詠)〉이란 연작시가 나온다. 사계화, 국화, 대나무, 석류 등의 분재가 그 소재인데 소나무 분재는 빠져 있다. 그로부터 130여 년 후인 고려 말의 문장가 전록생(田綠生, 1318~1375)은 소나무 분재만을 읊은 〈영분송(詠盆松)〉을 남기고 있다.

> 산 속의 석 자 나무 풍상 겪은 그 모습 / 화분에 옮겼더니 또 한번 기특하구나 / 바람은 속삭이듯 베갯머리에 와 닿고 / 가지에 걸린 달은 창에 뜨기 더디어라 / 힘들여 가꾸었더니 새 가지 돋아나고 / 이슬비 흠뻑 젖어 잎마저 무성하구나 / 동량의 재목될지는 두고봐야 알겠지만 / 서재에서 마주 보면 마음이 통하는구나(山中三尺歲寒姿 移托盆心亦一奇 風送濤聲來枕細 月牽疏影上窓遲 枝盤更得栽培力 葉密會沾雨露私 他日棟樑雖未必 草堂相對好襟期).

소나무 분재 | 민화, 개인 소장 | 문인들의 애장품으로 알려진 책거리 그림 속에 장식된 소나무 분재.

소나무 분재 | 영월 민화박물관 소장 | 낙락장송을 집 안으로 옮겨 놓은 고송 분재.

이 시를 통해 분재를 가꾸는 과정부터 감상에 이르기까지 당시의 소나무 분재의 매력을 어느 정도 짐작할 수 있게 해준다. 소나무의 외형적 형태로 볼 때 결코 방 안에서 마주 볼 수 있는 대상은 아니다. 그렇기 때문에 분재의 형태를 빌려서라도 머리맡에 두고 즐기고 싶었을 것이다.

천년 무덤 속에 살아 있는 소나무

우리나라에서 분재가 정착하게 된 시기는 확실하지 않다. 그런데 백제 16대왕 진사왕(辰斯王)이 재위한 385~392년대에 정원을 조성했다는 기록이 있다. 연못을 만들고, 돌과 나무 등으로 조경을 했다고 전한다. 산경(山景), 정경(庭景), 실경(實景), 분경(盆景)으로 발전하는 정원에 대한 최초의 기록이다.

또한 신라 30대왕 문무왕(?~681)대에 임해전[雁鴨池]을 조성했는데, 이것으로 보아 분재의 역사도 그 시기쯤으로 짐작할 수 있다. 그리고 현재 복원된 안압지의 형태에서 우리는 그 시대 사람들이 구현했던 이상향을 엿볼 수 있다.

소나무 분재 | 개인 소장 | 사랑방 장식용 책걸이 그림의 부분으로 괴석과 난초를 함께 그려 수명장수를 기원했다.

연못이라는 공간에 신선들이 살았다는 수미산을 조성했고, 기화요초(琪花瑤草, 옥같이 고운 꽃과 풀)를 심어 서수(瑞獸, 상서로움을 상징하는 동물)들이 뛰어 놀게 함으로써 바라던 이상향을 현실화했던 것이다. 뿐만 아니라 진파리 고분 등의 벽화에서도 볼 수 있듯이 분재 소나무를 방 안에서 길렀다는 사실을 알 수 있다. 그러나 본격적으로 문화가 이루어진 시기는 통일신라 이후로 봐야 할 것 같다. 왜냐 하면 분재란 귀족문화가 꽃 피던 풍요로운 시대가 아니면 접근할 수 없는 대상이기 때문이다.

고려조에 이어 조선조에 이르러서는 분재문화가 상당히 발달했다고 볼 수 있다. 조선 초기의 강희안은 《양화소록》을 통해 「2~3월에 아름다운 품종을 골라 그 가지를 꺾어 다른 그릇에 심어 응달에 두고 물을 주면 곧 새 잎이 나온다. 여러 해가 지나면 타래실같이 다부룩해진다. 나무는 사람의 입김이나 불기를 가장 싫어하며, 추위에는 잘 견딘다. 겨울에는 양지에 옮겨 심었다가 봄에는 다시 분에다 옮겨 심는 것이 좋다. 물은 자주 주어야 하고, 나무 그늘에 두지 말며, 그릇은 자와기(磁瓦器)를 쓴다. 소나무는 금강, 묘향 두 산의 정상에서 잘 자라는데 승려들이 이를 캐다가 불전향(佛前香)을 만든다.」고 분재(盆栽) 배양 기법에 대해 자세히 기록하고 있다.

조선 중기에 활약했던 문장가인 택당 이식(宅堂 李植, 1584~1647)도 움집을 만들어 매화의 개화를 앞당기는 방법과 소나무를 작게 키우는 방법을 기록으로 남겼다. 이외에도 조선 후기에는 서유구(徐有榘, 1764~1845)의 농업 경제에 관한 백과사전《임원경제십육지(林園經濟十六志)》와 박세당(朴世堂, 1629~1703)의《산림경제(山林經濟)》에는 분재를 산업으로 발전시키려던 흔적까지 보이고 있다.

분재는 자연의 아름다움을 생활 속 가까이 끌어들인 인간들의 적극적인 자연 사랑으로 볼 수 있다. 그러나 이를 자연에 대한 인위적 욕망의 소산이라고 폄하하는 여론도 있다. 특히 소나무는 상징성으로 인해 선비들이나 선사들이 더욱 가까이 하려고 했다. 그래서 고려조에 이어 조선조에 이르기까지 꾸준히 분재문화가 이어져 왔으며 후기에 이르러 신분 사회가 무너지면서 대중적인 인기품목으로 자리잡게 되었다. 조선 후기의 민화나 자수 병풍 등에 집중적으로 분재송(盆栽松)이 등장하는 것은 결코 우연이 아니다.

| 이규태·편집위원 |

넷

학
중
일

설화와 속설에 나타난 소나무

최초의 소나무 탄생지

소나무는 우리 민족과 함께 이 땅에 뿌리를 내리고 살아왔다. 《삼국유사》〈김유신조〉와 《삼국사기》〈애장왕조〉에도 소나무 이야기가 나온다. 하지만 이 땅에서는 6000년 전부터 소나무가 자랐고, 3000년 전부터는 상당히 많은 지역으로 퍼져 자랐다는 것이 학계의 보고다.

이 땅 어디를 가든 소나무는 자라고 있다. 기름진 땅이든 척박한 산야든 소나무는 자라고 있다. 흙 한 줌 보이지 않는 절벽이든 바위 틈새든 소나무는 그곳에 뿌리를 내리고 자라고 있다. 우리나라 애국가에도 소나무는 등장한다. 이렇듯 우리 민족의 기상을 상징하는 대표 나무가 소나무다.

어떤 식물학자는 우리가 소나무를 안다면 우리나라 나무 중 3분의 1을 아는 셈이고, 소나무의 사촌쯤 되는 잣나무를 알면 3분의 2를 아는 셈이라고 했다. 이 말이 다소 과장됐다고 하지만, 그만큼 소나무와 잣나무가 흔하다는 뜻으로 받아들이면 좋을 듯싶다.

전남 영암 서호면 비각 창방 장식 | 소나무로 만든 도깨비가 인격화되어 웃음을 머금고 있다.

　　우리나라의 전통 무가(巫歌)의 하나인 〈성주풀이〉에서는 소나무의 탄생지를 경상도 안동 지방의 제비원으로 못 박고 있다. 또한 1923년 함경도 함흥에서 채록된 서사(敍事) 무가 〈창세가〉에 의하면, 태초에 화식(火食)을 거부했던 두 명의 승려가 죽어 바위와 소나무로 변했다는 내용이 있다. 이는 소나무의 기원설화라고 할 수 있다. 변신설화나 환생 설화도 있다. 충청도 아산군 인주면의 '형제 소나무' 전설에 의하면, 이 소나무들은 임진 란 때 왜병과 싸우던 형제가 죽은 자리에서 솟은 것이라고 한다. 지금도 이 소나무를 자르 려고 하면 피가 난다고 하여 사람들은 그 소나무로부터 톱 같은 연장을 멀리하고 있다.

산하의 주인이 된 소나무

소나무는 모든 나무의 으뜸이기 때문에 노송(老松)은 한결 존경의 대상이 된다. 거대한 소나무의 자태가 성자의 모습처럼 보이는 것은 모진 설한풍(雪寒風)에도 푸름을 지키며 우뚝 서 있는 그 기상에 저절로 고개가 숙여지기 때문이다. 또한 소나무는 나무 중에 가장 높게 자라며, 가지도 가장 넓게 퍼진다. 그러면서도 건강한 생명력과 기(氣)가 넘쳐 사람 들은 함부로 대하기 어려워했으며 경배의 대상으로 여겼다. 나아가 한 마을의 수호신으로 동신목(洞神木)이 되고, 길 가는 나그네의 지친 심신을 편안하게 해주는 당산목(堂山木)

궁리 당산 소나무 | 하늘과 땅을 이어 주고, 하늘과 사람을 이어 주는 소나무. 그 소나무는 마을의 수호신 역할까지 하고 있다.

이 됐다.

소나무는 사람들에게 가장 친숙하면서도 의지할 수 있는 나무일 뿐만 아니라, 생태적으로도 신뢰감을 주는 나무다. 소나무가 많은 산에서는 사태가 나지 않는다. 소나무의 뿌리는 직근성(直根性)이어서 땅 속 깊이 뿌리를 내리기 때문이다. 그리하여 흘러내리는 토사의 중력에도 의연히 버틴다. 이로써 소나무는 명실상부하게 우리 산하의 주인공이 된 것이다.

우리나라의 오래된 마을에는 어김없이 동신목이나 당산목이 있다. 그 나무는 크기와 수령에 의해 그 마을의 역사를 짐작케 해주고, 또한 상징물이 되고 있다. 그 나무의 대부분은 소나무이거나 느티나무다. 그 두 종류가 나무들 중에서 가장 오래 살고 크게 자라기 때문이다.

그 중에서도 소나무는 아주 오랜 옛날부터 영적인 교류가 가능한 유일한 나무로 믿어왔다. 하늘과 사람과의 매개물이었으며, 땅과 하늘을 이어 주는 통로였다. 고산 윤선도는 〈오우가〉에서 「소나무의 뿌리가 구천(九泉)에까지 곧게 뻗어 있다.」고 찬탄했다. 구천이란 바로 깊고 깊은 땅 속 용암이 끓고 있는 곳을 상징적으로 일컫는 말이다. 가뭄이나 폭염에도, 한파나 폭설에도 끄떡하지 않는 소나무가 가진 속성의 본질은 역시 뿌리에 있었던 것이다.

무주 설천면 반송 | 천연기념물 291호. 나무 한 그루가 숲을 못 이룬다고 누가 말했는가. 뜰 앞의 반송 한 그루 녹음이 짙게 우거졌구나.

솔잎 하나도 함부로 만지지 않는 이유

경상북도 상주시 화서면 상현리에서는 수령 500년 남짓한 소나무(천연기념물 제293호)를 마을의 수호신인 동신목으로 받들고 있다. 이 나무는 밑동에서부터 세 갈래로 갈라져 15미터 높이로 자랐다. 밑동의 둘레는 5미터, 숲의 넓이는 25미터가 되는 반월형의 거대한 나무다.

지금도 해마다 정월 대보름이면 마을 사람들이 모여 그 나무 밑에서 동제(洞祭)를 정성스럽게 지낼 뿐 아니라, 그 소나무에서 떨어진 솔잎 하나도 함부로 만지지 않는다. 솔잎 하나도 마을을 지켜주는 신성한 신체(神體)의 일부로 여기기 때문이다.

솔거의 황룡사 〈노송도〉 벽화

지금은 볼 수 없는 통일신라시대의 황룡사 벽화 〈노송도(老松圖)〉를 그렸다는 솔거(率去)는 신의 솜씨를 가진 화가임이 분명한 것 같다.

《삼국사기》 권48 〈열전〉에 「일찍이 황룡사 벽에 늙은 소나무를 그렸는데 줄기에는 비늘처럼 터져 주름지고 가지와 잎이 얼기설기 어우러져 온갖 새가 날아들다가 벽에 부딪

강원도 정선 외송 | 마을 입구를 지키는 소나무는 마을의 안녕과 무병장수의 상징성을 내포하고 있다. 또한 마을의 동신목이며 당산목이다. 그 크기와 수령에 의해 그 마을의 역사를 알게 해준다.

처 떨어져 죽고는 했다. 그 후 세월이 오래되어 채색이 바래 스님들이 보수를 한 뒤부터는 새들이 다시는 찾지 않았다.」고 한다.

역사상 가장 뛰어났던 화가 솔거의 이름부터 범상치 않다. 자해(字解)를 하면 '솔밭에서 산다'는 뜻이다. 그가 그 그림을 그린 것은 우연이 아니다. 그는 어려서부터 사찰의 탱화·조각 등 많은 작품을 남겼다고 한다. 그런데 그가 그린 소나무 그림에서만 유독 신이한 힘이 나타났다는 기록이 남아 있는 것은 무슨 뜻인가. 뿐만 아니라 우리나라 고분 벽화에도 소나무가 자주 등장한다. 고분 벽화의 주인공과 소나무는 무덤 속까지 함께 가는 것이다. 우리 민족은 소나무와 서로 떨어지지 않는 관계였던 것이다.

진표율사의 입적 후에 나타난 소나무

신라 중기의 중 진표율사(眞表律師)는 입산안주(入山安住)하던 절 동쪽 바위에서 앉은 채로 입적했다. 제자들이 시신을 옮기지 않고 그대로 공양하다가 뼈가 흩어지자 바위 밑에 유골을 모아 묻고 흙을 덮은 뒤 돌을 세워 표시해 놓았다.

그 흙더미에서는 푸른 소나무 한 그루가 자라났다. 세월이 흘러 그 소나무는 죽었고, 다시 그 자리에 한 그루가 솟아나고, 뒤따라 또 한 그루가 자라기 시작했는데 뿌리는 하나

였다. 오랜 세월에 걸쳐 사람들의 참배 대상이 되었는데, 어느덧 나무 밑에서는 뼛조각이
드러나기 시작했다.

고려 중엽인 1257년 9월 일연(一然) 선사가 그 사실을 알고 찾아가 자신이 손수 돌
탑을 세워 성골(聖骨)을 수습했다고 《삼국유사》에 기록되어 있다. 그때까지 소나무 두 그
루가 살아 있었다는데, 그 수령을 대략 짐작할 수 있을 것이다.

〈세한도〉에 나타난 '선비목'

봐주는 사람 없는 밭두렁이나 산골길 후미진 모퉁이에 한 그루 또는 두세 그루의 소나무
가 서 있는 모습을 흔하게 볼 수 있는 나라는 우리나라밖에 없다.

하늘로 향한 원래 가지가 폭풍이나 벼락을 맞아 부러져 나갔어도 남은 가지는 아랑
곳하지 않고 지상을 향한 채 생명력을 잃지 않고 살아 있다. 그들의 모습은 이미 나무로서
의 균형을 잃은 지 오래다. 그러나 모진 세파를 이겨낸 두터운 껍질을 온몸에 두르고 우뚝
서 있는 소나무를 만날 때마다 경이로울 뿐이다.

이럴 때 떠오르는 것이 추사 김정희가 제주도 귀양지에서 그린 〈세한도〉다. 우리는
그 〈세한도〉에 나타난 소나무를 '선비목'이라 부른다. 세상의 온갖 명리를 뒤로하고 초연
하게 살아가는 지조의 범례이기 때문이다. 기개 높은 선비의 상징을 바로 그 '선비목'에
서 비로소 시각적으로 확인했기 때문이다.

절묘하게 조화를 이룬 효성과 소나무

경기도 수원시에 있는 수원성 북문을 지나 얼마쯤 지나다 보면 도로 양쪽에 거대한 송림
이 가로수처럼 울창하게 조성되어 있다. 조선 후기 정조 왕이 비참하게 죽은 아버지 장헌
세자(莊獻世子, 1735~1762)를 기리기 위해 손수 심었다는 송림이다. 당연히 국가기관
에서 가꾸었고, 오늘에 이르렀다고 본다.

어느 해인가 정조 왕은 능행(陵行)을 마치고 서울 궁궐로 돌아오는 길이었다. 그 해
는 유달리 송충이가 극성을 부려 자신이 손수 조성한 소나무도 예외 없이 피해를 입고 있
음을 봤다. 분통이 터진 왕은 자신도 모르게 송충이 한 마리를 잡아 잘근잘근 씹어댔다. 그
순간 수천 마리의 까마귀와 까치가 모여들더니 순식간에 송충이를 먹어치웠다고 한다. 이
는 왕의 지극한 효성과 소나무의 상징성이 절묘하게 조화를 이룬 일화라 할 수 있다.

이와 같이 효자와 소나무에 관해 구전되는 이야기는 수없이 많다. 한 가지 사례를 더
들어본다.

강원도 명주군 연곡면 삼산리에 가면 수령 500년이 훨씬 넘은 소나무가 우람한 모습
으로 서 있는데, 청학송(靑鶴松)이라 한다. 천연기념물 350호로 지정된 이 소나무는 높

이가 30미터이며, 나무의 굵기가 4미터에 이른다. 물론 이 마을의 동신목이다.

전해 내려오는 이야기에 의하면 율곡 이이(栗谷 李珥, 1536~1584)가 어렸을 때 소금강(小金剛)을 자주 찾으면서 이곳의 아름다운 풍치에 걸맞게 소나무 한 그루를 심었다고 한다. 그로부터 이 마을에서는 재난이나 질병이 한 번도 생기지 않았다고 한다. 효자에 대한 소나무의 감흥이라고 볼 수밖에 없다. 그때부터 마을 사람들은 한마음으로 정성껏 그 소나무를 가꾸어 오늘에 이르렀다. 지금도 해마다 음력 정월 초에 동신제(洞神祭)를 지낸다.

현재 '소금강' 이라고 부르게 된 내력은 율곡과 관련이 깊다. 율곡은 어머니를 여의고 불교에 입문하기 위해 금강산으로 들어갔다. 그러나 일 년 만에 뜻을 접고 다시 강릉으로 들어오다가 사무치게 그리운 어머니 생각을 떨칠 수 없어 청학산을 찾았다. 한데 그 산의 수려함이 마치 금강산을 축소시킨 것과 진배없어 '소금강' 이라 불렀으며, 그때부터 청학산은 희미해지고, 소금강이란 이름으로 오늘에 이른 것이다.

혼례청에 초대된 솔가지 '음양수'

우리나라 토종 소나무는 두 개의 잎이 한 잎자루에서 나온다. 아랫부분은 서로 붙어 한몸이며, 그 사이에 눈이 있다. 그런데 잎이 낙엽되어 떨어질 때면 따로 떨어지지 않고 함께

전통혼례 | 공주민속극박물관에서 열린 전통혼례식. 음양수로도 불리는 소나무는 두 개의 잎이 하나되어 자라 낙엽이 되어도 떨어지지 않는다.

떨어진다. 그리하여 썩어 흙으로 돌아갈 때까지 함께 행동한다. 그래서 음양수(陰陽樹)로도 불리는 소나무는 경사스런 혼례에 빠질 수 없는 물건이다. 솔가지는 혼례청 병에 꽂혀 청실홍실 장식되는데, 이것은 소나무가 가진 부부애의 상징성을 차용한 절정의 의례 행위라고 할 수 있다.

미래를 예측하는 소나무의 영험성

경상남도 거창군 당산리에 있는 수령 600년쯤 된 반송(천연기념물 제410호)은 경술국치, 광복, 6·25 전쟁 등 나라에 큰 변고가 있을 때마다 한밤중에 '우웅~ 우웅~'하는 소리를 내 그 사실을 미리 알렸다고 한다. 국가와 국민에게 닥칠 큰 재난을 미리 알아맞히는 영험함을 지니고 있었던 것이다.

지금도 매년 정월 대보름이면 마을 주민이 모두 모여 영송제(靈松祭)를 지낸다.

강원도 삼척군 가곡면 동활리에도 예고의 영험성을 가진 소나무가 있다. 그곳의 금송(金松)은 전쟁이나 풍년·흉년을 예견하는 나무로 알려져 있으며, 2미터 남짓 크기의 이 소나무는 그 색깔이 황금색이어야 하는데, 다른 색으로 변하면 변고가 생긴다. 검으면 수해가 생기고, 붉으면 전쟁이 일어날 징조다. 그리고 희면 흉년이 들거나 많은 사람이 죽는다고 한다.

인격체로 변신한 소나무

경상북도 예천군 감천면 천향리 석평마을에는 높이 10미터, 둘레 4.2미터, 동서의 길이 32미터, 그늘 면적 324평이나 되는 수령 600여 년 된 소나무가 있다. 어느 여름철 홍수 때 어린 소나무 한 그루가 뿌리째 뽑혀 떠내려오는 것을 길 가던 나그네가 현재의 자리에 옮겨 심은 것이라고 한다.

후손 하나 없이 이 마을에서 살던 이수목(李秀睦)이란 사람이 토지 1200여 평을 그 소나무 앞으로 기증하고 세상을 떠났다. 성(性)은 '석(石)'이고, 이름은 '송령(松靈)'이라 하여 1927년 등기(登記)를 마쳤다. 나무가 대를 이었고, 그 나무에게 사람처럼 주민등록번호까지 부여되었다.

석송령은 그 땅에서 소출을 얻은 것만큼 소득세는 물론이고 토지세·재산세까지 내는 성실납세자이다. 뿐만 아니라 재산에서 생긴 과실금으로 해마다 지역에 사는 학생들에게 장학금까지 희사하는 후원자 노릇도 하고 있다.

마을 주민들은 석송계(石松契)를 조직해 매년 음력 정월 14일에 석송령 앞에서 제사를 지낸다. 지난 한 해 동안 아무런 변고 없이 깨끗하게 지낸 사람을 선택해 제주(祭主)로 삼아 마을의 안녕과 평안을 빈다.

나무가 인간의 대를 이은 당당한 인격체로 변신한 것이며, 대지와 나무가 주인공 역할을 바꾼 셈이다. 그것은 시간과 공간을 초월해 소나무와 인간이 완벽하게 합일된 최초의 사례가 된 것이다.

이처럼 우리 민족은 소나무를 단순한 식물로서 보는 것이 아니라 완벽한 인격체로 보았다. 그것은 인간이 추구하는 가치관의 상징성이 소나무라는 대상이 아니고는 불가능했음을 증거해 주고 있다.

강원도 영월에는 조선 6대 왕 단종의 유배지인 청룡포가 있고, 그의 능(陵)도 있다. 청룡포는 배가 없으면 들어가기가 불가능한 지역인데, 그곳에는 천연기념물 제349호로 지정된 수령 600여 년 된 소나무가 있다.

관음송(觀音松)이라 불리는 이 소나무는 어린 단종이 유배생활을 하며 겪은 온갖 수모와 고독, 그것을 극복해 내는 과정과 괴로움을 참지 못하고 남몰래 토해 내는 오열을 빠짐없이 들어야 했다. 그래서 붙여진 이름이 관음송이다.

그런가 하면 단종이 잠든 장릉(莊陵) 주변에 있는 소나무는 한결같이 장릉을 향해 허리를 굽히고 있다.

그 모습은 마치 장릉을 향해 절을 하는 듯하다. 이는 억울하게 죽은 단종의 넋을 애도하는 충절의 예를 갖춰야 한다는 소나무의 가르침이다. 우리는 자연스럽게 그 가르침을 받아들이고 있다.

석송령(좌)과 토지대장(우상) 그리고 세금 납부고지서(우하) | 나무가 인간의 대를 이어 당당한 인격체로 변신했다.

의송관수도(倚松觀水圖) | 정홍래(鄭弘來), 조선, 국립중앙박물관 소장 | 산속 계곡가 바위에서 흘러가는 물을 바라보며 생각에 잠긴 선비와 그 옆에서 마치 손을 물에 담그려는 듯 소매를 걷은 선비가 소나무에 기댄 모습을 묘사하고 있다. 소매를 걷은 선비와 소나무의 자태가 합일된 것처럼 같은 모양새를 하고 있어 익살스럽다.

중국에서 전해 오는 소나무 이야기들

당나라 삼장법사(三藏法師) 현장(玄奘)이 법을 구하기 위해 천축(天竺)으로 떠나기 직전 절 마당에 있는 소나무를 쓰다듬으면서 "내가 서쪽으로 갈 때는 너도 서쪽을 향해 자라고, 내가 무사히 돌아올 때는 동쪽을 향해 자라기 바란다."고 했다.

그 후 소나무는 서쪽을 향해 줄곧 자라다가 언제부터인가 동쪽을 향해 서서히 자라기 시작했다. 그러자 그의 제자들은 스승 현장이 돌아올 때가 가까워졌으니 미리 맞을 준비를 철저히 하자고 다짐을 했다.

그런가 하면 오지(吳志)의 〈손호전(孫晧傳)〉이나 〈시가집성(詩歌集成)〉에도 '松'의 자해(字解)와 관련된 이야기가 나온다. 삼국 정립(鼎立)시대의 오나라에 정고(丁固)라는 사람이 있었는데, 어렸을 때 매우 불우하게 자랐다고 한다.

하루는 들에서 일을 하다가 피곤해서 그냥 쓰러져 잠이 들었는데, 꿈에 자신의 배 위에 소나무가 무성하게 자란 것을 보고 놀라 화들짝 꿈에서 깼다. 소년은 두렵고 이상한 생각이 들어 어머니에게 꿈 이야기를 해드렸더니, 소년의 어머니는 송(松)자를 풀어 해몽(解夢)을 해주며 오히려 경사스러운 일이라고 했다. 열심히 노력하면 반드시 공(公)의 반열에 오를 것이라고 격려해 주었다. 그로부터 정고는 열심히 노력해 불우한 환경으로부터 출신(出身)하여 18년 만에 오나라의 재상이 되었다고 한다.

'송(松)'자를 파자(破字)하면 그것은 '十八公'이 되며, 소나무는 백장목(百長木), 출중목(出衆木)의 이칭이 상징하듯 항상 젊은이들에게 희망을 갖게 하는 능력이 있다.

불로초를 찾아 나섰다가 한국을 거쳐 일본에서 죽은 서복

불바다에서 살아남은 영웅들은 오디세우스처럼 고향으로 돌아간다. 그러나 전쟁보다 어려운 일에 도전한 영웅들은 서복(徐福)처럼 고향으로 돌아가지 못한다.

기원전 3세기 진시황의 신하 서복은 제일 높은 봉우리에 큰 소나무가 솟아 있는 봉래산을 찾아 나섰는데, 동남동녀(童男童女) 3000명이 그를 따라 배에 올랐다. 봉래산으로부터 불사약을 구해 올 신하를 기다리던 황제는 결국 봉래산 같은 지하 궁전(무덤)에 잠들었다. 그러나 돌아오지 않은 이 영웅(서복)의 이야기는 전설로 한·중·일에 걸쳐 남아 있다.

우리나라에는 서복의 발자취가 남긴 몇 곳의 지명이 있다. 전라남도 고흥군 관내에 '봉래' 면이 있고, 경상남도 통영군 욕지면에는 봉도(蓬島)가 있다. 그리고 남제주 서귀포 해안에 가면 정방폭포가 있는데, 육지에서 바다로 물이 떨어지는 유일한 폭포다.

그 폭포를 에워싼 절벽 바위 위에 '서씨과지(徐氏過之)'라는 글자가 새겨져 있었다는데, 지금은 그 흔적이 사라져 버렸다. 소나무가 울창했던 옛 제주도는 서복 일행에게 봉래산으로 보였을지도 모른다.

일본 규슈의 사가 현에는 2200년 전 서복이 불로불사의 약초를 구하러 와서 죽었다는 전설이 있다. 모로도미의 치쿠고 강 하류에 상륙한 서복은 봉래산과 비슷한 긴류산(金立山)을 샅샅이 뒤졌다. 서복 일행의 모습을 담은 그림이 지금도 남아 있는 긴류 신사(神社) 동쪽 골짜기에서 '후로후키'라는 약초를 찾아냈다.

오색 구름을 타고 내린 변재천(사라스바티)이 서복에게 "네가 찾고 있는 약초는 이것이다!"라고 가르쳐 주었다고 한다.

바다를 건너온 이방인에 끌린 오다츠(辰) 여인과 소나무 숲 속에서 사랑을 맺으면서 서복은 진시황의 명령은 잊어버린 것 같다. 긴류산에 일행을 남겨 놓은 서복은 혼자서 배를 타고 기이(紀伊) 반도 남단(와카야마 현, 신구 시)까지 갔다가 마침내 비를 내려 주는 신이 되었다. 서복의 무덤은 지금도 그곳에 있다.

│ 편집위원 │

서복

당나라 개원 연간(713~741), 등주(지금의 산동성 봉래시)에서 배로 열흘 남짓 동쪽으로 나가야 만나는 섬에 서복이 살고 있었다. 1000년 전 봉래산의 짐승과 새들은 모두 털이 하얗다고 알려졌는데, 이 노인은 수염과 머리가 하얗고 불치병을 고치는 검은 환약을 가지고 있었다. 태평광기(太平廣記) 권4 선전습유(仙傳拾遺)에 기록된 내용이다.

다섯

한
중
일

신비롭고 신기한 이야기

한국 | 벽곡으로 버틴 홍의장군 곽재우

조선의 강희안이《양화소록》에서 소나무의 생태적인 신이성에 대해 밝혔는데, 이 분야의 이론으로는 단연 압권(壓卷)이다. 「잎이 다섯 개인 산자송(山子松)은 송진이 땅 속에 들어가 천년이 지나면 복령(茯苓)이 되고, 다시 천년이 지나면 호박(琥珀)이 된다. 또 큰 소나무는 천년이 지나면 그 정기는 청우(靑牛)가 되고 복귀(伏龜)가 된다.」고 했다.

이수광(李睟光, 1563~1628)은 조선 14대 왕 선조(宣祖, 재위 1517~1608) 때 학자인데, 그가 지은 우리나라 최초의 백과사전적 성격을 띤《지봉유설(芝峰類說)》에 보면 임진란 때 왜병의 간담을 서늘케 한 의병장 망우당 곽재우(忘憂堂 郭再佑, 1552~1617)에 대한 기록이 있다.

망우당은 일반적인 음식은 먹지 않고 하루에 송화떡 한 조각만 먹는 벽곡(辟穀) 체질이었다고 한다. 벽곡이란 곡식이 들어간 음식은 먹지 않고 솔잎이나 대추·대추·밤 등을

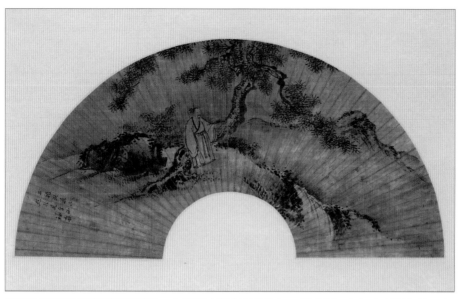

고사의송관란도(高士倚松觀瀾圖) | 정선(鄭敾), 조선, 국립중앙박물관 소장 | 오른편으로 기울어진 한 그루의 노송이 청청한 기운을 내뿜고 그 자태를 자랑하고 있으며, 선비가 이 소나무에 의지하면서 오른편 뒤쪽의 폭포를 관망하고 있다. 이 그림은 겸재 정선이 내연산 연산폭포 위의 비하대(飛下臺) 바위틈에서 현재까지도 잘 자라고 있는 노송을 화폭에 옮긴 것이라는 이야기가 전해 온다. 그림 속에는 '삼용추폭하 유연견남산(三龍湫瀑下 悠然見南山)' 이라는 화제(畵題)가 적혀 있다.

날로 조금씩 먹는 것을 가리킨다. 이렇게 해서 그의 몸은 가벼워졌고 기운은 강하게 샘솟았다고 한다.

　왜란 초기에 홍의장군(紅衣將軍)으로 불린 망우당은 소백산맥을 의지해 낙동강을 앞에 두고 전라도의 곡창지대를 넘보던 왜군을 막아냈다. 그의 눈부신 활약으로 낙동강이서(以西)를 지켜냄으로써 백척간두의 국운을 지탱할 수 있었다. 위업을 이룬 그의 힘의 원천은 벽곡과 송식에서 시작되었다고 할 수 있다.

> 벗들은 내가 연화를 끊은 걸 가엽게 여겨 / 늦게 낙동강 가에 허술한 집을 지어 놓았다 / 주리지 않음은 다만 솔잎을 씹는 데 있고 / 목마르지 않음은 오직 맑은 물을 마셔서다 / 돌 평상에서 거문고를 타니 마음이 담담하고 / 송창에서 호흡을 고르니 뜻이 깊고 고요하다 / 백년을 지내고 나서 망양한 뒤에 / 나를 웃던 사람들 되려 나를 신선이라 하리라(朋友憐吾絶火煙 共成衡宇洛江邊 無飢只在松葉 不渴猶憑飮玉泉 石榻彈琴心澹澹 松窓調息意淵淵 百年過盡亡羊後 笑我還應稱我仙).

　망우당은 날로 솔잎을 씹고 샘물을 먹는 생식으로 살았음을 한 편의 시로 남겨 후인들로 하여금 그를 더욱 흠모케 하고 있다.

송화다식 | 봄에 꽃가루를 말려 씻어 물에 가라앉혀 불순물을 제거한 뒤 건조시켜 꿀을 넣어 만든다. 주로 궁중에서 애용했고 일반 가정에서 제삿날이나 명절 같은 특별한 날에 만들어 먹었다.

중국 | 솔잎, 송실 먹고 하늘로 간 선인

당나라의 시인 부재(符載)는 《식송론(植松論)》에서 「만일 소나무를 숭산(崇山)이나 대산(岱山)에 심어 놓으면 북쪽 바다의 빛나는 기운은 안으로 서리고, 일월의 밝은 빛은 밖으로 비추어 상서로운 봉황새가 그 위에서 노닐 것이다. 아래로는 맑은 샘물이 흐르고 시원한 바람 소리는 피리 소리를 무색케 할 것이다. 그 뿌리는 황천 깊이 뻗어가고 가지는 푸른 하늘에 닿을 것이다.」라고 했다.

후한(後漢)의 검향(劍向)이 쓴 《열선전(列仙傳)》과 진나라 갈홍(葛洪, 283~?)이 쓴 《포박자(抱朴子)》〈신선전(神仙傳)〉에는 소나무와 관련된 신이한 이야기가 많이 나온다.

적송자(赤松子)와 왕자교(王子喬)는 장수했던 선인(仙人)들이다. 왕자교는 주(周)나라의 선인이었는데, 그가 친구들에게 이르기를 「7월 7일 산 위에서 흰 학을 타고 하늘로 오를 것」이라 했다. 과연 그 날이 되자 가족을 떠나 학을 타고 하늘로 날아갔다. 그는 하늘을 날 때 반드시 생황(笙簧)을 불었다고 한다. '송교지수(松喬之壽)'는 장수한 이 두 선인을 가리키며, 송식(松食)을 해서 오랜 수명을 얻은 것으로 알려져 있다.

서칙(徐則)이란 사람은 솔잎, 송지, 송실 등을 먹으면서 일종의 생식법인 목이법(木

餌法)을 철저히 했으나 82세에 죽었다. 그런데 밤이 되어 제자들이 관 뚜껑을 열어보니 시신은 간데 없고 수의만 남아 있었다고 한다.

무수서(武修緒)는 화산(華山)에서 선법을 닦으며 적송(赤松)의 복령만 먹었다. 그는 만년에 수십 리 밖에서 나는 소리를 들을 수 있었고, 낮에도 하늘의 별을 볼 수 있었다고 한다. 또한 의선(醫仙) 팽조(彭祖)는 어떠한가. 그는 솔잎·녹각·운모 등만 먹었으며 몸이 가벼워 말보다 빨리 달리고 수십 일 동안 먹지 않고도 767세까지 살았다고 한다.

산서성 출신의 조구(趙瞿)는 한센씨 병에 걸려 일찍이 산 속에 버려졌다. 먹을 것이 없자 송지와 송실을 주워 먹으면서 연명했는데 어느덧 병이 완쾌되었다. 그 후에도 송지와 송실을 계속 먹었더니 몸이 가벼워져 아무리 험한 산길을 오르내려도 힘이 들지 않았다. 170세가 되어도 치아나 머리털 하나 빠지지 않았는데, 마침내 300살이 되어 아무도 모르게 포독산(抱犢山)으로 들어가 지선(地仙)이 되었다고 한다.

한(漢)나라 성제(成帝) 때 한 사냥꾼이 종남산(終南山)에서 사냥을 하던 중 온몸에 검은 털로 뒤덮인 사람을 만났다. 신기한 생각이 들어 잡으려 했으나 어찌나 빨리 달아나던지 잡지 못했다. 여러 사람을 동원해 겨우 잡고 보니 젊은 여자였다. 그녀는 자신이 진(秦)나라 말기의 왕 자영(子嬰, 진시황의 손녀)의 시녀라고 했다. 사냥꾼은 놀라 시간을 계산해 보니 이미 200여 살이었던 것이다. 온몸에 짐승처럼 털이 난 여자를 데리고 집으로 돌아와 익힌 음식을 주자 처음에는 먹지 못하다가 시간이 지남에 따라 먹기 시작했다. 그러나 무성했던 털이 빠지고 몸이 쇠약해지더니 얼마 지나지 않아 죽고 말았다. 그녀가 산에서 200여 년 동안 먹고살았던 것이 솔잎과 송실인 것은 두말할 필요가 없다.

일본 | 여자가 된 소나무

기타칸바라(北蒲原) 군 분다(分田) 마을을 지키는 늙은 츠바(都婆) 소나무는 출신이 원래 신란상인(親鸞上人)이 점심을 먹을 때 사용하던 젓가락이었다.

이 소나무는 여자로 둔갑해서 교토(京都)로 갔다. 그리고 자기 이름을 마츠코(松子)라고 했다. 마츠코는 혼간지(本願寺)에 들어가서 시주받는 일을 도왔다고 한다. 츠바 소나무는 이 일화로 유명해졌다.　　　　　　　　　　　　　　　　　　　　| 편집위원 |

여섯

한
중
일

벽사와 정화의 의미로 본 소나무

한·중 | 빈대와 노래기를 물리치는 손

조선 7대 왕 세조(世祖, 재위 1456~1468) 때의 문신 강희맹(姜希孟, 1424~1483)이 편찬한 《사시찬요(四時纂要)》에는 「2월 초하룻날 4경(四更), 사람들이 일어나기 전에 솔잎을 집 안팎에 뿌리는데, 이를 급침(給針)이라 한다.」고 했다. 하룻밤을 다섯으로 나눈 넷째 시각인 사경이면, 새벽 1시에서 3시 사이이다. 모든 사람이 곤히 잠든 시각에 뾰족뾰족하게 생긴 솔잎을 사랑방, 안방, 대청마루, 부엌 등에 뿌린다고 했다. 그 솔잎에 찔리는 대상은 상당히 두려웠을 것이다.

조선 9대 왕 성종(成宗, 재위 1469~1494) 때의 문신 성현(成俔, 1439~1504)은 아름다운 문장 짓기에 매우 탁월했다. 그가 쓴 수필집 《용재총화(慵齋叢話)》에는 「2월 초하룻날을 화조(花朝)라 하여 이른 새벽에 솔잎을 문간에 뿌리는데, 이는 고약한 냄새를 풍기는 빈대를 솔잎으로 찔러 없애버리기 위해서.」라고 했다. 이상은 솔잎의 뾰족한 끝으로 사람에게 해를 끼치는 벌레를 물리친다는 침벽(針辟)의 행위다. 이렇듯 나무의 생태적인 힘을 차입해 정화(淨化)의 의미를 실행한 것은 소나무가 유일하다.

'노래기뱅이'라 하여 솔가지를 꺾어 지붕 위로 던지며 "노래기 침준다"라고 외치는 풍습도 있다. 노래기는 햇볕을 싫어하고, 습기가 많은 곳에 모이며, 낙엽이나 초가 지붕 밑에서 즐겨 산다. 한데 고약한 노린내를 풍겨 우리들과는 인연 맺기가 힘든 친구다. '노래기뱅이'의 '뱅이'는 품사로 보면 접미사인데, 습관, 모양, 성질 따위로 대상을 낮춰 일컫는 말이다. 노린내를 풍기는 밉상이 노래기는 당연히 '노래기뱅이'로 불려져야 할 존재다. 그 노래기에게 솔잎으로 침을 준다는 것은 솔로 하여금 생태계의 한 생명체에게 준엄한 응징을 가할 수 있다는 이야기다.

그런가 하면 생솔가지를 꺾어 초가 지붕의 처마에 돌아가며 꽂는 풍습도 있다. 아기를 낳거나 집 안에서 기르는 짐승이 새끼를 낳아도 금줄을 친다. 그 금줄에는 반드시 솔가지를 끼운다. 심지어 장을 담글 때도 장 항아리에 솔가지와 숯을 꽂은 금줄을 친다. 이것은 모두 벽사와 정화의 의미를 내포하고 있다.

중국의 《당서(唐書)》에도 정월 초하룻날 「솔가지를 꺾어 집 대문에 높이 걸어둔다

태백산 입구 서낭 옆에 놓인 솔가지 | 몸과 마음을 정갈하게 하고 산천기도를 드릴 때 사용하는 청솔 소제(素祭) 도구이다.

장독에 쳐진 금줄의 솔가지 | 안동 병산서원에서 본 장독대에도 솔가지가 걸려 있다. 이는 장맛이 나빠지는 것을 막기 위한 것으로, 귀신이 장을 먼저 먹는다고 생각해 솔가지로 귀신이 장독에 접근하는 것을 막았다.

(松標高戶).」는 구절이 나오는데, 어느 쪽이 먼저인지는 확실하게 구별할 길이 없다.

세종 10년 건원릉에서 동지제를 지내고 난 뒤 왕은 이렇게 일렀다.

> 능침에는 예로부터 송백(松栢)이 있어야 한다고 했다. 그러므로 다른 나무
> 는 뽑아버리고 송백을 심도록 하라.

이 말은 중국의 사마천이 쓴《사기(史記)》에서 「송백은 백목지장이니 문려(門閭)를
지킨다.」고 한 말과 매우 일치한다.

일본 | 신령이 내리는 곳

아와지(淡路) 섬에서는 매년 12월 13일 산에서 옮겨온 소나무로 소나무 모시기, 즉 마츠
무가에(松迎え) 행사를 지켜 왔다. 집터 중에서 제일 깨끗한 곳에 새끼줄을 치고 그 사이
사이에 솔가지를 꽂았다. 그리고 악귀를 쫓는 적반(赤飯)을 차려놓고 새해를 맞았다. 집
집마다 정초에 가도마츠(門松)를 세워 놓는 풍습은 복을 주려고 찾아오는 세신(歲神)이
솔을 좋아하기 때문이다.

소나무는 신령이 내리는 곳이고, 신성한 공간을 의미한다. 일본에서는 마을 사람들
이 보호하는 한국의 당산나무처럼 하늘에서 온 여자의 날개옷인 하고로모(羽衣)가 걸린
소나무 그리고 천구(天狗) 소나무, 신이 앉은 의자 소나무 등 전설이 얽힌 소나무가 많다.
불로초가 있는 봉래산을 찾아서 일본 규슈에 상륙한 서복(徐福)을 아름다운 여인이 마중
나가 처음 잠자리를 차린 곳도 솔밭이다. 더러는 소나무가 위대한 신을 찾아 나선다. 뿐만
아니라 소나무가 사람 모습을 하고 다니기도 했다. │편집위원│

일곱

한국

소나무가 살아 있는 나리숲 봉산

조선시대 산림정책은 곧 소나무 정책이었다. 성리학이 국가정책의 이념으로 자리잡은 시대 전반에 걸쳐 사람으로부터 자연과 일반 사물에 이르기까지 그에 따른 질서가 있었다.

군왕을 기점으로 천민에 이르기까지, 성산 백두산에서부터 한반도 전역의 산에 대한 인식까지 보이지 않는 질서에 의해 백성들의 인식 속에 자리매김되었다. 따라서 수많은 나무 중에서 소나무가 으뜸인 것은 당연한 일이었다. 소나무는 그 생태에서 보듯이 곧음이나 쓰임새 또는 계절에 관계 없이 푸름을 잃지 않는다. 그 의연한 모습에서 어찌 조선의 사대부들이 눈길을 다른 데로 돌릴 수 있었겠는가! 그것은 비단 우리뿐만 아니라 중국이나 일본이 다 같이 비슷한 정서로 '백목지장(百木之長)'이란 가치평가에 동조했던 것이다.

그래서 조선 초부터 소나무를 귀중하게 다루었던 기록은《조선왕조실록》을 통해 얼마든지 찾아볼 수 있다. 그러나 장기간의 전란(戰亂)과 국정문란 등 여러 가지 이유로 산림이 황폐해지고 소나무마저 남벌하게 되자 나라에서 관심을 가지고 관리하게 되었다. 그러다가 조선 19대 왕 숙종(肅宗, 재위 1674~1720) 때에 이르러 국가 용도의 목재를 안정

강릉 초당동 솔밭 | 우리 민족이 예나 지금이나 제일 좋아하는 나무는 소나무다.

적으로 얻기 위해 우량한 소나무림을 조사·선정하여 집중 관리하는 '봉산(封山)' 제도를 시행했다.

소나무는 국가의 기간산업이라 할 수 있는 도로와 교량, 조운선, 군용선, 주택용 자재는 물론 궁궐이나 공공관서의 필수 건축자재 외에도 수많은 용도로 쓰이는 목재인 것이다.

봉산으로 지정된 곳은 주로 해안에 산재해 있는데 소나무의 크기와 부피로 보아 해운통로를 이용하지 않고는 운반이 불가능했기 때문이다. 순조 때에 서영보(徐榮輔, 1759~1816) 등이 편찬한《만기요람(萬機要覽)》에 의하면 경상도, 전라도, 충청도 등에 282곳을 봉산으로 지정했는데, 특히 안면도(태안반도)에만 73곳의 봉산이 몰려 있는 이유도 운송이 편리했기 때문이다.

그런가 하면 강원도와 경상도 북부 지역 60여 곳의 황장봉산(黃腸封山)에서 나는 소나무는 궁궐목재나 관곽목재의 용도로 사용한 것들이다. 황장목이란 임금의 관을 만드는 질이 가장 좋은 소나무다. 지금도 우리나라에서 가장 양질의 소나무목재가 집중적으로 생산되고 있으며, 그 수령으로 보아 당시의 봉산제도에 의해 관리되었음을 알 수 있다.

| 배재수 |

여덟

한국

역사서에 나타난 소나무

우리 한민족의 자연주의적 생활 철학을 떠올려보면 우리나라 식물문화에 대한 인식이 어떠했는지 짐작할 수 있다. 특히 우리 삶에 있어 가장 가까운 식물인 소나무는 민중의 사랑을 꽤 오래 전부터 받아왔다. 우리의 주거 문화는 나무의 비중이 절대적이며, 그중에서도 생태적인 특성으로 단연 소나무가 으뜸이 될 수밖에 없었다. 뿐만 아니라 식량으로나 약재로서의 비중도 높았고, 그 상징성으로도 우리 민족과는 떼려야 뗄 수 없는 관계에 있었다. 우리나라 대표적인 역사서인《삼국사기》와《고려사》《조선왕조실록》을 통해 소나무가 어떻게 우리 역사에 투영되었는지 알아보자.

《삼국사기》

《삼국사기》는 우리나라에서 가장 오래된 역사서의 하나로 1145년 김부식이 편찬했다. 《삼국사기》는 신라·고구려·백제의 삼국시대 정사를 기전체로 기록한 책인데, 본기 28권

외속리산 소나무 | 정이품송의 짝으로 알려진 소나무인데, 전후좌우로 넓게 가지를 뻗치고 있는 위용이 용맹스럽다.

(신라·통일신라 12권, 고구려 10권, 백제 6권), 연표 3권, 잡지 9권, 열전 10권으로 구성되어 있다.

《삼국사기》에 나타난 식물은 벼·복숭아·소나무·대나무 등 33종이며, 출현 횟수는 총 173회다. 이 중 소나무는 신라본기 4회, 고구려본기에 2회, 열전에 6회 총 12회를 나타냈다. (참고로 10회 이상의 출현회수를 나타낸 식물은 벼(33회), 복숭아(12회), 소나무, 대나무(11회), 보리(10회), 오얏(10회) 등 총 6종뿐이다.)

특히 신라와 고구려 간에는 4종의 공유 식물(벼, 복숭아, 오얏, 보리) 이외에 소나무를 포함해 총 5종을 공유하고 있었는데, 이는 신라와 고구려 지역이 오늘날 우리나라 제일의 소나무가 강원도와 경상도에 있는 것과 일치하고 있어 주목된다.

《삼국사기》에는 주로 생활과 이용에 관한 내용(87회)이 언급되지만, 계절과 환경(50회), 비유와 인용(36회)으로도 종종 나타난다. 소나무는 10월에 몹시 추워 소나무와 대나무가 죽었다(신라본기)는 계절과 환경, 송죽 같은 푸른 지조(신라본기), 소나무와 잣나무의 절개(잡지) 등의 비유와 인용으로 많이 나타난다.

《고려사》

《고려사》는 조선 초기 김종서(金宗瑞, 1390~1453), 정인지(鄭麟趾, 1396~1478) 등이

세조의 교지를 받아 만든 고려시대의 역사책이다. 이《고려사》는 세가(世家) 46권, 지(志) 39권, 연표 2권, 열전 50권, 목록 2권 총 139권으로 구성되어 있다. 고려사는 삼국사기, 조선왕조실록과 함께 우리나라의 가장 믿을 만한 정사(正史)로 나무에 관한 많은 자료가 포함되어 있다.

《고려사》에 나타난 주요 나무는 소나무를 비롯한 33종과 기타 언급된 나무 21종으로 총 54종의 나무가 언급되어 있다.

주요 나무를 보면 소나무(41), 배나무(8), 밤나무(6), 침향나무(6), 오얏나무(6), 매화나무(5), 뽕나무(5), 잣나무(5), 가래나무, 개암나무, 굴참나무, 녹나무, 느릅나무, 닥나무, 대추나무, 동백나무, 모란, 물푸레나무, 버드나무, 복숭아나무, 비자나무, 살구나무, 앵두나무, 오동나무, 옻나무, 은행나무, 인동나무, 장미, 진달래, 참나무, 칡, 향나무, 회화나무이다.

주요 나무에 대해 언급한 내용은 120가지나 된다. 이상 기후(벼락, 우박 등등)나 꽃이 피고 열매가 맺히는 시기 및 형태, 세금에 관한 내용, 홍수와 가뭄에 대한 내용, 제사의식, 한약재, 산업(대표적으로 뽕나무 재배 및 누에치기), 조림과 산림보호가 그 내용들이다.

이 중 소나무와 관련해 언급된 내용은 41가지로 34.17퍼센트를 차지하는데, 소나무를 이용해 망해 가는 고려와 새로 부상하는 조선에 대한 비유, 소나무 병충해에 빗댄 고려 말기의 국운과 관계된 기록이 많다.

《조선왕조실록》

《조선왕조실록》은 조선조 태조에서 철종에 이르는 25대 472년 동안의 역사적 사실을 각 왕별로 편찬하고 기록한 책이다. 총 1893권 888책으로 구성되어 있으며, 각 왕을 중심으로 연월일순으로 기록하는 편년체 형식을 취하고 있다.

소나무는 조선조의 국가 이념과 잘 맞는 나무였고, 배를 만들고 집을 지을 때 유용한 재목이었기 때문에 국가적인 차원에서 소나무의 식재를 장려하고 벌채를 엄격하게 규제해 왔다. 따라서 소나무에 대한 기록이 앞의 역사서보다 방대하고 많다.

소나무의 인식　　큰 바람이 불어 나무가 뿌리째 뽑혔다(태종 12년 7월 17일).

이때 왕이 스스로의 허물에 대해 경종의 뜻으로 받아들였고 자신도 알지 못하는 허물을 자연이 일깨워 준 것으로 해석했다. 당시 뽑힌 나무는 백악산(白岳山) 소나무가 21그루, 성산(城山)의 소나무가 14그루나 된다고 했다.

이 외에도 세종 8년 3월 20일에는 의금부에서 계하기를 부사직 김용생(金用生)이 「종묘의 소나무에서 까마귀가 울고, 하늘에서 기후의 변화가 일어나 비가 오고 구름이 시커멓게 끼면, 이럴 때에 왕조가 바뀐다.」는 헛말을 퍼트린다고 하여 중죄로 다스려 가산을

산천재 소나무 | 수우당 최영경(守愚堂 崔永慶)은 남명 조식의 사후에 덕천 사원 근처 시냇가에 푸른 소나무 100여 그루를 심었다고 한다. 시내 가까이에 심은 한 그루는 선생이 손수 심었기에 수우송이라 하는데, 현재는 찾을 길이 없다.

몰수하라고 했다.

또 인가를 옮겨서라도 경복궁의 주산(主山)과 좌비 산맥(左臂山脈)에 소나무를 심으라는 내용도 있다(세종 10년 1월 6일).

소나무의 이용　소나무를 태워 기와를 굽는 것은 옳지 못하니, 지금부터는 각 고을에서 바치는 기와 굽는 데 사용할 나무는 소나무를 쓰지 말도록 하라(세종 10년 8월 27일).

세종 10년 10월 17일에는 병조에서 계하기를 소나무가 배를 만드는 재목이므로 상가에서는 이를 소재 관청에 보고하고, 관청에서는 배를 만드는 데 합당하지 않은 나무를 내주어 관으로 이용케 하라는 내용이 나온다.

왜구의 침범에 대비해 소나무를 심어 가꾸고《육전(六典)》에 실린 소나무 금벌에 관한 사항을 다시 한 번 고찰하라(세종 26년 1월 26일)는 등 이때까지는 전쟁을 대비하는 데 역점을 두었던 사례가 보인다.

소나무 벌채의 허락　새로 도읍한 서울에 집을 짓지 못한 자들을 위해 경기와 강원 지역의 벌채를 허한다(세종 1년 9월 16일). 구황(救荒)에는 소나무 껍질이 유용하니 소나무 베는 것을 허한다(성종 1년 6월 5일). 이는 백성을 위한 나라의 구제책으로 보인다.

소나무에 대한 식재와 보호　　각도의 수령에게 명하여 정월〔孟春〕에 소나무를 심게 하였다(태종 7월 4월 7일). 이때는 전쟁을 위한 배를 만드는 데 소나무를 많이 사용한 듯하다. 병선(兵船)을 만드는 데 소나무만 있으면 모든 것이 해결되었으므로, 산에 불 놓는 것을 금하고, 벌채를 금하며, 정월에 소나무를 심게 하라는 충청도 경차관(敬差官) 한옹(韓雍)의 상소 내용도 나온다.

　　태종 8년 11월 26일에는 태종이 공조 판서 박자청(朴子靑)에게 이르길 능침(陵寢)에 소나무와 잣나무가 없는 것은 예전 법이 아니니, 잡풀을 베어 버리고 소나무와 잣나무를 두루 심으라는 명을 내렸다. 또한 창덕궁과 건원릉에도 소나무를 심으라고 명했다(태종 10년 1월 3일).

　　이에 태종 11년 1월 7일에는 대장(隊長)·대부(隊副) 500명, 경기의 정부(丁夫) 3000명을 동원해 남산과 태평관(太平館) 북쪽에 20일 동안 소나무를 심었다고 한다.

　　이외에도 세종 15년 7월 21일, 세종 16년 4월 24일, 문종 1년 4월 18일 광해 9년 11월 17일, 태종 9년 2월 12일, 태종 11년 6월 9일, 세종 13년 4월 15일 기록들이 모두 소나무 식재와 보호에 관한 내용이다.

소나무 금벌에 관한 내용　　고려왕조의 종묘가 있는 골〔洞〕의 소나무를 베지 말라(태조 1년 9월 30일). 구황을 위해 소나무 벌채를 허하면 오히려 구황을 빙자하여 쓸 만한 소나무까지 벌채할 것이니 일체의 벌채를 금하라(세종 16년 2월 27일).

　　호조 판서 이지강(李之剛)이 상소하다(세종 5년 3월 3일). 상소의 내용은 소나무가 집을 짓고, 전쟁 시 필요한 배를 만드는 주요 재목이므로 함부로 벌채하지 못하도록 하라는 상소다.

소나무 벌채한 자에 대한 처벌　　소나무 가지를 벤 사람은 전례에 의해 금령(禁令)을 어긴 죄로 논하고, 온그루〔全株〕를 벤 사람은 형률(刑律)로 논한다(세종 4월 12월 22일).

　　소나무가 국가 차원에서 보호하는 만큼 벌채를 했을 경우 가해지는 체벌은 엄중했다. 그 예를 보면 세조 7년 4월 27일 기록에 자세히 나와 있다. 1~2그루를 벤 자는 장(杖) 100대, 산지기는 장 80대, 관리는 태(笞) 40대를 때리고, 3~4그루를 벤 자는 장 100대를 때려 충군(充軍)하고, 산지기는 장 100대, 관리는 장 80대를 때리며, 10그루 이상을 벤 자는 장 100대에 온 집안을 변방으로 옮기고, 산지기는 장 100대를 때려 충군하고, 관리는 장 100대를 때려 파출(罷黜)하고, 10년 동안에 1그루도 벤 것이 없으면 산지기에게 산관(散官)직으로 상을 주도록 했다.

소나무의 피해와 대책　　경복궁 좌강(左岡)이 솔〔松〕이 마르므로, 가까이 있는 인가(人家)를 철거할 것을 명하였다(태조 7년 4월 16일). 가뭄으로 소나무가 말라죽으니 재앙을 빌어 물리치는 법석(法席)을 연화사(蓮花寺)에서 베풀게 했다(태조 7년 5월 3일).

송충이의 피해에 관한 내용　　벌레가 송악(松嶽)의 소나무를 갉아먹었다(태조 2년 3월 24일). 벌레가 소나무를 갉아먹었다(태조 2년 4월 30일). 세종은 소나무가 벌레의 피해로 말라죽기가 쉬우므로 밤나무를 심으라고 하였다(세종 29년 8월 10일). 송충이를 잡는 것은 유사(有司)의 일이나 송충이가 소나무를 먹는 것을 재앙이라 하는 것은 당연하니 유념하라(중종 31년 4월 3일).

남산과 소나무　　남산의 소나무는 서울을 도읍으로 정한 이후 70여 년 동안 가꾸고 길러서 무려 100만 주나 되었다고 한다(세조 13년 대사헌(大司憲) 양성지(梁誠支)의 상소문). 이는 남산에 많은 양의 소나무를 심었다는 것을 말해 주는 기록으로 자연림이 아니라 인공림이라는 것을 알 수 있다.

　　이렇게 우리나라의 중요한 역사서에는 소나무에 대한 기록들이 남아 있어 우리 조상들이 소나무를 얼마나 중요하게 생각하고 가꿔 왔는지 알 수 있다.

　　과거에는 전쟁에 대비한 배를 건조하고 집을 짓는 재목이었으며, 갖가지 생활용품에 쓰이는가 하면, 날씨를 알 수 있게 하고, 나라 안팎의 문제를 보여 주는 대체물로 소나무의 쓰임은 다양하고 중시되었다.

　　오늘날에는 건강과 안녕을 위한 곳곳에서 소나무가 쓰이고 있다. 따라서 환경을 보호하고 자연생태계를 보존하는 데 필요한 정보를 과거 역사 속에서 찾아보는 것도 결코 허망한 일은 아닐 것이다.

　　　　　　　　　　　　　　　　　　　　　　　　　　　　| 편집위원 |

《삼국사기》에 나타난 소나무 기록

〈신라 본기〉10월에 몹시 추워 소나무와 대나무가 죽었다 / 봄에 곡식이 귀해 소나무 껍질을 먹었다 / 송죽 같은 푸른 지조 〈고구려 본기〉능 앞에 소나무를 일곱 겹으로 심었다 / 돌 위의 소나무 밑에 묻혀 있다 〈잡지〉벽에 늙은 소나무를 그렸다 / 소나무와 잣나무만이 맨 뒤에 시든다 / 소나무와 잣나무의 절개 / 솔과 대나무를 심으며 / 푸른 나무 소나무 / 푸른 솔이다.

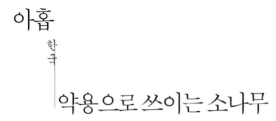

아홉

한국

약용으로 쓰이는 소나무

민족의 건강을 책임지는 소나무

높고 굵게 자라는 소나무는 우리나라에서는 은행나무 다음으로 큰 몸집을 자랑한다. 우리나라에는 약 6000년 전부터 서식하고 있는 것으로 추정되고 있다. 한반도 어느 곳이나 잘 자라는 소나무는 마침내 우리들의 생활과 분리할 수 없는 소나무 문화권을 이루었다고 해도 지나친 말이 아니다. 예부터 소나무와 측백나무는 곧게 자라고 겨울이 되어도 윤택하고 시들지 않는 특징이 있어 집을 짓거나 식용·약용으로 이용해 왔다.

432년 신라 19대 왕 눌지왕(訥祗王, 재위 417~458) 16년에 흉년이 들자 사람들이 소나무 껍질을 벗겨 먹었다는 기록이《삼국사기》에 나오는데, 이로 보아 우리나라에서는 일찍부터 식용으로 이용했음을 알 수 있다. 특히 약용으로는 우리나라 소나무가 가장 좋은 것으로 정평이 나 있다. 중국 명나라 본초학자 이시진(李時珍, 1518~ 1593)이 지은 《본초강목(本草綱目)》에 의하면「중국에서는 송진을 음력 6월에 채취한다. 중원에 소나무가 있으나 변방의 것에 비해 질이 떨어진다.」고 했다. 여기에서 변방은 우리나라를 가리킨다.

또한 서유구의 《임원경제지》에서 「바다 건너 신라의 잣이 우수하기 때문에 중국에서는 해송자(海松子) 또는 신라송자(新羅松子)라고 한다.」는 기록을 남겼다. 이로 미루어 중국에 소나무나 잣나무가 없는 것은 아니나 우리나라의 것이 상대적으로 우수하다는 것을 반증하는 기록임을 알 수 있다.

송진의 효능　　소나무 진액인 송진은 소나무에서 나온 기름(脂, 膏, 肪, 膠)인데, 향긋한 향이 난다는 뜻으로 한문으로 송지(松脂)라 하고 송고(松膏)·송방(松肪)·송교(松膠)·송향(松香) 등으로 불린다. 또한 맑은〔青〕 기운이 뚝뚝 떨어지듯〔瀝〕이 생긴 것이라는 뜻으로 역청(瀝青)이라고도 한다.

송진은 구멍을 뚫거나 불에 태워 인위적으로 채취한 송진보다 오래된 소나무에서 자연적으로 흘러나온 것이 양질의 약재가 된다. 더 좋은 것은 뿌리에 상처가 생기고 햇빛과 달빛을 보지 않고 생긴 송진인데, 이를 음지(陰脂)라 하며 그것이 뭉쳐 오래되면 복령이 되기 때문이다.

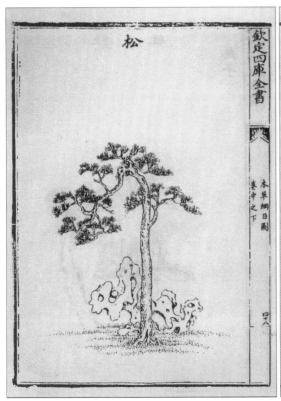

본초강목(本草綱目)｜송(松)

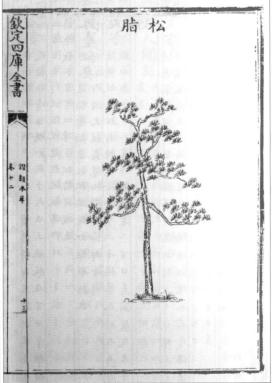

증류본초(證類本草)｜송지(松脂)

불치병을 퇴치하는 효능   송진은 정제와 조제를 제대로만 하면 장수의 약효뿐 아니라 불치병으로 알려진 나병(癩炳)도 고칠 수 있다. 또한 옹저악창(癰疽惡瘡, 악성종기와 고치기 힘든 악성 부스럼), 두양백독(頭瘍白禿, 머리가 허옇게 벗어지는 것), 개소풍기(疥瘙風氣, 옴으로 인한 가려움)를 다스리고 오장(五臟)을 편히 하며 열을 제거한다. 모든 부스럼, 농혈(膿血, 피고름), 누란(瘻爛, 피부에 잔구멍이 생겨 고름이 흐르는 누창이 헤진 것)에 붙이면 좋고, 어금니에서 피가 나는 것을 막아주기도 하고 살충(殺蟲)작용이 있다고 했다.

중국의 갈홍이 지은《포박자》에는 온몸에 종기가 번져 살 수 없어 산 속에 버려졌다가 송진을 먹고 신선이 된 조구(趙瞿)의 전설이 실려 있다. 뿐만 아니라 송진을 격식대로 정제하여 10량 이상을 먹으면 배가 고프지 않고, 일 년 이상 되면 밤눈이 밝아진다고《본초강목》등 많은 의서(醫書)에서 밝히고 있다.

외상 치료약으로써의 송진   어린아이의 부스럼에도 송진을 사용했다. 말랑말랑한 뾰두라지에 취옥고(翠玉膏)를 만들어 사용했다. 옴(疥癬, 옴벌레가 기생해 일으키는 전염성 피부병)과 습창(濕瘡, 살찐 사람의 다리에 잘 나는 부스럼)에도 송진을 사용했다. 흉기에 의해 상처가 났을 때나 돼지 같은 짐승에게 물렸을 때에도 송진을 정제해서 약으로 쓴다. 풍치나 충치로 인한 통증에도 송진을 사용했다. 잘린 소나무에서 생긴 송진을 흐르는 물에 거품을 내어 마시면 즉시 통증이 잦아든다고《본초강목》은 밝히고 있다. 이 밖에도 많은 용도로 쓰였다.

송절(松節)의 효능   송절은 소나무 마디이며 뼈에 해당된다. 따라서 바탕이 단단하고 굳센 기운이 있어 오래돼도 썩지 않기 때문에 풍습(風濕, 습한 땅의 기운으로 뼈마디가 저리고 아픈 병)으로 인한 근골(筋骨)의 모든 질환에 사용할 수 있다. 삭신이 쑤시고 아파서 뼈마디가 빠질 것 같은 통증이 있을 때 송절로 술을 만들어 먹기도 했다.

따라서《본초강목》에는 「송절을 볶아서 그슬리면 근골(筋骨)간의 병을 치료하고, 술로 만들어 마시면 다리가 약한 것과 골절에 풍기(風氣)가 있는 것을 다스린다. 끓여서 양치하거나 불에 태워 재를 만들어 문지르면 효과를 본다.」고 했다. 이제마(李濟馬, 1838~1900)의《사상의학(四象醫學)》에서도 특히 태양인(太陽人)의 다리가 허약한 것을 치료할 수 있다고 했다.

솔잎의 일반적 효능   《본초강목》에 의하면 솔잎은 송엽(松葉) 또는 송모(松毛)라고도 하는데, 쓰고 따뜻한 기운이 있어 풍습창(風濕瘡, 풍습으로 인한 습진)을 치료하고 모발을 나게 하며 오장을 편하게 한다. 또한 속을 든든하게 해 배고픔을 모르고 오래 살게 한다. 솔잎을 잘게 잘라 물이나 국수에 넣어 먹거나 빻아 환으로 만들어 먹기도 한다. 곡식을 먹지 않도록 할 수 있으며 악질(惡疾)을 치료한다. 청솔 잎은 조제를 잘하면 중풍과 구안괘사(口眼喎斜, 입과 눈이 한쪽으로 쏠려 비뚤어지는 병, 안면 신경 마비를 이른다)에 좋은 약효가 있다고 했다.

송화가루의 효능　봄철에 날리는 노란색의 송화가루를 송화(松花) 또는 송황(松黄)이라 한다. 따뜻하며 단맛이 있는 송화가루는 심폐를 윤택〔潤心肺〕하게 하고 기운을 내며〔益氣〕 풍을 제거하고 출혈을 막는〔除風止血〕 작용이 있으나, 많이 먹으면 상초(上焦, 횡격막의 위. 혈액의 순환과 호흡 기능을 맡은 부위로 심장과 폐장이 이에 딸림)에 열병이 생길 수 있다. 현기증을 느끼는 뇌종(腦腫)에 송화가루를 사용한다. 산후에 열이 올라 두통이 오고 볼이 붉어지며 입이 마르고 입술이 타며 번갈(煩渴, 가슴이 답답하고 몹시 목이 마른 증상)과 답답증이 날 경우에도 사용한다.

소나무 뿌리의 효능　소나무 뿌리의 내피를 근백피(根白皮)라 하는데 맛이 쓰고 성질은 따뜻하다. 이것을 먹으면 단식 또는 금식해도 배가 고프지 않으며 피로를 없애 주며 기운이 나도록 도와준다고《본초강목》에서 밝히고 있다.

소나무 껍질의 효능　소나무의 붉은 껍질을 목피(木皮) 또는 적룡피(赤龍皮)라 한다. 종기가 아물지 않을 때 사용하면 새살이 나오며 지혈이 된다. 백독창(白禿瘡, 비듬이 생기면서 탈모가 되는 증상), 장창(杖瘡, 타박된 부위가 상처가 나거나 헐음), 탕화창(湯火瘡, 화상), 두창(頭瘡, 머리에 있는 부스럼)을 치료한다. 또한 치질로 인한 하혈〔腸風下血〕에 소나무 껍질 안에 있는 흰색 부위를 잘라 햇빛에 말린 다음, 분말로 만들어 1돈씩 찻물에 타서 먹는다.

송실은 솔방울일까, 잣일까?　송실(松實)을 소나무의 솔방울로 봐야 할 것인가, 아니면 잣나무의 잣으로 봐야 할 것이냐가 문제가 된다. 갈홍의《주후비급방(肘後備急方)》이나《본초강목》등에서 소나무에 설명된 송실(松實)을 잣으로 인식해 송자(松子)와 송실(松實)이 서로 같다고 설명하고 있다. 하지만 당신미(唐愼微)의《증류본초(證類本草)》, 허준의《동의보감》에서도 소나무를 설명하는 문장에 송실(松實)을 설명하고, 별도로 잣〔海松子〕을 설명하고 있지만 구분이 확실하지 않다.

　　송실을 서술하는 데 왜 이런 오해의 소지를 남겨 놓았을까? 이는 이미 진(晉)나라 때 편찬된《남방초목상(南方草木狀)》에 잣에 대한 설명이 나오는 것으로 보아 소나무와 잣나무를 이미 구분해 사용했지만, 잣나무를 넓은 의미에서 소나무의 일종으로 생각했기 때문으로 보인다. 다만 잣과 송을 잘 조제해 장복하면 신선처럼 건강하게 오래 살게 된다는 이야기가 여러 문헌에 적시되어 있음은 분명한 사실이다.

정확해야 할 약재로서의 소나무

중국의 이시진은 소송(蘇頌, 1019~1101)의 글을 인용하면서 소나무의 잎이 2개이고, 잣나무의 잎이 5개이기 때문에 서로 달라 구분이 확연함에도 불구하고 소나무의 일종으로만 이해해 잣나무에 해당하는 문장을 소나무를 설명하는 데 사용하고 있다. 옛날의 본초가들이 소나무와 잣나무를 엄격하게 구분하지 않고 사용했던 흔적이라 할 수 있다.

오늘날 우리나라에서도 송자와 송자인(松子仁)을 《한한대사전》에서조차 솔방울로 해석하고 있다. 이는 분명히 잣이므로 오류임을 밝혀둔다. 또한 송나라의 구종석(寇宗奭)도 잣을 설명하는 과정에서 「본국에서 나는 송자보다 바다 건너 동쪽에서 나는 송자가 맛과 질이 뛰어나다.」고 했으나, 이시진은 역시 소나무를 설명하는 항목에 그대로 넣었다. 그러나 이시진은 「잎이 3개인 것은 괄자송(栝子松)이고, 5개인 것은 송자송(松子松)이다.」라고 했다. 다시 말해 잣나무임을 확인해 주면서 자신의 오류를 바로잡기도 했다.

우리나라에서는 사전에도 측백나무〔柏〕와 잣나무〔栢〕가 같은 것으로 되어 있고, 숙종 때의 홍만선도 《산림경제》에서 잣〔海松子〕과 측백나무 열매〔柏子〕를 같은 것으로 보았다. 현재 일부에서는 잣나무는 栢, 측백나무는 柏으로 구분해 사용하고 있으나, 한문사전에서는 같은 글자로 여기고 있기 때문에 여기에서는 栢과 柏을 같은 글자로 인식해 栢으로 통일해 사용하고자 한다. 이는 우리나라 최초의 국어사전이라 할 수 있는 《훈몽자회(訓蒙字會)》(1527)에 측백나무를 栢으로 보았기 때문이다.

그러나 근래에 와서는 일반적으로 소나무와 잣나무를 확연히 구분하고 있다. 학계에서도 영어로 'KOREAN PINE' 이라 하고, 학명으로는 'PINUS KORAIENSIS' 라고 하여 잣나무가 한국산임이 세계적으로 알려지게 되었다.

| 김종덕 |

열

_일
_본

문장(紋章)에 나타난 소나무의 상징

일본의 《고킨요란고(古今要賢稿)》《고지키(古事記)》 등 고문헌에 일찍 '松' 자가 등장하지만 소나무를 문장으로 쓰게 된 기원은 분명하지 않다. 그러나 《다이요쇼(大要抄)》에 히노(日野) 씨의 차문(車文)으로 '松에 鶴'으로 썼다고 기술되어 있다. 차문이란 대개 가문(家紋)으로 해석되므로 문헌에 기록된 최초의 솔 문양으로 보아도 무방하겠다.

《켄분쇼가몬(見聞諸家紋)》에는 이즈모(出雲) 지방의 스기다(杉田)와 기타 지방의 후쿠야(福家)·이이다(飯田)·하네도코(羽床) 등 제씨들이 소나무 3그루를 가문으로 사용했다고 나온다. 도쿠가와(德川) 시대에 오면 다이묘 계급에서는 니시오(西尾) 씨가 빗솔〔櫛松〕을, 나가니(永井) 씨가 솔잎 및 솔방울을 가문으로 사용했다.

일본 소나무 문장의 유형은 3가지로 분류된다. 첫째, 소나무 전체 모양을 도안화한 것과 둘째, 나뭇가지와 잎을 형상화한 것과 셋째, 솔잎이나 솔방울만을 그린 것이 보편적이다. 흔히 소나무 문장은 노송(老松)이 많지만 때로는 유송(幼松)도 있기는 하다. 유송 문장을 와카마츠몬(약송문)이라고 한다. 소나무 문장은 대개 소나무 한 그루를 그린 것이

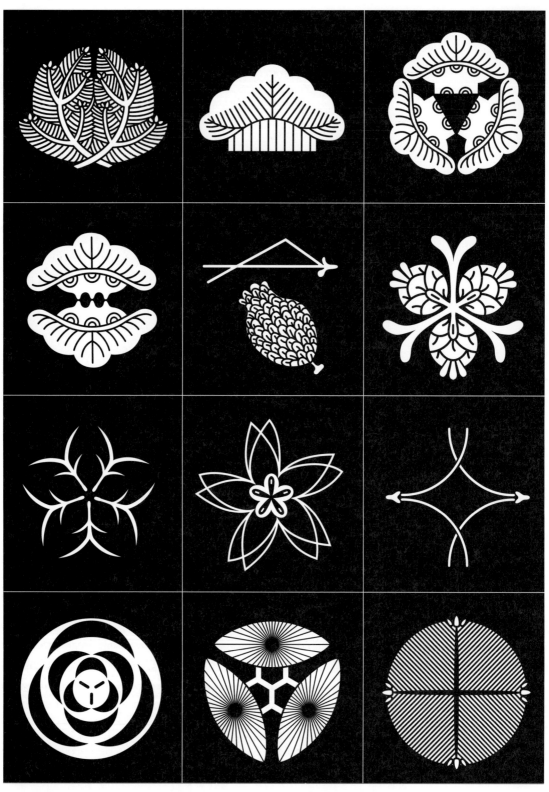

일본의 다양한 소나무 문장(紋章) | 한·중·일 3국 중에서 일본만 문장을 사용하는데, 문장(紋章)이란 '집'의 상징물로, '가문(家紋)'이라고도 한다. 최근에는 기업의 상징으로 많이 사용된다.

많으나 두 그루 이상도 있다. 그래서 2그루 이상을 니혼마츠(2本松), 산본마츠(3本松), 고혼마츠(5本松) 등으로 부른다. 5그루 이상을 그린 것은 많지 않으나 니시오 씨 가문의 빗솔은 7그루나 된다.

소나무 문장은 솔가지·잎·방울, 전체 모습을 그린 것 또는 그 짝맞춤이 있는데 변화가 풍부한 것이 특징이다. 소나무만큼 일본인에게 친숙하고 사랑 받는 식물은 없을 것이다. 아름다운 꽃은 피지 않지만 백목지장으로 으뜸가는 그 근엄한 품격은 장수를 상징할 뿐만 아니라 일본인의 정서에 딱 맞다고 생각한 것이다.

소나무 문장은 산슈 후지(讚州藤) 씨의 대표적인 가문(家紋)이다. 후지 씨는 천황 계보와 깊숙한 관계를 갖고 있는 일본의 명문으로 예로부터 문중이 번창해 오야(大野) 등 다섯 가문이 그에 속한다. 이 외에도 도요다(豊田)·시바노(柴野)·하라오(平尾)·아리오카(有岡)·히라다(平田)·다케다(竹田) 등 제씨들도 소나무 문장을 사용하고 있는 것을 보면 역시 후지 씨의 명문에 속한다고 봐야 할 것이다.

| 김문학 |

열하나

한국

민요로 본 소나무

신을 노래하는 소나무

우리 민족의 역사가 곧 소나무와 함께 한 역사라고 할 만큼 소나무는 누대를 거치면서 다양한 모습으로 우리네 일상생활 곳곳에 깊숙이 파고들어 고락을 함께 해왔다.

십장생 중 하나로 장수를 의미하기에 연말연시 소나무가 그려진 연하장은 가장 훌륭한 선물이 되며, 추위와 풍파에도 푸름을 유지하기에 꿋꿋한 절개와 의지를 나타내는 상징으로 선비들로부터 많은 사랑을 받아왔다.

그 잎과 가지는 서민들이 한겨울을 따뜻하게 날 수 있는 좋은 땔감이 되었으며 오뉴월 보릿고개 시절에는 훌륭한 먹거리가 되어 굶주림을 잊게도 했다. 난초나 국화처럼 어느 특정 계층으로부터 사랑을 받은 것이 아니라 양반, 서민할 것 없이 모든 계층에서 골고루 사랑을 받은 것이다. 지천으로 널려있는 게 소나무여서일까? 그 흔함으로 인해 존재 가치를 인정받지 못할 뿐이다.

에라 만수 에라 대신이야 / 대한량으로 설설이 나리소사 / 성조 본향이 어디
메뇨 / 경상도 안동 땅의 제비원이 본향일러라 / 제비원의 솔씨를 받아 / 소
평 대평에 던졌더니 / 그 솔씨 점점 자라 / 소부동이 되었구나 / 소부동이 점
점 자라 / 대부동이 되었구나 / 대부동이 점점 자라 / 청장목이 되고 황장목
이 되고 도리 기둥이 되었구나 / 에라 만수 에라 대신이야 /…중략… / 마누
라 어데가오 / 남산 밑의 송림 가오 / 백비단 긴 장옷에 솔잎이 돋아 / 푸르
기로 하월이라 하노라 / 마누라 오시는 길에 거문고 다리 놓고 / 가얏고 열
두 줄로 둥당실 나리소서 / 에라 만수 에라 대신이야

성주풀이 혹은 성주굿은 집을 주관하는 주신인 성주를 위로하고 가족의 길흉화복을
비는 굿으로, 민요〈성주풀이〉는 성주굿의 사설을 부르기 쉽게 편곡한 것으로 알려져 있다.
성주풀이의 내용은 대충 이러하다. '천상천궁에 기거하던 성주가 하늘에서 죄를 짓
고 지상으로 유배를 와 경상도 안동의 제비원에 거처를 정한 후 집짓기를 위해 제비에게
솔씨를 주어 전국 산천에 소나무를 퍼트렸다. 이 가운데 자손을 번창하게 하고 부귀공명
을 누리게 해줄 성주목을 골라 대들보를 삼고 집을 지었다.' 이 성주풀이의 내용은 제주,
강원, 경기, 영남, 호남, 북한 어느 지방이나 대동소이하다.
그 중 전라도 정읍지방의 성주굿의 무가를 소개하면 다음과 같다.

성주 근본 어디시오 / 경상도 안동 땅 제비원의 솔씨 받어 / 뒤앞 남산 소평
대평 뻐였더니 / 그 솔이 점점 자라 소부동이 되아 있소 / 소부동이 점점 자
러 대부동이 되아 있소 / 대부동이 점점 자러 청장목이 되아 있소 / 청작목
이 점점 자러 황장목이 두렷허요 / 낮으면 일광빛 밤으면 월광빛 이실을 맞
고 / 점점 자러 낙락장송 되아 있소 / 낙락장송 보고서 이 성주 주인님네 /
아랫마을 역군 세고 웃 마을에 초군 세고 / 박대목 짐대목 대목을 거나리시
고 / 대산에 대목내고 소산에 소목내여 / 저 좋은 나무 골르실 제 / 양지에
섰는 나무 양지목이라 골랐소 / 음지에 섰는 남기 음지목이라 골랐소 / 양지
여 섰는 남기 / 금띠 띄여 곱게 곱게 다듬고 / 음지여 섰는 남기 / 은띠 띄어
곧은 나무 곱다듬고 / 굽은 나무 잣다듬어 흐어아 대톱으로 역군님네 톱을
바로 잡고 / 성주 재목을 내을 적에 / 으흐나 실근 실근 실근 실근 실근
톱질허여 / 시르렁 시르렁 실근 실근 실근 실근 실근 톱질을 혀 / 주춧
돌 주추목 골라 비여 / 일등 목수 일등 대목도 골라 / 네 귀여 주추 놓고 / 연
자서끌 골라 골라 골라 비여 / 상창 놓고 중날 가려 / 중창 놓고 상날 가려 /
남생기 여복덕 좋은 일진 골라 대들보 올리날 적(후략)

이 산하 어느 한 곳 소나무 없는 곳이 없겠냐마는 험준한 고봉준령의 바위틈엔 미처

소나무와 학(민화) | 원래는 장생을 뜻하는 민화지만, 일면 어깨에 힘주고 배를 내밀고 당당히 서 있는 사람 같은 소나무는 당시의 민초 같다. 조용히 어딘가를 응시하고 있는 학은 혼탁한 정치를 일삼는 양반들 같다. 마치 현대의 국민과 정치인 같다고나 할까. (가회박물 관 제공)

성주의 손길이 미치지 못하였나보다. 다행히 솔씨 하나가 바람을 타고 바위틈에 옮겨져 싹을 틔웠고 그 싹이 수십 년의 한설과 풍상을 겪어내고 온 산하를 굽어보는 위용을 갖춘 장송이 되었으니 그 모습이 마치 한 마리 학이 춤을 추는 듯한 모습일러라

바람이 물 소린가 / 물 소리 바람인가 // 석벽에 달린 노송 / 움츠리고 춤을 추네 // 백운이 허우적거리고 / 창천에서 내리더라 //

근심과 시름에서 벗어나게 하는 솔 향기

경기민요의 노랫가락은 화사하고 밝다. 근심과 온갖 시름을 잠시 잊게 해주는 소리라 하여 예부터 서민들로부터 많은 사랑을 받아왔다. 이 노랫가락에 등장하는 소나무 역시 유유자적하고 자연에 순응하는 삶을 추구하던 조상들의 심성을 대변하는 소재로 쓰였음을 알 수 있다.

> 눈 속의 푸른 솔은 장부기상이요 / 학두루미 울고 가니 절세명승이라 // 세월아 봄철아 오고가지 마라 / 장안에 호걸이 모두 늙어 간다 //

북한과 서울·경기 지역에서 널리 불리는 민요 〈양산도〉에 등장하는 소나무는 고고한 절개를 지키는 장부의 기백을 지닌 모습으로 묘사되어 있다. '백설이 만건곤할 제 독야청청하리라' 하던 우리네 선비들의 기개와도 일맥상통한 모습인데 사시사철 푸른 고상한 모습은 양식 있는 사람들로 하여금 저절로 절개를 약속하고 충성을 다짐하는 계기를 만들어 주었으리라.

> 오봉산 꼭대기 홀로 섰는 노송 남근 / 광풍을 못 이겨 에루화 반춤만 춘다 //

경기민요 〈오봉산타령〉에 나오는 소나무는 볼품 없는 늙은 모습이긴 하지만 그 조차도 마치 한 마리 학이 춤을 추는 모습에 비유되어 있는데 이 여유야말로 인생을 초탈한 달관의 경지에 이르지 않고서야 어찌 가능할 것인가?

> 처다보니 만학은 천봉 / 내리굽어 살피니 백사지로다 // 허리 굽은 늙은 장송 / 광풍을 못이겨 반춤만 추고 // 주란화각이 에헤라 벽공에 걸렸다 //

경기민요 〈방아타령〉에서도 이 볼품 없는 늙은 소나무는 반춤을 추는 모습으로 묘사된다. 이처럼 연로하여 발걸음조차 떼기 어려운 노송을 두 팔을 허공에 가르며 소매를 날리는 듯 입춤을 추는 노인의 모습에 비유한 것은 태곳적부터 이어져 온 고유의 효사상이 반영된 우리네 생활 방식의 증거가 아니겠는가. 〈방아타령〉은 비교적 역사가 오래된 민요이지만 실제 방아찧는 노동요와는 무관한 유흥요로 알려져 있다.

> 동두천 소요산 / 약수대 꼭대기 // 홀로선 소나무 / 나같이 외롭다 //
> — 경기민요 〈청춘가〉 중

> 상상 봉오리 외로선 소나무 / 날과 같이 홀로 섰네 // 아리아리랑 쓰리쓰리랑 아라리가 났네 아리랑 응응응 아라리가 났네
> — 남도민요 〈진도아리랑〉 중

내 설움 다 받아 주는 소나무

조선팔도 만산편야 어느 곳에서나 흔히 발견되는 것이 소나무요, 우리 민족의 역사와 함께한 것이 소나무이기에 소나무는 필부필부(匹夫匹婦)의 애환과 설움을 다 받아 주는 너그럽고 인자한 모습이기도 했지만, 혹은 애꿎은 원망의 대상이 되기도 했다. 〈청춘가〉는 청춘홍안의 덧없음을 알고 젊은 시절에 열심히 학문을 닦자는 서울·경기 지방의 유흥요인데 늘어 말년에 인생의 덧없음을 알았을 때 느끼는 허무한 감정이 구구설절이 잘 드러나 있다.

> 휘늘어진 낙락장송 / 휘어 덤석 잡고요 // 애달픈 이내 심정 / 하소연이나
> 할거나 // 어랑 어랑 어야 어야 디야 모두가 내사랑이지 // 구부러진 노송
> 남근 / 바람에 건들거리고 // 허공중천 뜬 달은 / 사해를 비춰만 주노라 //
> 어랑어랑 어야 어야 디야 내사랑아

그러나 제 아무리 원망의 대상이라 할 지라도 '그 조차도 내 사랑이로구나' 하며 운명처럼 받아들이는 우리 민족 특유의 인생을 달관하는 태도가 반어적·역설적으로 잘 드러나 있는 것이 민요이기도 하다. '어랑어랑' 하는 후렴구 때문에 '어랑타령'이라는 별명을 가진 〈신고산타령〉은 함경도 지방에서 널리 불리는 민요로 함경도 지방 특유의 쾌활함과 흥겨움이 묻어난다.

> 청산의 저 노송은 / 너는 어이 누웠느냐 / 풍설을 못 이겨서 꺾어져서 누웠
> 느냐 // 바람이 불려는지 / 그지간 사단을 뉘 안단 말이오 / 나무 중동은 거
> 드러거리고 / 억수장마 지려는지 / 만수산에 구름만 몰려든다.

그러나 영존하는 것은 없는 법. 제 아무리 십장생이라 해도 잦은 풍설을 맞다보면 의지와 상관 없이 한줌의 흙으로 돌아가는 것이 만물의 법칙이리라. 서울·경기 지방에서 발생한 것으로 알려진 〈산타령〉은 산을 주제로 한 곡이기는 하나 반드시 산을 노래한 것은 아니며 놀량 – 앞산타령 – 뒷산타령 – 잦은산타령 – 개구리타령으로 일정한 형식을 지닌 선소리(입창, 서서 부르는 노래)이다. 그 중 비교적 빠르게 몰아서 부르는 것이 잦은 산타령이다.

태어남도 축복이요, 죽음도 축복이다. 그래서 장례의식을 축제처럼 여기고 망자의 천도를 빌던 것이 우리 민족의 성품이다. 한줌 재로 돌아가는 인생을 마냥 체념하지 않고 신명과 흥의 가락으로 승화시키는 천성을 타고난 사람들. 그 사람들은 세월의 무게에 못 이겨 누워버린 노송을 통해 뼈는 썩어 흙이 되고 살은 썩어 물이 되는 지극히 평범한 삶의 진리를 깨닫게 되고 그 깨달음을 흥겨운 가락으로 다시 표현해 낸다. 그것도 매우 흥겨운 가락으로 말이다.

| 김문성 |

열둘

한중일

속담으로 본 소나무

한국

노송(老松)나무 밑이다 _ 오래된 소나무 밑은 그늘져 우중충함과 같이 마음이 음충맞고 맑지 못함을 가리키는 말.

남산 소나무를 다 주어도 서캐조롱 장사를 하겠다 _ 소견이 옹졸하고 좁다는 말.

못된 소나무에 솔방울만 많다 _ 못된 것은 많고 아름다운 것은 적다는 말.

솔 심어 정자(亭子)라 _ 앞날이 까마득하다는 말.

솔 심어 정자라고 얼마 살 인생인가 _ 소나무 심어 정자를 짓는 것은 오랜 세월이 흘러야 가능하므로 자신의 시대에 영화를 보지 못할 일은 하지 말라는 말.

소나무가 말라죽으면 잣나무가 슬퍼한다 _ 어떤 사람에게 불행한 일이 생기면 그와 가까운 사람이 함께 동정하며 서러워한다는 것을 비겨 이르는 말.

소나무가 무성하면 잣나무가 기뻐한다 _ 가까운 친구나 자기 편 사람이 잘된 것을 기뻐하는 마음을 이르는 말.

소나무 그늘에 바둑판 하나 _ 안빈낙도, 청렴한 삶을 일컫는 말.

소나무는 깨끗한 땅에서 자란다 _ 환경이 좋아야 훌륭한 사람이 된다는 말.

소나무는 홀로 그 절개를 지킨다 _ 항상 푸른 소나무처럼 남들은 변절해도 혼자만이 지조를 지킨다는 말.

소나무는 정월에, 대나무는 오월에 심어야 잘 산다.

소나무에 잣 열리고 고욤나무에 감 달릴까 _ 세상은 다 정해진 이치에 따라 움직인다는 뜻으로 세상이 변해도 근본원칙은 달라지지 않는다는 말.

소나무와 잣나무 밑에는 풀이 자라지 못한다 _ 지조를 지키는 사람들 밑에는 변절자가 생겨나지 못한다는 말.

소나무의 절개는 겨울이라야 안다 _ 국가가 위태로울 때라야 충신을 알 수 있다는 말.

솔방울이 울겠다 _ 솔방울에서 방울 소리가 날 리 없듯이 절대로 그럴 리 없다는 말.

솔잎이 버썩하니 가랑잎이 할 말 없다 _ 큰 걱정 있는 사람 앞에서 작은 걱정을 가지고 얘기하니 하도 어이가 없다는 말.

솔잎이 파라니까 오뉴월로 안다 _ 온 집안이 근심에 싸여 있는데 어떤 작은 일 한 자가 좋다고 속없이 날뛴다는 말.

중국

낙락장송(落落長松) _ 가지가 축축 늘어지고 키가 하늘 높이 큰 소나무를 말함.

경송창어세한(勁松彰於歲寒) _ 찬바람이 불고 흰눈이 날리는 추운 겨울철에 이르러 비로소 소나무의 본질이 나타남을 이르는 말.

운영도성(雲影濤聲) _ 구름의 그림자와 파도 소리라는 뜻으로 바람에 흔들리는 나무의 그림자를 형용한 말(오직방시화(王直方詩話)에서).

정송오죽(淨松汚竹) _ 깨끗한 땅에는 소나무를 심고 지저분한 땅에는 대나무를 심는다는 말.

백목지장(百木之長) _ 생태적으로 곧고 굵게 자랄 뿐 아니라 목질(木質) 자체가 단단하여 뒤틀리지 않는 나무임. 그래서 궁재(宮材)로 쓰일 뿐 아니라, 상징성 또한 타의 추종을 불허하는 나무이기 때문에 사마천의《사기》등 고문헌에서부터 붙여진 이름임.

송수천년(松壽千年), 송백불로(松栢不老) _ 소나무와 잣나무같이 수명장수를 기원하는 의례문안(儀禮文案)으로 흔히 쓰임.

죽포송무(竹苞松茂) _ 가옥의 낙성식에서, 흔히 송사(頌辭)로 쓰이는 말. 지은 집의 토대가 대나무같이 견고하고 솜씨의 치밀함이 무성한 소나무 같다는 뜻.

일본

소나무 기둥도 3년 _ 보잘것없는 것처럼 보여도 쓸 데가 있다는 뜻. 기후가 습한 일본에서
는 벌목한 소나무는 썩기 쉬운 까닭에 기둥감이 못 되지만 그래도 3년은 버틸 수 있다고 함.
가도마츠는 명토(冥土, 무덤)로 가는 1리 이정표 _ 가도마츠는 정초에 문 앞에 세우는 소
나무 장식. 일본은 전국의 간선도로에 10리(일본의 1리)마다 흙을 쌓아올리고 나무를 심
었었음.
향기 높은 송이, 맛은 새끼송이들(시메지) _ 물건에는 저마다 장단점이 있다는 뜻. 원래
의미는 송이는 말 그대로 향이 좋고 씹는 멋도 제격이지만 실제 맛은 습지(시메지)에서 나
오는 송이과의 무더기버섯 맛이 최고라는 것.
솔방울보다 나이 값(마츠가사 요리 도시가사) _ 마츠(솔)와 도시(나이)는 비교가 불가능
하지만 일본말로는 갓〔笠〕도 가사이고, 분량을 의미하는 숭〔嵩〕도 가사다. 나이 값 할 만
한 사람의 경험이 소중하다는 말.

| 편집위원 |

저 들에 푸른 솔잎을 보라. 돌보는 사람도 하나 없는데 비바람 맞고 눈보라 쳐도 온누리 끝까지
맘껏 푸르다. 서럽고 쓰리던 지난날들도 다시는 다시는 오지 말라고 땀 흘리리라 깨우치리라.
거친 들판에 솔잎되리라. 우리들 가진 것 비록 적어도 손에 손 맞잡고 눈물 흘리니. 우리 나갈
길 멀고 험해도 깨치고 나아가 끝내 이기리라. 깨치고 나아가 끝내 이기리.

양희은 〈거친 들판에 푸른 솔잎처럼〉

[5] 오늘날의 소나무

하나

한국

현대시로 본 소나무

지조와 절개의 이미지

소나무는 사군자인 매화, 난초, 국화, 대나무와 함께 우리 문학사에서 가장 보편적으로 형
상화 되어 온 소재다. 소나무는 비바람이나 눈보라 같은 험난한 자연적 역경 속에서도 사
계절 푸른 잎을 지니고 있다. 뿐만 아니라 소나무의 잎은 직선으로 꼿꼿이 뻗어 있어 강인
함까지 느껴진다. 그러한 소나무의 모습에서 선인들은 고난에도 굴하지 않는 군자와 충신
의 지조 그리고 절개를 읽어냈다. 소나무에 대한 이러한 전통적 의미의 비유 체계는 현대
시에 있어서도 계승·변용되고 있다.

> 소나무야 소나무야 겨울 소나무 / 너는 왜 이 겨울에 더 푸르르냐? / 무슨 피
> 무슨 피의 무슨 愛人 갖어서 / 눈부시게 눈부시게 푸르르냐? // 약손가락
> 끊어서 피를 흘려서 / 죽은 남편 목구먹에 흘려 넣고서 / 청상과부 홀몸으로

웃고 살다 간 / 내 할머니 미소 같은 너 솔나무야.

- 서정주 〈겨울 소나무〉

서정주의 시 〈겨울 소나무〉는 문학작품 속에서 지속적으로 드러난 소나무의 상징성
을 그대로 형상화한다. 그러나 소나무가 흔히 남성적 절조를 표상해 온 것과는 달리 이 시
에서는 여성의 절개에 주목하고 있다. 혹독한 겨울에 더욱 '눈부시게' 푸른 절개는 '내 할
머니'의 삶, 즉 여성적 이미지로 연결되고 있다. 남편의 목숨이 이미 끊어졌음에도 불구하
고 자신의 손가락을 베어 내어 피를 흘려 넣었던 할머니는 남은 생마저 기꺼이 수절한다.
겨울에 오히려 더욱 푸르다는 소나무의 역설적 속성은 할머니가 고단한 삶 속에서 웃음과
미소로 지켜 온 절개의 이미지와 일치되고 있다.

순수함과 불변함의 의미

소나무는 사철 푸른 잎을 지닌다는 점에서 흔히 절개와 지조를 상징해 왔다. 따라서 그러
한 시들은 주로 소나무의 강인함에 주목한다. 그러나 그 순수성과 불변성이라는 측면에

선암사 와송 | 수령 600년이 넘은 선암사의 명물. 세월의 무게를 이기지 못했는지 땅 위를 기어가며 자라고 있다.

특히 초점을 맞춰 조명하는 시들 역시 발견된다.

> 가느디가는 솔잎이여 / 어찌하여 너희는 / 이름도 없이 무수히 / 그러나 햇
> 빛과 바람에 어울려 그렇게도 반짝반짝 빛나는가. / 사실 그 한 깃밖에 못하
> 지만 / 없는 듯이 하고 있네. // 나는 죽으면 망할 / 몸뚱이를 가지고 / 異性
> 의 몸뚱이만 탐내고 있으니 / 이 원죄를 버릴 수 없는 한 / 시도 어느새 때가
> 낄 수밖에.
>
> – 박재삼 〈솔잎 반짝임에〉

박재삼의 시에서는 소나무의 변하지 않는 순수한 속성에 주목하고 있다. 여기에서 소나무는 '가느디가는 솔잎'과 '이름도 없이' '무수히' 살아가는, 외형적으로는 이름 없고 약한 존재로 보여지고 있다. 그러나 그런 외형에도 불구하고 햇빛과 바람에 어울려 '반짝반짝' 빛나는 모습은 시인에게 커다란 깨달음과 반성을 불러일으킨다. 죽음과 동시에 소멸되어 아무 의미도 지닐 수 없는 육체를 가졌음에도 불구하고 음욕을 품는 데에만 열중하고 있는 자신의 원죄에 대해 한탄하고 있는 것이다. 게다가 자신이 쓰고 있는 시 역시 그러한 죄로 때가 끼고 있음을 자탄한다. 이 시에서 소나무는 시인의 시선을 통해 시인의 삶과 시가 대비되어 그 불변성과 순수성, 그것의 아름다움이 강하게 부각되고 있다.

강한 생명력과 민족의 표상으로서의 상징성

소나무는 혹독한 외부적 상황에도 불구하고 늘 변하지 않는다는 속성과 오래 산다는 점 때문에 예부터 십장생의 하나로 장수를 상징해 왔다. 때문에 소나무는 시에서 질기고 강인한 생명력을 표현하는 소재로 자주 활용되고 있다.

> 엄동에도 / 솔잎은 얼지 않고 / 나무들은 / 뿌리만으로 겨울을 견딘다 / 모
> 두 오염되고 / 파괴돼 있어도 / 생명은 얼지 않고 / 뿌리에서 오는 힘으로 넉
> 넉히 / 새봄을 준비한다.
>
> – 김지하 〈솔잎〉

김지하의 시 〈솔잎〉은 엄동에도 불구하고 얼지 않는 솔잎에 주목한다. 소나무를 둘러싼 모든 것이 오염되고 파괴된 상황 속에서도 솔잎은 이에 전혀 부동하지 않고 있다. 오히려 미래의 언젠가 다가올 봄을 위해 '뿌리에서 오는 힘'으로 '넉넉히' 새 봄을 준비한다. 이는 시인이 소나무를 통해 강인한 생명력을 읽어내고 있음을 보여 준다.

이러한 생명력은 우리 민족의 강인함으로 구체화되기도 한다.

소나무는 어디에서나 쉽게 볼 수 있다는 점에서 우리 민족에게 친숙한 나무다. 동시에 이미 많은 문학작품에 등장해 온 문학적 소재다. 때문에 많은 시인이 소나무를 우리 민

족과 국가의 문제로 연관시키고 있다. 이 과정에서 흔히 역사적 시련은 겨울의 이미지로, 소나무는 그것을 꿋꿋이 견뎌내는 존재로서의 민족을 드러낸다.

> 소나무야 소나무야 겨울 애솔나무야. / 네 잎사귄 우리 아이 속눈썹만 같구나. / 우리 아이 키만 한 새벽 애솔나무야. // 통일된다 하는 말 그거 정말 진짤까. / 겨우 새 뿔 나오는 송아지 눈으로 끔벅끔벅 앞만 보는 우리 애솔나무야. // 고추장이 익는다 고추장 주랴. / 기러기 목청이나 더 보태 주랴. // 천만 번 벼락에도 살아남아 가지고 / 겨울 새벽 이 나라 비탈에 서 있는 / 너무 일찍 잠깨난 우리 애솔나무야.
>
> – 서정주 〈새벽 애솔나무〉

서정주의 시에서 소나무는 외형상으로는 전혀 강하지 않다. '우리 아이 속눈썹', '우리 아이 키' 만큼 작고 여린 애솔에 지나지 않다. 그러나 애솔은 천만 번의 벼락과 차가운 겨울에도 꿋꿋이 살아남은 강인한 생명력을 지니고 있다. 여기에서 '겨울'의 이미지는 우리 민족이 그동안 겪어온 역사적 시련들을 포괄적으로 보여 주며, '벼락'은 천만 번이라는 과장된 수관형사를 통해 우리 민족이 그러한 시련을 얼마나 많이 겪었는가에 대해 이야기하고 있다.

이 모든 것을 견뎌내고도 여전히 '겨울 새벽 이 나라 산비탈에 서 있는' 애솔에 대해 시인은 대견함과 '너무 일찍 잠깨난' 것에 대한 연민을 가지고 있다. 그는 민족과 함께해 온 소나무에게 통일이 될지의 여부를 물어보지만, 애솔은 미래에 대해 아무것도 모른 채 '끔벅끔벅' 앞만 보며 그 자리를 지키고 있다. 시인은 익은 고추장을 줄지, 기러기 목청을 보태 줄지 순진하고 여린 애솔에 대해 이런저런 걱정으로 보살피고 있다. 이러한 애솔은 결국 앞으로도 무수히 많은 시련을 겪겠지만 여전히 그 자리에서 꿋꿋이 견뎌낼 민족의 강인함을 상징한다고 하겠다.

| 김현자 |

둘

한중일

소나무의 생태 현황

한·중·일 소나무 분포 현황

오늘날 지구상에 자라고 있는 100여 종의 소나무들이 최초로 무성했던 지역은 1억 7천만 년 전에 알래스카와 시베리아의 북동부를 연결하는 베링기아(Beringia) 지역이라고 학자들은 추정하고 있다. 베링기아 지역의 소나무는 장구한 세월에 걸쳐 그 분포 영역을 북반구 전역으로 서서히 넓혀 갔으며, 오늘날은 알래스카에서 니카라구아, 스칸디나비아 반도에서 북아프리카까지, 시베리아에서 수마트라까지 자라고 있다. 따라서 소나무류는 참나무류 다음으로 북반구에서 가장 넓은 분포 영역을 차지하고 있는 수종이다.

소나무류의 분포 영역은 종에 따라서 다양하게 나타나고 있다. 구주적송처럼 영국에서 시베리아에 걸쳐 넓게 분포하여 자라는 수종이 있는가 하면, 오직 좁은 지역에 한정적으로 서식하는 종들도 있다. 한편 100여 종의 소나무류는 북미대륙에 65여 종 이상 그리고 유라시아 대륙에 40여 종이 분포하고 있다. 위도상으로는 북위 36도 부근에 40여 종의 소나무들이 서식하고 있어서 가장 많은 종이 서식하고 있는 것으로 보고되었다.

우리나라에서는 중생대 백악기(전라북도 진안 지역과 황해도 사리원), 신생대 마이오세(경북 포항 장기층, 강원도 통천 지역, 함경북도 회령 탄전 지역), 신생대 플라이스토세(충북 단양시 점말동굴, 경북 영양, 강원도 속초 영랑호 등)에서 소나무류의 화석이 발견되었으며, 오늘날의 소나무와 가장 비슷한 화석은 경북 포항에서 1926년에 발견된 중생대 제3기 마이오세(2300만 년 전)의 2개의 바늘잎을 가진 소나무 화석이다.

지구상에 자라는 1백여 종류의 소나무 중, 우리 소나무는 극동지방에 한정적으로 자란다. 한국, 중국 동북지방의 압록강 연안, 산동반도, 일본의 시코쿠(四國), 규슈(九州), 혼슈(本州)에서 자라고 있으며, 러시아 연해주의 동해안에도 자라고 있다.

한국 소나무의 분포 현황

중국과 일본의 경우 국토면적이나 전체 산림면적에서의 소나무 비율이 극히 미미한 것에 비해, 우리나라는 2002년도 산림자원 조사보고서에 따르면 다른 활엽수림 전체의 면적보다 높다는 통계가 나왔다. 우리나라를 소나무를 가장 선호하는 국민이라고 할 수밖에 없는 것이, 소나무 이외의 모든 나무를 잡목이라고 하는 것을 보아도 알 수 있다.

전국 산림면적의 통계로 보아도 알 수 있다. 즉 침엽수림과 활엽수림, 혼효림, 죽림 및 무립목지(미입목지, 황폐지, 개간지, 기타)를 포함한 총 6410269헥타르 중 잣나무(207747헥타르, 3.2퍼센트)를 포함해 소나무가 1738991헥타르로 27.1퍼센트를 차지한 것이다. 전체 지역별로는 경북이 445020헥타르로 25.6퍼센트, 강원 333088헥타르로 19.2퍼센트, 전남이 260357헥타르로 15퍼센트 순으로 그 자생력을 뽐내고 있다. 대표적인 침엽수림인 소나무는 전체 활엽수림 1684267헥타르보다도 54724헥타르 더 많은 수치를 보이고 있다.

조선시대에도 소나무의 조림 기록은 많이 있지만 활엽수의 조림 기록은 찾아보기 어렵다. 이로써 과거의 추세가 최근까지 지속되어 오고 있는 것을 알 수 있으며, 단연코 소나무가 우리나라의 가장 주요한 수종임을 확인할 수 있다.

중국 소나무의 분포 현황

중국은 세계에서 인구가 제일 많은 만큼 영토의 넓이도 그만큼 넓다. 중국의 산림면적은 1억 3370만 헥타르로 산림면적은 13.9퍼센트이다. 중국의 산림면적 비율이 적은 이유는 내륙지방의 사막과 산림이 살 수 없는 고원지대가 많은 면적을 차지하는 것도 하나의 이유이다. 뿐만 아니라 여타 개발도상국가와 같이 다량의 목재가 건축과 화목 등 경제개발과 산업화의 과정에 사용됐기 때문이다. 정확한 자료는 없으나 철강 등의 산업화 이전까지 산림면적은 현재보다 3배 가까이 높은 수준이었던 것으로 전해진다.

그 중 광서 지역은 지역이 넓고, 아열대 기후에 강수량이 풍부해 삼림지대가 많다. 지역 내에 다양한 종의 천연 자생림과 인공림이 분포해 있고, 산림자원이 풍부해 중국 남방의 중요한 삼림 지대 중 하나다. 1995년 3월 1일 광서 지역은 중앙 정부 국무원이 선정하는 산림 조형 우수 성(省)으로 1위를 차지했다.

광서 지역의 소나무는 대다수가 인공림인데 산잣나무[馬尾松], 운남송(雲南松) 두 종이 분포하고 있다. 산잣나무는 태양열에 강한 수종으로, 해발 1000미터 이하의 사암석 구릉 산지에서 자라고, 동부 사암석, 화강암 산지에 광범위하게 분포한다. 운남송은 건조한 환경에 잘 견디며, 서부의 윈꾸이(雲貴) 고원 가장자리의 러예(樂業), 텐어(天峨), 시린(西林), 룽린(隆林)등의 지역에 광범위하게 분포한다.

산림 구성수종 중 산잣나무(운남송 포함) 산림면적은 7842만 6000입방미터로 전체(활립목 총 저장량은 2억 5524만 입방미터이다.)의 30.73퍼센트를 차지한다. 수종의 우수성에 따라 분류하면, 산잣나무 임분(수종, 수령, 임상, 생육상태 등이 비슷하고 인접 산림과 구별되는 한 단지의 산림)면적이 162만 4800헥타르로 33.98퍼센트를 차지하여, 14억 4769만 3000헥타르로 56.77퍼센트를 점유한 활엽수림에 이어 두 번째다.

일본 소나무의 분포 현황

경제협력개발기구(OECE) Environmental Data Compendium을 토대로 한국무역협회가 2001년에 보고한 자료에 따르면 핀란드, 스웨덴에 이어 국토산림면적비율이 제일 높은 나라가 바로 일본이다.

일본의 산림면적은 2515만 헥타르이며, 이 중 인공림은 1040만 헥타르, 천연림은 1338만 헥타르로서 전 산림면적에 대해 각각 41퍼센트, 53퍼센트를 차지하고 있다. 21세기에도 산림면적은 약 2520만 헥타르가 될 것으로 예상되고 있다.

산림면적은 34억 8300만 평방미터이며 이중 인공림이 54퍼센트, 천연림이 46퍼센트를 차지한다. 헥타르 당 평균산림축적은 138.5평방미터에 달하고 있는데, 2025년의 목표는 176입방미터, 장래목표는 약 184입방미터이다. 산림율 67퍼센트는 선진국 중에서 핀란드 (76퍼센트), 스웨덴 (68퍼센트)에 이어 3위(우리나라의 약 3.9배에 달한다.)이나, 국민 1인당 산림면적은 0.2헥타르로 세계평균인 0.8헥타르의 4분의 1에 불과하다.

일본의 산림자원은 제2차 세계대전 후에 조림한 인공림의 성장이 가장 왕성한 시기에 도달해 축적량은 연간 약 7000만 입방미터 증가하고 있으나, 인공림의 대부분은 35년생 이하의 유령림이며 보육·간벌이 필요한 시기를 맞이하고 있다. 산림의 다양한 기능에 대한 국민적인 관심이 높아지고 있어 1996년에 〈산림자원에 관한 기본계획〉을 다시 세워 산림을 질적으로 충실히 육성하는 데 노력하고 있다. 보육·간벌의 추진, 천연적인 힘을 활

중국 황산 소나무 숲 | 황산 소나무는 대다수 지역에서 길러내기 적합하고 가정용 소나무에도 어울려 큰 시장을 이룰 것으로 내다보고 있다.

용한 육성복층림시업(始業)을 추진, 재해에 강한 국토기반 형성, 안정적인 양질의 물 공급 등 기능을 중시한 산림정비 형태로 추진, 국민들이 더욱 산림과 친숙해질 수 있도록 힘을 기울이고 있다.

　그러나 현재 일본의 산림면적 가운데 소나무가 차지하는 비율은 2퍼센트 미만이다. 소나무재선충이 나타난 지 백여 년 만에 소나무 숲 면적이 90퍼센트 이상 사라져 버렸다는 사실이 안타깝다. 일본의 소나무는 시코쿠, 규슈, 혼슈 지방에 주로 자라고 있다.

| 전영우·편집위원 |

셋

_한
_일

관광·축제로 본 소나무

한국에서 열리는 소나무 축제

소나무가 문화라는 이름을 달고 축제라는 이름으로 사람들 속에 자리 잡게 된 계기는 1993년도에 대관령 자연휴양림에서 '숲과 문화연구회' 가 〈소나무와 우리문화〉란 학술토론회를 개최한 덕분이다. 산림학자와 시인, 화가, 농부, 민속학자, 국문학자, 미학자, 목수(도편수), 출판인과 소나무 애호가들이 3일 동안 숙식을 같이하면서 소나무의 가치와 아름다움에 대한 생각을 서로 나눈 것이 그 시작이다.

단명한 강릉 소나무 축제   소나무 축제는 2001년에 전국 최초로 소나무를 주제로 강릉과 대관령 일대에서 열린 바 있다. 초당동 솔밭에서 통나무 나르기와 쌓기 대회, 나무 오르기 대회, 스트레스 해소를 위한 1시민 장작패기, 목가공품 만들기, 솔방울 줍기 등 다채로운 행사가 열렸다. 그러나 최근 강릉의 소나무는 강원도와 강릉시가 2003년부터 추진하고 있는 여러 가지 개발계획에 밀려 소나무 군락지가 훼손되고 있다. 이로써 전국 유일의 소나무 축제는 2001년 1회를 끝으로 더 이상 열리지 않고 있다.

춘양목 문화축제　2003년으로 3회째 맞이한 〈춘양목 문화축제〉는 춘양초등학교 동창회 이름으로 시작해 '춘양목발전회'로 그야말로 발전적인 축제를 계속하고 있다. 축제 내용은 매우 다양하여 춘양목 양묘장 방문, 춘양목 전통가옥 방문, 춘양목 군락지 걷기, 춘양목 영상자료 전시, 춘양목 가치 특강, 춘양목축제의 밤 행사로 축시 낭송, 축제의 노래 등으로 이어진다. 현재는 학자들의 주제발표와 토론이 추가되어 지역 전문가들과 관(官)의 적극적인 참여가 늘어나 더욱 발전적으로 이어질 것으로 보여 고무적인 일이 아닐 수 없다.

일본에서 열리는 소나무 축제

예로부터 일본에서는 소나무를 신의 대체물의 으뜸, 즉 신목(神木)으로 받들어왔다. 소나무는 제목(祭目)으로도 불렸고, 일본 창세 신화의 이자나기, 이자나미 남녀 2신(二神) 강림의 상징물이라고도 한다. 사시사철 푸른 소나무는 고대 일본인이 가장 숭배해 온 신목으로, 연중행사나 축제의 신이 내리는 대체물의 상징으로 여겨 왔다.

　　소나무를 주제로 한 마츠리(축제)는 다른 마츠리와 달리 계절의 구분이 엄격하지 않다. 소나무 마츠리는 대체로 솔잎을 주제로 한 것으로 분류할 수 있다. 그리고 드물기는 하

춘양목 문화축제 | 봉화·울진에서 벌채된 소나무가 춘양역에 집재되었다가 열차편으로 서울로 실려 올라온 데서 기원한 '춘양목'이란 이름은 명품 소나무의 대명사였다. 오늘날 문화축제로 이어져 소나무의 상징적 이미지를 살려내고 있다.

지만 소나무 전체를 주제로 한 축제도 있다.

솔잎 마츠리 가고시마(鹿島)의 '솔잎 던지기' 축제는 새해 초하루부터 3일까지 각 민가 앞에 장식된 가도마츠(門松)의 솔잎을 아무나 꺾어 들고 남녀가 서로 마주보고 뿌린다. 특히 신혼부부를 만나면 '젊어지고 싶어' 하면서 더 사정없이 던진다. 아이들끼리나 남녀가 서로 상대를 향해 던지는 등, 천년의 행복을 소나무를 통해서 얻기 위해 새해 첫 3일간 서로 축복해 주는 행사다.

교토의 야스라이 마츠리는 이마미야(今宮) 신사에서 4월 10일 전후 벌어지는 축제다. 진화제(鎭花祭)라고도 하는데, 이것은 벚꽃 위에 내려앉아 더러운 병을 전염시키려는 역신을 누르기 위한 축제다. 직경 2미터의 큰 우산 주위를 솔잎, 벚꽃과 버들꽃으로 장식한다. 이 우산을 일명 풍류산이라 일컫는데, 이 속에 들어가면 역병을 제거할 수 있다고 한다. 이 솔잎이 장식된 우산이 바로 신(神)의 대체물이기도 하다.

송영 마츠리 송명축제로 유명한 것은 교토의 다이모지오쿠리버(大文學送り火)다. 교토에는 2000여 개의 사원(寺院)이 있는데 8월 오봉 때 제각기 정령(精靈)을 송영하는 마츠리를 벌인다. 그 대표적인 것이 곧 히가시야마(東山)의 다이모지오쿠리버이다. 8월 16일 밤 산 위에 관솔불을 켜놓고, 바다나 강에 초롱불을 띄우는 것으로 정령을 영접하거나 보는 것을 대신한다. 은각사(銀閣寺) 뒤꼍에 점화된 '大' 문자 송명은 여름날 교토의 명물로 길이 전해 오고 있다.

히로시마 미야지마(宮島)의 7대 불가사의 대송명은 그믐날 밤 주위 1.2미터, 길이 4.5미터의 거송을 묶어 놓고 불을 지펴서 신전에 올리는 마츠리인데, 이 축제로 인해 화재가 난 적은 한 번도 없었다고 한다.

마츠바라 일본의 소나무가 관광용으로 각광을 받는 것은 소나무를 심은 정원도 있지만 아무래도 '마츠바라(松原)'라 불리는 송전을 첫 번째로 꼽는다. 사면이 바다로 둘러싸인 일본에서는 해안을 따라 솔밭이 끝없이 펼쳐져 있는데, 이것은 일본의 독특한 풍경을 이루며 많은 관광객을 끌고 있다. 제일의 송원으로는 시즈오카(靜岡) 현의 미호(三保)를 꼽는다. 특히 〈선녀와 초부〉라는 전설 속의 선녀가 날개옷을 걸어놓았다는 아름다운 이야기로 유명하다.

사가(佐賀) 현의 니지(虹) 송원은 길이 5킬로미터, 너비 1킬로미터에 8만 그루의 솔밭 명승지인데 370여 년 전 방풍림으로 조성되었다. 이밖에 센봉(千本) 송원, 마츠시마(松島) 송원 등 알려진 송원만 해도 70여 곳이 넘는데, 이들 송원이 일본 열도의 남북해안선을 종단하고 있어 연 수백만 명이 찾는 일급 관광지가 되고 있다.
　　　　　　　　　　　　　　　　　　　　　　　　　　　　　　　　　 | 전영우·김문학 |

넷

한
중
일

현대 산업으로 본 소나무

한국

최근 '참살이(웰빙)' 바람으로 소나무는 친환경소재로 대우받아 건축마감재와 미용제품, 생활용품 등에 주로 사용되고 있다. (주)에덴바이오벽지의 '산소벽지' 와 (주)삼화페인트의 '천연페인트' 는 실내 공기를 정화시켜 주는 제품이다. '산소벽지' 는 소나무를 갈아 만든 '일라이트' 라는 추출물을 첨가해 벽지에서 미량의 원적외선이 방출하도록 했다. '천연페인트' 는 송진, 밀감 껍질 등 150여 종의 식물에서 추출한 원료를 사용해 도배 후에도 유독성 화학물질이 배출되지 않는 게 장점이다.

또한 적송유라는 게 있는데, 이는 해발 300미터 이상 북한 청정지역인 금강산, 백두산 등지에서 자생하는 붉은 소나무의 솔잎을 채취·가공한 기름이다. 북한과의 교류가 예전과 달리 활발한 요즘 북한에서 직수입한 특수 영양식품이다.

그리고 운동선수들이 사용하는 로진백(야구, 볼링 등등)이나 핸드볼, 농구 선수들이

땀이 흐르는 것을 방지하기 위해 바르는 하얀 가루가 송진이다. 이 송진은 바이올린의 채에 바르기도 한다. 이뿐만이 아니라 납땜할 때 납이 예쁘게 잘 뭉치라고 발라 주는 플럭스라는 것도 송진이다.

최근 인터넷 쇼핑몰에서 새로운 쇼핑문화 추세에 맞춰 출시된 참살이 미용 상품이 불티나게 팔리고 있다. 이른바 '황토솔림욕' 이라는 미용팩이 그것인데, 한 인터넷 홈쇼핑에서 2시간 만에 3만 세트를 판매할 정도로 인기몰이를 하기도 했다.

일상생활에서 가장 많이 접하는 소나무 관련 상품으로는 천연 솔싹을 이용한 롯데칠성의 '솔의 눈', '솔의 눈 포르테', 솔잎추출물과 소금 성분으로 만든 (주)태평양의 '송염치약', 솔잎 추출물을 함유한 LG생활건강의 '자연퐁' 이 대표적이다.

송염치약은 1999년 10월에 선보인 이래 출시 원년에 매출액 100억, 시장 점유율 10퍼센트를 달성했으며, 일 년 만인 2000년 말에는 할인점 판매점유율 1위를 달성했다. 1991년 5월에 출시된 자연퐁은 천연 세균 제거 성분인 솔잎 추출물이 들어 있어 설거지 후 수세미와 주방용품에 남아 있는 대장균이나 포도상구균 등의 세균을 최고 99퍼센트까지 박멸해 준다. 2003년 말 세제 시장점유율 1위에 올라서며 '순한 세제' 의 전성시대를 열게 한 제품이기도 하다. 그밖에 (주)애경의 솔향이 첨가된 가습기 전용액 '가습기 메이트' 가 있으며, 기타 방향제, 솔잎비누, 솔잎차 등이 있다.

중국

중국에서도 우리나라와 마찬가지로 소나무를 건축물, 교량, 철도의 침목, 전신주, 차량, 농기구, 제지, 인조 섬유 등에 쓴다.

소나무를 이용한 상품들 | 좌측부터 LG생활건강의 〈자연퐁〉, 롯데칠성의 〈솔의눈〉, (주)애경의 〈가습기메이트〉, (주)태평양의 송염치약

특히 송화가루를 고급 천연영양식품의 원료로 인식하여 이미 2000년 전부터 먹어 왔다고 한다.

솔잎에서 추출한 방향유(芳香油)는 이미 비누, 치약, 화장품, 사탕, 에센스, 비스킷 등 많은 상품에 응용되고 있다. 솔잎 기름(소나무나 전나무의 잎을 증류시켜서 얻는데, 소독약이나 향료의 원료로 쓰임)을 증류하고 남은 찌꺼기는 다시 아교, 알코올 등의 고급 원료로 추출한다.

송진과 테레빈유(송유) 또한 중요한 공업원료로 비누, 종이, 도료, 인쇄 잉크, 성냥, 고무, 인쇄, 식품 가공, 화공, 향료, 의약품, 플라스틱, 전기, 농약, 전기 공업 등의 부분에 광범위하게 쓰이고 있다.

또한 송진은 방부제와 구충제의 훌륭한 재료인데, 소나무 열매는 사탕, 과자(케이크, 빵 등 포함)의 원료이다. 그것은 바삭하고 부드러우며, 은은한 소나무 향을 내는데, 당대(唐代) 이래로 송자(松籽)는 사람들이 좋아하는 간식거리였다.

인기 절정의 정원용 소나무

최근 중국에서 경제발전에 따른 혜택의 척도가 되는 것이 주택의 정원가꾸기라고 할 수 있다. 2003년부터 시작된 정원가꾸기 열풍의 주인공은 바로 소나무이며, 특히 광동에서 선풍적인 인기를 끌고 있다.

정원용으로 주로 사용되는 소나무는 일본에서 수입된 토송으로 그루당 5~6만 위안(한화 750~900만 원)짜리가 가장 잘 팔린다.

소나무는 한·중·일이 다 같이 부귀·길상을 상징하는 것으로 받아들이기 때문에 예부터 정원수로 심어 가꾸는 전통이 있어 왔다. 보통 소나무 한 그루를 정원수로 조형하는 데 적어도 80여 년이 소요되는데다 10여 년 정도 전지 등 아름다운 수형으로 갖춰야 시장에 내놓을 수 있기 때문에 판매가격은 당연히 높다.

중국인들이 가치를 두는 소나무의 관상기준은 노송[老], 푸름[綠], 역동적인 힘[勁], 기이한 수형[奇]이다. 따라서 소나무의 전통적 상징성과 관상 가치로 인해 그 인기가 높다.

광동 훙다난 화분집합지(宏達蘭卉園林總匯)와 상하이 따첸 수석원(大千樹石園)이 대표적인 판매회사들이다. 따첸 수석원의 경우 안휘(安徽) 성에서 주로 자라는 수종은 황산 소나무다. 황산 소나무는 대다수 지역에서 잘 자라고, 주택 정원수로도 어울리므로 큰 시장을 이룰 것으로 예측된다.

현재 소나무 판매 시장이 쭈창 삼각주 지역에 집중되고 있지만, 곧 국내 대부분 지역으로 퍼져 나가 큰 인기를 누릴 것이며, 주택 정원 조성의 수준을 한 단계 높이는 데 없어서는 안 될 수종이 될 것으로 전망한다.

일본

송이버섯　일본인이 송이버섯〔松栮〕을 즐겨 먹는 것은 세인이 잘 아는 바다. 일본의 대표적인 고전 시가집인《만요슈》에도 송이버섯을 먹었다는 노래가 종종 눈에 띈다. 송이버섯의 향기는 사람의 후각을 취하게 하는가 하면, 약용의 효과도 있어 일본인은 특별히 즐겨먹는다. 소화가 잘 되고 알칼리성 식품이므로 복통, 이질, 빈혈에 좋다.

솔잎·송피　잣, 솔잎, 송엽차, 송엽주, 솔방울, 송로(松露), 송지(松脂), 송화(松花), 송피(松皮), 송밀(松蜜) 등을 강정제나 약용·건강식품으로 사용하고 있으나 널리 보급된 것은 아니다. 오히려 일본에서는 전통 과자와 인연이 깊다.

　전통적인 과자들을 살펴보면 소나무의 마크, 로고를 한 노포(老鋪)가 많다. 과자의 명칭도 송피병(松皮餠), 송화병, 송엽떡, 송풍(松風), 송실당(松實糖), 송로(松露)떡 등 '송' 자가 달린 이름이 많다. 그 중에서 송엽떡은 청솔잎을 데쳐서 잘 짓이겨 말려 분말로 만든 후 메밀가루를 6할 정도 섞어서 만든다. 송실당은 이화데 현 모리오카(盛岡)의 과자인데, 그 지방에서 생산되는 오엽송 잣을 사용해 만든 약과로 인기가 많다.

완구·공예품　일본에서는 솔방울과 송피로 향토 완구, 공예품 개발에 애정을 쏟고 있다. 솔방울인형이 대표적인데, 에도 시대부터 솔방울을 몸체로 하여 머리, 팔, 다리를 붙이고 색깔을 입혀 어린이 완구를 만들어 왔다. 치바 현의 이나게(稻毛)에서는 송림이 무성하여 솔방울이 많았기 때문에 솔방울인형이 이 지역의 명물로 발전되어 왔다.

　송피로 만든 공예미술품으로 송영(松影)이라는 것이 있다. 늙은 소나무 껍질을 이용하여 예술적 고안에 의해 배열·조합시켜 그 형태를 살린 미술작품을 제작한다.

일상생활과 솔잎의 이용　솔잎처럼 일본인의 일상생활과 직결된 것도 흔치 않다. 일본인은 예로부터 솔잎을 일상생활에 활용해 온 것으로 유명하다. 일본에서는 솔잎을 식용하는 송엽식(松葉食)이 유행했다. 솔잎을 밥에 넣어 같이 쪄먹기까지 했다. 솔잎에는 소화 성분이 많이 함유되어 있어서 밥과 함께 쪄먹으면 소화가 잘됐기 때문이라고 한다.

　송엽양계(松葉養鷄)도 전후(戰後) 일본인이 고안해 낸 솔잎 활용법의 하나다. 솔잎에 칼슘이 많이 함유되어 있기 때문에, 양계장의 사료로 활용하기 시작했다. 병아리가 부화한 뒤 4일째부터 생솔 잎을 잘게 썰어서 먹였더니 무럭무럭 잘 자랐고 성장한 다음에도 산란율이 뛰어났다는 실례가 있다.

　이밖에 솔잎이 고혈압이나 혈액순환에 효과가 있다고 하여 일본에서는 목욕탕에 솔잎을 잘게 썰어 넣고 하는 송엽목욕을 즐긴다. 솔잎을 향수로 사용하기도 한다.

송탄(松炭)　　공업용 목탄의 일종으로서 일본에서는 송탄을 많이 사용했다. 질 좋은 일본 칼을 만들기 위해서는 꼭 송탄을 사용한다. 가정용 연료로서도 송탄을 사용하며 도자기 연료로서도 예나 지금이나 변함 없이 널리 쓰인다.

목재　　일본에서 소나무를 목재로 쓴 역사는 아주 오래다.《고서기》,《일본서기》에 이미 건축용으로써 소나무가 등장하고 있으며, 호류지(法隆寺, 607년), 도다이지(東大寺, 752년) 건축에도 소나무가 사용되었다. 일본에서는 소나무를 주로 토목건축재로 이용한다. 일본의 삼림에서 송림 면적이 삼나무에 이어 제2위를 차지하고 있을 뿐 아니라, 소나무의 생태적인 이유로 해서 동양 3국이 즐겨 사용하는 목재가 된 것은 자연스러운 일이다.

| 김문학·편집위원 |

우리나라 국민들의 연간 소나무 소비량

641만ha 산림가치가 연간 58조원(2003년 기준 국민총생산의 8.2%)이나 되는 우리나라 국민들의 1년간 소나무 소비량은 얼마나 될까? 최근 산림청 통계에 따르면 1999년 국내에서의 사용된 소나무 목재 2천9백40만 세제곱 평방미터, 종이 671만 톤(목재로 환산할 경우 1천689만 세제곱 평방미터)가 된다. 이는 우리 국민이 1인당 1세제곱 평방미터를 사용한 것이며, 높이 18m, 직경 22센티미터가 되는 30여 년 수령의 소나무 3.2그루에 해당하는 수치다. 따라서 한 사람이 평균수명(74.4세)을 살면서 자신도 모르게 30년 생 소나무 237그루를 사용하게 되는 것이다.

북한의 소나무

북한은 소나무에 잣나무를 접목하는 방법으로 수백 정보의 산림을 개조했다고 한다. 이는 생존율도 높고 성장 속도에서도 10배 이상 향상된 방법이라고 한다. 평안남도 북창·문덕군과 평안북도 녕변군을 비롯 함경남도 허천·영광군과 황해남도 옹진군에서 모두 180여 정보의 산림을 개조했다고 한다. (2003년)

다섯

한 줄

상품으로서의 소나무 분재

한국

2004년 산림청에서 발간한 《산림과학정보》 8월호에 따르면 분재재배업 총 293가구 중 소나무분재를 재배하는 가구는 36.6퍼센트(약 107가구)로 재배 경력이 높을수록 소나무를 선호한다는 조사 결과가 나왔다. (참고로 소사나무 25퍼센트, 단풍나무류 18.3퍼센트, 기타 수종이 20.1퍼센트를 차지한다.) 또한 재배되고 있는 분재의 평균 수명은 17.2년이며, 26년 이상 경력자가 보유한 송백류에서 평균 수명 34.2년을 기록하고 있다. 이들 분재는 79퍼센트가 하우스에서 재배된다.

이렇게 전문적으로 재배하는 것뿐만 아니라 개인의 취미생활로도 소나무는 단연 인기가 높다. 이는 매년 각종 분재전시회가 열리는 것을 보아도 알 수 있다.

매년 일 년간 땀흘려 가꾼 분재들을 한데 모아 전시하는 '한국분재대전'이 2004년에 15회를 맞았다. 주로 한국 고유 수목을 주종으로 하는 이 행사는 매년 5월에 열리며

150점의 목본류가 전시된다.

또 산림청과 한국분재조합 후원으로 한국분재조합 경기도지부가 주최하는 제3회 '대한민국 분재명품전'이 2004년 10월 8일부터 24일까지 용인 삼성애버랜드에서 열린 바 있다. 곰솔을 비롯한 소나무류가 주종을 이룬 이번 행사에서는 목본류 100점, 초본류 50점이 500평 규모의 전시장에서 그 용모를 뽐냈다.

10월 28일에는 경기도 고양시 호수공원 내 국제전시장에서 제2회 '대한민국자연예술명품대전'(10월 28일~2004년 10월 31일)이 개최되었다. 2002년에 처음 열린 이 행사는 국내외적으로 우수한 한국 자연예술을 홍보하고, 우리 전통문화의 보전 및 전승을 위한 작품 창작 의욕을 고취하고 있다. 이 전시에는 분재뿐 아니라 수석·난·꽃꽂이 등도 전시되어 많은 분재 애호인들의 눈과 마음을 즐겁게 해주었다.

중국

현재 중국의 소나무 분재(분경)는 오침송(五針松), 흑송(黑松), 화산송(華山松) 등으로 관상 가치가 아주 높다.

소나무 수종은 뿌리가 깊어 분재에 적합하지 않기 때문에, 소나무를 4년여 다듬은 후, 분재에 적합하게 조형을 한다. 하나의 성공적인 소나무 분재를 하기 위해서는 대략 5년여의 시간이 걸리며, 이것은 주로 가정용 정원 녹화에 쓰인다.

중국 분재 관계자는 일본의 소나무 분재(분경)는 이미 100여 년의 역사를 가지고 있지만, 중국은 10여 년 전에야 시작했다면서 사람들의 생활 수준이 향상되면서, '추운 바람에 그 절개를 알 수 있고, 눈이 내림에 그 지조를 볼 수 있는(어려움에 꺾이지 않는 지조와 절개)' 소나무 분재가 점점 사람들의 환영을 받고 있다고 한다.

용인 삼성애버랜드에서 열린 2004 대한민국 분재명품전 푯말과 전경 | 따사로운 햇살 속에 놓인 분재들이 여느 보석 못지 않게 반짝인다.

2004 대한민국 분재명품전에 출품된 소나무 분재들 | 수령 150~350년된 분재들로 그 용모가 수려하기 이를 데 없다.

묘목시장으로서의 소나무의 기능

현재 소나무의 묘목시장을 보면 산업화의 추이에 걸맞게 우리 토종소나무가 점점 쇠퇴기에 들어섰음을 알 수 있다. 우선 강송, 해송, 리기다, 리기테타, 소나무 등의 묘목 생산이 2002년에 3185300본이었고 2003년엔 4941300본으로 상당히 증가하긴 했으나, 환금기준으로 보면 불과 9억여 원에 머문다. 그러나 같은 송백(松柏)의 하나이면서 병충해에 강한 잣나무의 경우는 2003년 생산량이 7369700본으로 무려 22억 원에 이르는 것을 산림청 조사기록에서 확인할 수 있다. 이러한 현상은 아마도 시간의 흐름에 따라 점점 더 심화될 것으로 볼 수밖에 없을 것이다.

| 편집위원 |

국가공인분재관리사

분재기술의 유지·발전을 꾀하기 위해 국가공인분재관리사 자격 검정을 실시하고 있다. 분재 관리사는 한국분재조합에서 시행하는 국내 유일의 분재 관련 국가공인 민간 자격증으로, 분재전문관리사·분재관리사 1급·2급으로 나뉜다. 2004년 현재까지 6회째 실시되어 전문인력 양성의 등용문이 되고 있다.

소나무 1그루가 소형 승용차 1대 값

한국나무종합병원(주) 이희봉 원장은 2004년 11월 발표한 '소나무 보호관리 방법' 이란 글을 통해 소나무도 가격과 품질에서 충분한 경쟁력을 갖고 있다고 밝혔다. 이 원장은 "임업에 종사하는 사람이라면 누구나 독일의 너도밤나무 1그루가 벤츠 1대 값이라는 사실을 잘 알고 있다" 며 "그 정도는 아니지만 소나무도 충분한 경쟁력이 있다" 고 강조했다. 소나무가 문화재 수리용으로 m^3당 180만 원에 거래되는 것을 기준으로 할 때 평균 재적이 $3m^3$되는 소나무 한 그루의 가격은 국산 소형 승용차 1대를 구입할 수 있는 큰 돈이다. 특히 문화재 수리용으로 쓰이는 금강송 특대재(길이 720cm, 직경 42cm)는 $1m^3$에 720만 원의 높은 가격에 거래되는데 희소가치 때문에 실제로는 훨씬 더 비싸게 공급되고 있다. 그러나 소나무는 산림생태계의 천이 과정에서 체계적인 보호관리가 없으면 침엽수에 밀려 소멸되는 수종인데다 현재 도시화와 병충해 등으로 매년 3만ha가 사라지고 있어 대책 마련이 시급한 실정이다.

여섯

한국

아직도 소나무는 살아 있다

노래로 본 소나무의 상징성

노래는 사람의 희노애락을 담는 대표적인 표현법이다. 특히 우리 민족은 고래로부터 노래를 좋아한다고 알려져 있다. 오늘날에도 사람들의 삶의 애환을 가곡, 동요, 가요에 담아 널리 애창하고 있는데, 소나무도 그 상징성으로 인해 노랫말 속에서 빠지지 않고 등장하고 있다.

소나무의 절대 상징이던 과거 임금에 대한 충절, 기개 등은 부와 권력에 저항하는 민중의 목소리로 대변되어 나타나기도 한다. 대학을 다닌 사람들이라면 누구든지 한 번쯤은 꼭 불렀을 안치환 글 / 가락 / 노래의 〈솔아 푸르른 솔아〉의 가사를 보자.

> 거센 바람이 불어와서 어머님의 눈물이 / 가슴속에 사무쳐오는 갈라진 이
> 세상에 / 민중의 넋이 주인 되는 참세상 자유 위하여 / 시퍼렇게 쑥물 들어

도 강물 저어 가리라 / 솔아 솔아 푸르른 솔아 샛바람에 떨지 마라 / 창살 아
래 네가 묶은 곳 살아서 만나리라.

또한 독일 민요지만 번안되어 동요로 많이 불리는 〈소나무〉의 경우는 교과서에도 실
린 유명한 곡이다.

소나무야 소나무야 / 언제나 푸른 네 빛 / 쓸쓸한 가을날이나 / 눈보라 치는
날에도 / 소나무야 소나무야 / 변하지 않는 네 빛.

이 노래는 소나무가 노래의 주제이다 보니 외국곡임에도 불구하고 누구나 의심 없이
우리의 것처럼 정겹게 불린다.

소나무는 본연의 상징성말고도 현대 산업화에 의해 황폐해 가는 숲을 대변하기도 한
다. 공해와 마구잡이식 벌채로 인한 숲의 황폐화는 지구를 위협하는 공공의 적이 되기도
한다. 이런 환경을 살리기 위한 취지로 소나무를 내세워 산과 환경을 보존하자는 메시지
를 전달하기도 한다.

1995년 제13회 MBC창작동요제 입상곡인 김삼진 작사, 정동수 작곡의 〈소나무는
산을 푸르게 한다〉를 보자.

아침에 일찍 일어나면 새벽 안개 산을 덮고 / 학교로 가는 솔밭 길은 공기가
맑아서 좋다 / 나무가 자라고 새가 사는 숲과 바위가 있는 산 / 뻐꾸꾹 산울
림 소리 골짝 물 노래하는 산 / 봄 여름 가을 겨울 소나무는 푸른 옷만 입는
다 / 언제나 푸른 소나무 소나무는 산을 푸르게 한다.

소나무는 노랫말을 통해 그 상징성이 어린이나 어른들의 정서 속에 여전히 살아 숨
쉬고 있다. '언제나 소나무는 산을 푸르게 한다'는 말은, 바꿔 말하면 그 상징성을 덕목으
로 하여 오늘을 살아가는 현대인에게 경계의 목소리를 높인 것인지도 모른다.

정이품송과 미인송이 혼례를 올리다

이미 우리나라 사람으로서 속리산의 정이품송을 모르는 이는 없다. 그러나 우리나라에서
가장 잘 생긴 미인 소나무가 강원도 삼척시 활기리에 있는 준경릉(濬慶陵)을 둘러싸고 있
는 소나무라는 사실을 아는 사람은 그렇게 많지 않다.

미인송의 선정기준은 요즈음 미인 대회보다도 까다로운 것이 우선 곧은 몸통, 큰 키,
맨 아래 가지에서 지면까지의 높이 등을 들 수 있다. 뿐만 아니라 미인(우수품종)소나무
를 간택하는 주요 기준으로 이웃 나무들과 비교해서 월등히 뛰어난 나무들을 선발한다.
그리고 그 종자를 채취, 묘목을 길러서 같은 형질이 유전되는지 확인돼야 하며 육종사업

정이품송 | 천연기념물 제103호. 1993년 강풍에 큰 가지가 부러진 이후, 2004년 보은 지역 폭설로 가지 2개가 더 부러졌다. 비록 좌우 균형은 잃었지만 인자한 선비 같은 모습은 여전하다.

을 위해 특별 관리할 가치가 있을 때 가능한 것이다. 준경릉 소나무는 이러한 모든 기준을 통과한 소나무 중에서도 수형이나 건강도가 뛰어나 제일의 소나무가 된 것이다.

2001년 5월 8일 속리산의 정이품송과 미인송의 혼례식이 삼척의 준경릉에서 치러졌다. 그것도 보은군 군수가 정이품송의 화분을 담은 함을 주례를 맡은 산림청장에게 건네고 청장은 다시 삼척시장에게 넘기는 격식을 갖춘 것이다. 많은 주민들의 축복을 받으며 삼색 촛불 아래 사람과 똑같은 전통 혼례의식에 따라 산림청장의 주례사를 끝으로 엄숙하게 치러진 것이다. 마지막으로 관계자가 정이품송의 화분을 모은 비닐봉지를 들고 30미터가 넘는 미인송 꼭대기까지 올라가 암꽃 머리 위에 정이품송의 화분을 묻힘으로써 합방의식까지 치렀다. 그것은 600년이 넘은 소나무의 수명이 다해 가는 정이품송과 미인송을 아끼고 후손을 기르고자 하는 아름다운 마음이다. 이 행사는 백년가약으로 표현되는 단순한 인간의 혼례가 아니라 우리들 가슴을 또다시 천년을 푸르게 할 거룩한 의식이었던 것이다.

한말 선각자들의 우국충정과 희귀품종 백송

지금의 헌법재판소 뒤뜰에 장엄한 자태를 뽐내며 백송 한 그루가 서 있다. 두 갈래의 우람한 가지가 온통 백설에 뒤덮인 양 흰 비늘을 두르고 서 있다. 그 백송이 언제부터 그 자리

서울 재동 헌법재판소 백송 | 천연기념물 제8호. 한말 나라의 위기뿐 아니라 헌법재판소가 들어선 이후 5·18 관련 재판, 헌정사상 최초인 대통령 탄핵사건 등 역사의 현장에서 묵묵히 이를 지켜보고 있다.

에 서 있었는지는 아무도 모른다. 중국의 자금성 등 여러 곳에 더러 있는 것으로 알려져 있으나 우리나라에는 두세 그루가 남아 있을 뿐이다.

이 백송은 600여 년의 수령을 자랑할 뿐 아니라 그 자태 또한 단연 으뜸이다. 더구나 그 백송이 서 있는 자리가 범연한 자리가 아닌 것이 연암 박지원(燕巖 朴趾源, 1737~1805)의 손자이며, 한말 선각자 환재 박규수(桓齋 朴珪壽, 1807~1876)가 살았던 곳으로 알려져 있다. 그는 평안도 관찰사 재임 중 1866년 7월 대동강에서 미국무장상선을 격퇴한 장본인으로, 중국에 사행으로 여러 번 다녀옴으로써 해외 문물 정보와 세계정세의 흐름에도 밝았다. 그는 내치를 개혁하고 열강들과의 외교통상 관계를 맺음으로써 부국강병의 기틀을 마련할 수 있다고 믿었으나 여의치 않아 좌절하고 벼슬길에서 물러난다.

그때 열혈청년들이 그의 사랑방에 모여들었는데, 그들의 면면을 살펴보면 화동의 김옥균, 사간동 부근의 서광범, 재동 네거리 부근의 홍영식, 사동의 박영효 등 걸어서 10여 분 거리에 살고 있던 사람들이었다. 그들은 백송 그늘에 모여 앉아 술잔을 기울이며 박규수로부터 해외정보와 식견에 귀를 기울였다. 물론 풍전등화 같은 나라의 운명을 개탄하며 부국강병의 길이 어디에 있는가를 모색했을 것이며, 그들에게 있어 백송의 자태는 그 추상같이 여겨졌을 것이다. 이는 망국의 백전노장이 소복 대신 순백의 전포를 두르고 실지(失地) 회복의 전의를 불태우는 바로 그 모습이기 때문이다.

연리지 | 엄청난 우연과 세월의 힘이 합쳐져야만 이루어지는 연리지는 갈수록 이혼율이 증가하고 있는 현세태에 사랑의 고귀함을 리얼하게 보여 주고 있다.

구전되어 오는 여러 정황으로 보아 위의 이야기는 얼마든지 있을 수 있는 일이다. 그 래서 역사 현장의 백송이 오늘날 더욱 돋보이는 것이며, 역사의 심판을 마지막으로 책임 지는 헌법재판소의 상징물이 되었는지도 모른다.

전설 속의 연리지가 눈앞에 있네

'연리지(連理枝)'란 말은 중국《후한서》의 〈채옹전(蔡邕傳)〉에 나오는 이야기로부터 나 왔다. 채옹은《삼국지연의》에서 조조(曹操)가 싸움터에서 돌아오다가 채옹의 집을 찾아 가는 이야기의 주인공이다. 채옹의 방 앞에 자라고 있는 두 그루의 나무가 가지를 서로 뻗어 한 가지처럼 붙어 결이 통해 하나가 되었다. 그때부터 채옹의 집에는 좋은 일이 많이 생겼고, 후로 연리지가 나타나는 것 자체가 경사스러운 일의 징조로 보았다.

근래에 우리나라 여러 곳에서 연리지가 발견되고 있다. 경북 청도군 운문면 지촌리의 깊은 산속 비탈진 곳과 충북 괴산군 청천면 송면리 두 곳에는 소나무 연리지가 있고, 충남 외연도에는 동백나무 연리지가 있다. 현재까지 발견된 곳은 세 곳뿐이다. 지촌리의 연리지는 수령이 40~50년쯤이고, 송면리의 연리지는 수령이 120~130년쯤 된 소나무들이다. 이 소나무들이 만들어낸 연리지의 모습은 한결같이 정겹다. 하나가 손을 내밀면 고마운 마음으로 맞잡아 주는 모습이 보는 이들로 하여금 따뜻한 미소를 보내지 않을 수 없게 한다.

연리지가 되는 과정은 가까이 있는 두 나무의 가지가 자라면서 서로 맞닿는 수가 있다. 우선 맞닿은 부분의 껍질이 자라는 압력을 견디지 못하고 부서지며 맨살끼리 맞닿게 되어 스킨십이 이루어진다. 이때 먼저 굵기와 자람을 담당하는 '부름켜'라는 물질이 서로 연결했을 때 거부반응의 유무를 알아보고 무리가 없음을 확인하면 세포의 완전한 합일을 이룬다. 부름켜는 가진 물질을 서로 주고받고 양분을 공급하는 방사 조직을 서로 섞어버린다. 마지막으로 나머지 세포들이 맞닿은 선을 따라 서로의 세포벽을 이어 생물학적 결합이 완성되면서 연리 작업이 끝나는 것이다. 그러나 연리지의 완벽한 생태를 갖추기 위해서는 여러 해가 필요하다.

| 편집위원 |

대규모 금강송 군락지 발견

양구국유림관리소는 2004년 양구군 동면 민통선 지역에서 소나무의 원형으로 혈통이 가장 좋다는 금강송 대규모 군락지를 발견했다. 6·25 한국전쟁 당시 최대의 격전지이자 영화의 소재가 되었던 민통선 내 두밀령(피의 능선 전투) 100ha 일대에는 껍질이 붉은 적송(赤松)들로, 높이 20m, 둘레 2m, 수령 100년 이상 된 금강송을 비롯해 100여 그루가 자생하고 있다. 앞으로 독특한 산림 자원으로 개발될 예정이다.

일곱

한국

천연기념물로 본 소나무

우리는 기념물적 성격의 자연물을 보존·보호하여 고유의 자연을 본래 형태로 보존하기 위해 〈문화재보호법〉을 제정 공포했다. 2004년 8월 현재까지 문화재보호법에 따라 문화재위원회에서 지정한 천연기념물은 336점이다. 그중 식물 천연기념물이 차지하는 비율은 65.18퍼센트로 219점이며, 그 중에서 고목이 차지하는 비율은 142건으로 64.84퍼센트나 된다.

이 중 천연기념물로 지정된 나무는 소나무가 단연 으뜸이다. 소나무는 모두 40점으로 한 그루는 고사하고 현재 39그루가 산림청에 등록·보호되고 있다. 통계수치로 보면 식물 천연기념물 중 17.26퍼센트, 고목 중 27.17퍼센트를 차지하고 있다. 다음으로는 은행나무(20점, 9.13퍼센트), 느티나무(16점, 7.31퍼센트)가 차지했다. 이외에 천연기념물로 지정된 나무는 향나무, 참나무, 이팝나무, 비자나무, 버드나무, 탱자나무, 주엽나무, 벚나무, 음나무, 밤나무, 등나무, 탱나무 등이 있다.

이들 천연기념물 소나무는 수령이 400년 이상 되는 거목이며, 각각 전설을 가지고 있는 신목이다. 하지만 산업화와 환경오염, 병충해 등으로 이 희귀한 소나무들의 목숨이 점차 위태로워져 가는 현실은 안타깝기 그지없다.

이밖에 경북 영덕군 지품면의 자방송, 경북 상주군 화서면의 반송, 경남 고성군 마암면의 소나무와 느티나무가 전설을 가지고 있으며, 충북 청주시 단월동 소나무와 충북 영동군 영동읍의 어사송이 각각 도 보호수와 마을 보호수로 지정되어 있다. (아래 표 참조)

천연기념물로 지정된 소나무 일람표 (문화재청)

번호	명칭	수령	소재지
8호	서울 재동의 헌법 재판소 백송	600	서울 종로구 제동
9호	서울 수송동의 조계사 백송	500	서울 종로구 수송동
60호	송포의 백송	600	경기도 고양시 일산구 덕이동
103호	속리산의 정이품 소나무	600	충북 보은군 내속리면 상판리
104호	보은의 백송	200	충북 보은군 보은읍 어암리
106호	예산의 백송	200	충남 예산군 신암면 용궁리
160호	제주 산천단의 곰솔	500	제주도 제주시 아라동
180호	운문사의 막걸리 먹는 처진 소나무	400	경북 청도군 운문면 신원리
188호	익산 신작리의 곰솔	400	전북 익산시 망성면 신작리
253호	경기 이천의 백송	230	경기 이천시 백사면 신대리
270호	수영동의 경상좌수영 곰솔	400	부산 수영구 수영동
289호	합천 묘산면 구룡목소나무	500	경남 합천군 묘산면 화양리
290호	괴산 청천면의 왕소나무	500	충북 괴산군 청천면 삼송리
291호	무주 설천면의 반송	300	전북 무주군 설천면 삼공리
292호	문경 농암면의 육송 반송	400	경북 문경시 농암면 화산리
293호	상주 화서면의 이무기 반송	400	경북 상주시 화서면 상현리
294호	예천의 땅부자 석송령	600	경북 예천군 감천면 천향리
295호	청도 매전면의 처진소나무	200	경북 청도군 매전면 동산리
349호	영월 청령포의 관음송	600	강원 영월군 남면 광천리
350호	명주 삼산리 소나무	450	강원 강릉시 연곡면 삼산리
351호	설악동 소나무	500	강원 속초시 설악동
352호	속리 서원리의 소나무	600	충북 보은군 외속리면 서원리
353호	서천 신송리의 곰솔	400	충남 서천군 서천읍 신송리
354호	고창 삼인리의 장사송	600	전북 고창군 아산면 삼인리
355호	전주 삼천동의 곰솔	260	전북 전주시 완산구 삼천동

356호	장흥 관산의 효자송	150	전남 장흥군 관산읍 옥당리
357호	선산 독동의 반송	400	경북 구미시 선산읍 독동리
358호	함양 목현리의 구송	270	경남 함양군 휴천면 목현리
359호	의령 성황리 소나무	300	경남 의령군 정곡면 성황리
381호	경기 이천의 반룡송	850~	경기도 이천시 백사면 도립리
382호	장연 오가리의 느티나무	800	충북 괴산군 장연면 오가리
397호	장수 장수리의 의암송	400	전북 장수군 장수읍 장수리
399호	영양 석보면의 만지송	400	경북 영양군 석보면 답곡리
409호	울진 행곡리의 처진소나무	200	경북 울진군 근남면 행곡리
410호	거창 당산리의 당송	600	경남 거창군 위천면 당산리
424호	지리산 천년송	500	전북 남원시 산내면 부운리
425호	문경 존도리의 소나무	500	경북 문경시 산양면 존도리
426호	문경 대하리의 반송	400	경북 문경시 산북면 대하리
430호	해남 성내리의 수성송	450	전남 해남군 해남읍 성내리

| 편집위원 |

여덟

한국

책으로 만나는 소나무

겸재 정선의 〈박연폭포〉는 우리 산수를 우리 식으로 표현한 진경산수화의 대표작이라 할 수 있다. 그것은 18~19세기 조선문화의 활력과 신명 그리고 자신감과 새로운 물결을 느끼게 한다. 내리꽂는 물줄기의 기세는 땅을 후벼팔 듯 거침이 없다. 천지를 울리는 물소리가 들리는 듯하다. 기(氣)가 흐르고 세(勢)가 솟구쳐 그 격정이 그림을 뚫고 나올 것만 같다.

그것에는 남(男)과 여(女)를 상징하는 형상이 숨어 있다. 주역(周易)에 밝았던 겸재가 음양론에 따라 자연을 표현하면서 남근과 여근을 그려 넣은 것 같다. 비스듬히 솟은 언덕의 형세는 흡사 남근 같고, 쏟아지는 폭포 언저리의 모양새는 음부를 많이 닮았다.

그런데 정작 눈여겨봐야 할 것은 언덕을 뒤덮고 있는 소나무다. 그림의 하부에서부터 상부 언덕배기에 이르기까지 소나무 숲이 무성하게 이어져 있는데 이는 새로운 생명의 탄생을 위한 연결고리를 소나무가 상징하고 있음을 보여 준다. 이렇듯 인간의 탄생에서 죽음까지 동반자 역할을 해온 소나무, 그 소나무만을 다룬 책들은 의외로 많지 않다.

《한국의 松栢類》

한국문화연구원이 기획(한국문화총서 7권)하고 이화여자대학교 출판부에서 1986년 2월 20일 발행, 판형은 신국판, 242쪽인 이 책은 당시 이화여자대학교에 몸담고 있던 이영노 (李永魯) 교수가 썼다.

아름드리 송림 밑에서 유년시절을 보낸 저자는 송림에 대한 향수를 느껴 언젠가는 한국산 송백류에 대해 쓸 생각을 갖고 있었다. 그런 탓인지 송백류의 종류, 분포, 형태 등을 요점 정리하듯 해놓았다. 한국의 송백류, 그 목록 그리고 지리적 분포, 수직적 분포, 지사적(地史的) 분포로 나누어 소나무의 서식지를 관찰하고 있다. 또한 수형(樹形)에 대해서도 비교적 상세히 논하고 있는데, 잎·자엽·종자·목재·화분으로 구분해 그 조직 등을 그림과 도표를 곁들여 설명하고 있다. 그리고 송백류의 염색체와 생태, 소나무의 병충해, 소나무 숲의 변천과 보호, 마지막으로 송자(松字)가 들어 있는 지명(地名), 시화(詩畵)에 연유된 소나무까지 기술해 놓았다.

이 책은 출간된 당시로 볼 때, 소나무의 생태에서부터 잡록(雜錄)에 이르기까지 광범위한 분야를 소사전 식(式)으로 정리해 놓은 데 특별함이 있는 것 같다.

《우리가 정말 알아야 할 우리 소나무》

도서출판 현암사가 펴내는 '우리가 정말 알아야 할' 시리즈 중의 하나인 이 책은 2004년 10월 15일에 발행됐다. 신국판, 416쪽의 두툼한 이 책을 쓴 저자는 전영우 교수(국민대학교 산림자연학과)인데, 그는 《소나무와 우리문화》(공저, 숲과 문화연구회판, 1993) 등을 써냈으며 숲과 나무에 관련된 저서를 국내에서 가장 많이 갖고 있다.

이 책은 1993년 8월 대관령 자연휴양림에서 개최된 학술토론회에서 '소나무가 사라진다'는 매우 심각한 문제를 제기한 것에서부터 출발했다. 한때 우리 산림의 69퍼센트 이상을 차지했던 소나무 숲이 지금은 20퍼센트 정도로 급격하게 감소한 상태다.

앞으로 100년 뒤에는 한반도에서 소나무가 완전히 사라질 것이라는 극단적 비관론마저 대두되고 있는 현실에서, 이를 안타까워하던 저자는 2002년 경상북도 봉화군 춘양초등학교 총동창회가 해마다 개최하는 〈춘양목 문화축제〉에 연사로 초청됐다. 그 여정 중에 이 땅에서 소나무가 더 사라지기 전에 방방곡곡 소나무를 찾아 그 모습을 글로 남겨야겠다는 결심을 했고, 그 결실이 바로 이 책이다.

내용은 크게 세 분야로 나뉘는데, 첫 번째 〈소나무를 알면 역사가 보인다〉에는 조선재(造船材), 국용재(國用材), 관곽재(棺槨材), 송정(松政), 송계(松契), 금송패(禁松牌), 백자가마 땔감, 소금가마 땔감, 상징, 교토의 미륵보살상 등 자칫 딱딱할 수 있는 이야기를 비교적 가벼운 필치로 펼쳐냈다. 특히 교토 고류사에 소장되어 있는 일본 국보 1호인 〈목

소나무를 주제로 한 책들 | 각종 재해의 위기 속에서 사라져 가는 소나무를 위한 다양한 소나무 관련 도서들이 속속들이 쏟아져 나오길 기대해 본다.

조미륵반가사유상〉이 우리나라 국보 83호인 〈금동미륵반가사유상〉을 꼭 닮았을 뿐 아니라, 그것을 제작한 나무가 양백 지방의 우리 소나무라고 남먼저 밝히고 있다. 두 번째 〈소나무를 알면 삶이 보인다〉에는 그림 시, 불교 유교 풍수 그리고 세금 내는 소나무, 당산나무, 액막이 등에 나타나는 상징성을 기술하고 있다. 마지막 〈소나무를 알면 환경이 보인다〉에는 한반도 식생 역사, 지역에 따른 특징, 방치로 인한 쇠퇴, 공명하는 송이버섯, 생육 부적합 지역의 확대, 인공 조림, 직파 조림, 보수 조림, 혈통 보존, 소나무의 4대 해충 등 소나무와 환경에 대한 어제와 오늘을 적나라하게 파헤쳐 그 문제점을 제기하고, 그 대책까지 제안하고 있다.

그 밖에 소나무류의 분류학적 특징, 외부 형태적 특징, 분포 그리고 자생 소나무류의 종류와 분포, 도입 소나무류의 종류와 특성, 소나무 천연기념물 현황까지를 첨부함으로써 소나무 관련 도서의 백과사전적 지위를 확보하고 있다.

《내사랑 소나무》

이 책은 2004년 3월 20일 초판 발행, 책 크기 230×250센티, 136쪽으로, 시인 박희진이 1행 시를 짓고 화가 이호중이 매시마다 소나무를 한 컷씩 그린 시화집(詩畵集)이다.

1991년 도서출판 다스림에서 초판이 발행되었으나, 이내 절판되어 버렸다. 그 이유는 알 길이 없으나, 그로부터 12년의 세월이 흘러 시인 자신도 이 책을 냈다는 사실조차 잊고 있는데, 소나무 사랑이 지극한 시사일본어사 대표 엄호열이 자회사인 도서출판 솔숲에서 재출간하는 열정을 보인 것이다. 재출간에 즈음하여 〈소나무에 관하여〉와 텍스트를 한자리에 수록했으며, 〈소나무를 한국의 나라나무로〉라는 최근의 글을 덧붙였고, 책명을 《내사랑 소나무》로 바꿨다.

잘 생긴 노송(老松) 앞에 서면 저자인 시인은 절로 옷깃을 여미게 된다고 했다. 노송 둘레에는 어떤 신운(神韻)이 감돌고 있음을 느끼는 까닭에서다. 시인은 자주 숲 속으로 산책을 나선다. 그것은 소나무를 만나고 싶어서다. 늙어가는 시인에게 소나무는 무한한 위안과 용기와 슬기를 제공한다고 했다. 늙을수록 오히려 운치를 더해 가는 삶의 비결을 일깨워 준다고 했다.

소나무는 나무 중의 고전(古典)이다.
그 격(格)과 운치에 있어 소나무를 능가할 나무는 없다.
특히 낙락장송(落落長松)의 멋은 우리나라에서만 누릴 수 있다.
이 땅에 내려진 더 없는 천복(天福)의 하나라 할 것이다.

비 개인 가을 아침, 하늘이 높푸른 맑음을 드러내면
땅은 산자수명(山紫水明)으로 화답한다.
말하자면 하늘 땅이 서로의 모습을
거울 속처럼 환히 들여다보고 있는 격이리라.
이런 날 소나무는 기운(氣韻)이 최고조로 생동할 것이고,
시인은 저절로 신명이 나서, 심금(心琴)이 울리리라.

이렇게 시인의 소나무 사랑 시와 소나무 그림이 만나 모처럼 축제를 이룬 이 책의 소망은, 우리나라 민족수(民族樹)는 〈소나무〉여야 한다는 것이다.

《소나무와 자연요법》

저자 윤상욱은 환경생태학을 전공한 자원식물 연구가이다. 1997년 11월 30일 세상에 첫 선을 보인 이 책은 신국판, 240쪽으로 도서출판 아카데미서적에서 발행했으며, 〈소나무로부터 배운 건강〉이란 부제를 달고 있다.

저자는 '소나무 사랑 민간요법 체험 수기'에 대한 심사를 맡으며, 소나무의 은혜를 입고 사는 사람이 정말 많다는 사실을 알고, 거기서 얻은 정보와 자료가 이 책을 내는 밑거름이 되었다고 한다.

오랜 옛날부터 전해져 온 소나무 민간요법이 사라지지 않고 오늘의 민중 사이에서 살아 숨쉬고 있었던 것이다. 어린이 건강식에서 노인들의 장수약까지, 가벼운 감기에서 중병에 이르기까지 나이와 성별, 질병의 종류를 가리지 않고 거의 만병통치약처럼 소나무는 활용되어 왔다. 그럼에도 불구하고 현대의학은 물론이고 한방에서조차 공식 약재로 소나무를 언급하지 않고 있다. 엄연히 약재로 사용되고 있으며, 많은 사람들이 소나무의 효험을 체험하고 있는데도 정작 의료인들은 소나무 약재에 무관심하고, 연구하는 기관도 없다.

소나무는 이미 우리 민족의 임상 실험을 거친 약재다. 소나무 약재에 대한 오·남용 기록도 없다. 최근 몇몇 곳에서 건강식품이나 음료, 방향제, 화장품 재료로 소나무를 이용하고 있는 것은 다행이다.

그러나 걱정스러운 것은 소나무의 민간요법이 세상에 알려짐으로써 소나무 숲이 수난을 당하지 않을까 하는 점이다. 그래서 저자는 소나무 약재의 효과는 소나무 사랑에서부터 출발해야 하며, 단순한 질병의 치료가 아닌 자연요법에 의한 '마음의 요법'이어야 한다고 강조한다.

책의 구성은 제1장 소나무와 민간요법, 제2장 소나무 각 부분의 성분과 효능, 제3장 소나무 민간요법 사례와 응용, 제4장 자연요법, 제5장 산림욕건강법, 제6장 자연식 건강법 등으로 되어 있다.

《한국의 소나무》

정동주 지음, 윤병삼 사진, 〈정동주의 나무사랑〉이란 부제가 달린 이 책은 196쪽, 18.5× 22.5센티의 크기이고, 도서출판 명상에서 2004년 11월 25일에 처음 발행했다. 원래는 책명 《소나무》, 부제 〈정동주 한국의 마음 이야기〉로 2000년 11월 25일 기획출판 거름에서 발행되었는데, 이를 개정한 것이다.

저자는 '소나무는 한국문화의 어머니입니다'라는 인식을 뿌리 깊게 내리고 있다. 소나무는 민족의 시원(始原)부터 우리의 역사와 함께해 왔으며, 솔빛·솔향기·솔바람에서 우러나오는 우리 문화의 참모습을 만난다고 말하고 있다.

이 책은 1부 신들의 신성한 통로, 2부 소나무, 살아있는 전설, 3부 소나무 먹고 사는 사람들, 4부 푸른 절개를 꿈꾸며, 5부 모든 소나무는 국가의 소유였다, 6부 푸른 얼굴의 늙은이, 7부 솔아솔아 푸르른 솔아로 구성되었다.

〈당산 소나무와 어머니〉〈신들이 키운 나무〉〈인간 마을을 지키는 수호신〉〈한국인은 소나무 사람이다〉〈소나무와 한국인은 일란성 쌍둥이〉〈썩어서도 인간을 위하는 나무〉〈삶과 죽음을 잇는 영원의 나무〉〈소나무와 에로티시즘〉〈굽은 줄기의 미학〉〈소나무는 민족의 조경수였다〉 등 소제목에 나타나듯이 저자는 소나무를 통해 신성·신앙·민속·상징 등을 다양한 시각으로 살피고 있다.

《소나무》

주식회사 대원사가 펴내는 〈빛깔 있는 책들〉 175호로 출간된 이 책은 임경빈이 글·사진을
맡아 1995년 9월 30일에 초판이 나왔다. 키 작은 신국판, 144쪽 안에는 생물학적 특성
(명칭·분류·형태·분포·품종)을 시작으로 소나무의 상징과 문화, 소나무 보호의 역사, 소
나무의 일생(생식과 수명·생태형·균근·소나무 숲의 세대 교체·쓰임새·수형목), 천연기
념물, 소나무 숲, 벌목 의식 등으로 짜여져 있다.

　　이 책은 비록 작지만 소나무의 생태, 소나무의 상징, 소나무의 응용 등을 두루 알게
해주는 소사전적 구실을 한다.

《솔바람 통신》

2004년 4월 5일 통권 제1호(창간호)로 출발한 《솔바람 통신》은 '솔바람 모임' (회장 전영
우)이 발간한 계간 소식지다. 국배판, 12쪽에 불과하지만, 소나무에 관한 정보들이 소복하
게 담겨 있다.

　　'소나무 사랑' 이라는 단 한 가지 목적으로 많은 사람이 모였고, 참여한 사람들의 직

소나무 관련 잡지 및 자료들 | 소나무 사랑의 집결체로, 점차 사라져 가는 소나무를 지키고자 하는 소망을 가득 담고 있다.

업과 연령은 각각이지만 바람은 오직 하나라고 한다. 우리 문화가 자리잡은 소나무의 역할, 우리 정신에 자리잡은 소나무의 상징, 우리 심성에 자리잡은 소나무의 정서 그리고 우리 삶에 자리잡은 소나무의 가치를 함께 개발하고 공유하는 한편 이 땅에서 점차 사라져 가는 소나무를 지키자는 것이다.

현재 제4호(2005년 봄)까지 나온 이 계간지는 점차 사라져 가고 있는 우리 소나무의 위기를 나라 사람 전체에게 전달하는 메신저 노릇을 톡톡히 할 모양이다. 제4호 첫 쪽에 〈소나무와 나〉라는 고정 칼럼이 있고, 이 글을 쓴 서울대 이애주 교수는 이렇게 말하고 있다.

> 소나무를 닮고 싶다.
> 소나무처럼 살고 싶다.
> 아니, 소나무와 하나 되고 싶다.

소나무 관련 논문

1961년부터 해마다 소나무와 관련된 논문이 나왔다. 국립중앙도서관(54점)과 국회도서관에서 소장하고 있는 논문 중 중복된 39점을 제외하면 모두 200점으로, 1980년까지는 한두 점에 불과하던 수가 1981년을 기점으로 매년 5~10점씩 논문이 나왔다. 특히 2001년, 2002년, 2003년에는 12~13점의 논문이 쏟아졌는데, 주로 산림자원학과 전공이었다.

대학교별로는 서울대가 48점으로 가장 많았고, 경북대 19점, 고려대 18점 순이었다. 서울대의 경우, 교육과 곤충·농생명공학·식품공학·환경원예·임상공학·농학·산림자원학 등 다양한 전공 분야에서 나왔으며, 고려대는 산림자원학과 임학에서, 경북대는 생물학과 임학에서 주로 다뤄졌다.

전공학과별로 보면 임학(28점)에서 제일 많이 다뤄졌고, 그 다음으로는 산림자원학과(21점), 농업교육·생물교육·미술교육 등을 포함하는 교육학과(18점) 순으로 논문이 나왔다. 그리고 소나무 관련 논문들은 대체로 석사과정에서 86퍼센트가 나왔으며, 박사과정에서는 28점으로 석사과정에 비해 14퍼센트 정도였다.

● 연도별 논문 상황

1961	1965	1967	1971	1972	1973	1974	1975	1976	1977
1	2	2	4	1	1	1	4	1	5
1978	1979	1980	1981	1982	1983	1984	1985	1986	1987
1	2	4	10	4	3	1	6	6	6
1988	1989	1990	1991	1992	1993	1994	1995	1996	1997
3	8	9	5	5	7	5	11	4	8
1998	1999	2000	2001	2002	2003	2004	합계		
8	11	7	12	12	13	7	200		

강원대	건국대	경기대	경남대	경북대	경산대	경상대	경희대	계명대	고려대
14	13	2	2	19	1	3	3	1	18

공주사범대	광운대	국민대	동국대	목포대	부경대	부산대	서강대	서울대	서울산업대
1	1	1	4	1	3	1	1	48	1

서울시립대	성신여대	순천대	연세대	영남대	울산대	원광대	이화여대	인하대	전남대
2	5	2	3	2	1	2	3	2	3

전북대	제주대	조선대	중앙대	충남대	충북대	한양대	계		
15	1	2	5	3	8	3	200		

◉ 전공학과별 통계

곤충학	교육학	금속공예학	농생명공학	농생물학	농업해충학	농학	도시생태조경학	도예	물리학
2	18	1	1	1	1	3	1	1	1

산림자원학	산림환경	산업공학	삼림경영	생명과학	생물학	순수미술학	식품공학	안전공학	약학
21	1	1	1	4	14	5	3	1	1

응용생물	임산가공	임산공학	임학	화폐금융	환경공학	환경원예학	환경대기학	환경조경학	기타
2	5	5	28	2	1	3	1	1	70

합계
200

◉ 학위별 논문 상황

석사	박사	합계
172	28	200

| 편집위원 |

한국인이 좋아하는 나무

2004년 6월 한국갤럽이 조사한 〈한국인이 가장 좋아하는 40가지〉 특별 기획 여론조사에서 한국인이 가장 좋아하는 나무는 바로 '소나무' (43.8%)였다. 해안 바위 틈새에서도 자랄 수 있을 만큼 놀라운 생명력과 사철 푸른 모습으로 기개를 상징하는 소나무는 여성보다는 남성이, 그리고 연령이 높을수록 좋아하는 나무로 꼽았다.

아홉
한·일
소나무의 과거와 미래

꽃가루로 1만 년 전의 식생 분석

1978년 한·일 식물학자들은 강원도 속초시 인근의 영랑호 바닥을 지하 12미터까지 파 내려가 호수 바닥의 퇴적물에 포함된 꽃가루를 분석했다. 1만 7000여 년 전부터 현재까지 한반도 산림의 변화 과정을 분석하기 위해서다.

　1만 7천 년에서 1만 5천여 년까지는 한냉기후로 가문비나무속·전나무속·잣나무류·낙엽송 등이 발달했고, 1만 년 전까지는 늦은 빙기로 풀과 고사리류가 무성했다. 그 뒤 1만 년에서 6700년 전까지는 급격히 따뜻해져서 습도가 높은 기후로 바뀌며 중부동해안 지역에 참나무 속 같은 온대성 활엽수가 증가하고 있다.

　소나무가 나타난 것은 6700년 전부터 4500년 전까지 온난 긴조한 기후로 바뀌면서 2엽 소나무가 우리 땅에 비로소 자리잡기 시작해 번성한 것이다.

우수품종 금강소나무의 보존의지

금강소나무는 우리나라 소나무의 대표적인 품종이며 수형 자체가 아름다울 뿐 아니라 용재로서도 뛰어난 품질의 소나무다. 주로 우리나라에서는 강릉, 삼척, 울진, 봉화, 영양 지역에서 주로 생장하고 있어 분포 지역이 지극히 한정되어 있는 것이 안타깝다.

금강소나무는 형태적으로 수간(樹幹)이 초두부까지 원추형으로 발달하여 이용 가능한 재적이 많아 용재로서의 가치가 높다. 오래 전부터 궁궐이나 사찰 등 공공건물의 기본 자재로 쓰였던 것도 당연히 금강송이었다. 금강송이 더욱 돋보이는 것은 주요 수출품목에 드는 송이나 송화가루, 송진 등의 부산물이 많기 때문이다. 2002년도 송이 수출액이 230만 불에 이르고 있는데 대부분 백두대간에서 생산되고 있다.

정부차원의 금강소나무 보호육성대책으로 산림청과 문화재청이 관심 있는 민간단체들과 함께 2004년 11월 11일 울진군 서면 소광리 국유림(유전자원보호림)에서 '금강소나무보호비' 제막식을 가졌다. 이어 금강송 묘목 1111그루를 심었다. 이는 150년 뒷날을

신십장생도 | 임옥상ⓒ2004, 3×1미터, 한지 종이 부조에 황토, 천연안료로 채색 | 해·산·물·돌·소나무·달(구름)·불로초·거북·학·사슴 등 10가지가 모두 장수를 기원하는 자연 숭배의 대상이다. 이 〈신십장생도〉는 십장생의 의미를 새롭게 해석한 것으로 저어새·도롱뇽·두꺼비·반딧불·물총새·크낙새 등 사라져 가는 동물을 새로 그려 넣었다. 환경·정치·경제적으로 혼란한 이 시대에 이 〈신십장생도〉가 작은 위안이 되기를 작가는 희망하고 있다.

위한 것이다. 심는 날짜나 심은 숫자가 다같이 1자로 되어 있는데, 심은 소나무가 하나같이 하늘을 향해 쭉쭉 뻗어 곧게 자라라는 염원을 함께 심은 뜻이다.

소나무의 고장, 강릉

강릉은 동해안에서 제일 크고 유명한 도시로 대관령과 울창한 소나무 숲, 경포대와 경포 해수욕장 그리고 소나무 숲이 있는 산과 바다가 어우러진 휴양도시이자 관광도시다.

소나무 숲으로 둘러싸인 경포호 주위에는 여러 개의 마을이 산재해 있는데, 이중 경 포호 북쪽에 초당마을이 자리를 잡고 있다. 초당마을은 소나무 밭에 둘러싸여 있어 민가들 사이에 소나무 숲이 있는지, 소나무 숲 사이에 마을이 들어서 있는지 구분이 안 될 정도다.

초당마을을 둘러싼 소나무 숲은 바다에서 불어오는 바람을 막기 위한 방풍림 역할을 하는데, 해변의 곰솔에 의해 약해진 바닷바람이 마을로 불어오면 마을 주위의 소나무 숲 이 또 한 번 바람을 막아 주어 마을이 바닷바람의 영향을 거의 받지 않는다.

이곳 소나무는 줄기가 곧게 자라고 나뭇가지도 잘 발달해 마치 우산과 같고, 소나무 숲 속에는 굵고 가는 소나무들이 각각 맞는 자리를 잡고 있다. 소나무들의 나이는 100년은 됨직해 보이지만 허난설헌이 태어날 때부터 소나무 숲이 있었다고 하니 초당마을 소나무 숲은 500년 전부터 이곳에 있었던 셈이다.

이렇게 울창하고 역사가 오래된 소나무 숲은 과거에는 송진 채취로 상처를 받았고, 지금은 관광객들을 위한 시설들이 들어서면서 조금씩 사라져 가고 있다. 최근 들어 고속도로 개설, 대규모 택지개발, 산업단지 조성 등 각종 개발사업과 대형산불, 수해복구용 토사 채취 등의 재해를 입었기 때문이다.

2002년 '루사', 2003년 '매미' 등 두 차례의 태풍 피해 복구공사를 위해 수십 곳의 소나무 군락이 사라진데다 진흙으로 가득 찬 수해 지역 농경지의 객토를 위해 강릉시가 지역 내 41개소, 14만 4000여 평 규모의 토사채취장을 허가했기 때문이다. 이로 인해 강릉시 경포동, 교동, 성산면, 지변동 등 50년생 이상 소나무 숲이 울창했던 마을 야산이 통째로 없어졌다.

강릉 지역 소나무는 표피가 얇고 붉은 색을 띠고 있어 조경용으로 좋다는 소문이 나면서 소나무 군락지 훼손과 함께 소나무 외지 반출도 급증했다. 각종 대형공사 현장, 골프장 공사, 도로공사 현장과 일부 부유층 가정에 조경용으로 불티나게 팔려나갔다.

'임진왜란 때 왜장이 대관령에서 강릉을 내려다보니 소나무가 많은 것을 보고 분명 큰 인물이 있을 것'이라며 일부러 피해 갔다는 전설이 있을 정도로 강릉은 소나무의 고장이었다. 하지만 강릉은 더 이상 '소나무 도시'라 하기 어려워질 것으로 보인다.

무서운 소나무 재선충병 | 소나무 재선충병을 일으키는 솔수염하늘소(좌)와 방제작업으로 듬성듬성 맨 땅이 드러난 산자락(가운데), 소나무 재선충으로 잎이 전부 붉게 변해 버린 나무를 잘라내는 모습(우).

100년 뒤 남한에서 소나무는 사라진다

지구 온난화가 계속되면 100년 뒤 남한에서 소나무가 거의 사라지고 삼림 파괴에 따른 경제적 손실이 연간 4조 원 이상 달할 것이라는 암울한 예측이 나왔다.

한국환경정책. 평가연구원 전성우(全性禹) 박사팀은 2002년 3월 12일 〈기후변화에 따른 생태계 영향평가 연구보고서〉에서 이같이 전망했다. 국내에서 기후변화 예측 모델을 활용, 지구온난화가 한반도의 삼림 생태계에 미치는 영향을 체계적으로 분석한 것은 이번이 처음이다. 연구팀은 '기후변화에 관한 정부간 패널(IPCC)'이 제시한 온실가스 배출 모델을 이용, 지구 평균기온이 2100년에는 1990년보다 2.08도 상승한다고 예측했다. 이에 따라 남한의 저지대에서 나타나는 난온대림이 2100년에는 북위 40도까지 북상하고 남해 및 서해안 지역에는 아열대림이 형성될 것으로 전망했다.

반면 2100년 남한의 냉온대림은 1990년의 10분의 1로 급격히 줄어들어 지리산, 태백산 등지에서만 존재한다. 삼림의 북상 속도가 기온 상승 속도를 못 따라가면 숲이 말라죽어 초원으로 변한다. 특히 삼림의 이동 속도가 연간 0.25킬로미터일 때 2100년에는 남북한 전체 면적의 16퍼센트나 되는 35900여 제곱킬로미터의 숲이 사라지고 경제적 손실도 연간 34억 7100만 달러(약 4조 5천억 원)에 이를 것으로 예상됐다.

남한에서 전체 면적의 36퍼센트에서 소나무가 자라고 있으나 기후가 변하면서 2050년에는 생육 가능한 지역이 전체의 16퍼센트, 2100년에는 7퍼센트로 급격히 줄어든다. 100년 새 5분의 1로 감소하는 것이다. 북한에서도 소나무 생육에 적합한 지역이 지금의

솔바람 모임 | 소나무 재선충병 확산 방지를 촉구하는 '문화·예술계 100인 긴급 동의'를 발표하는 소나무를 사랑하는 솔바람 모임 임원들.

59퍼센트에서 2050년 47퍼센트, 2100년 38퍼센트로 점차 줄어들 것으로 예측됐다.

소나무의 천적 재선충병

2005년 3월 3일 소나무를 사랑하는 인사들의 모임인 '솔바람 모임'(회장 전영우)은 서울 프레스센터에서 소나무 에이즈로 불리는 재선충병의 확산 방지를 촉구하는 '문화·예술계 100인 긴급동의'를 발표했다.

이 자리에 참석한 인사들은 정부를 상대로 '소나무 재선충병 방제를 위한 특별법' 제정을 촉구하는 한편, 소나무를 '나라 나무'로 삼기 위한 '1백만 서명운동'도 벌일 것이라고 발표했다.

크기가 1밀리 내외인 재선충은 소나무 핵심인 솔수염하늘소를 매개로 하여 솔수염하늘소가 소나무 가지를 갉아먹을 때 함께 나무에 침입한다. 나무 속 곰팡이들을 먹고사는 재선충은 줄기, 가지, 뿌리 속을 자유롭게 이동하며 수를 늘려간다고 한다. 이 과정에서 수분과 영양분이 이동하는 통로를 막게 되고, 3주가 지나면 솔잎이 시들고 색깔이 변하면서 결국 소나무가 죽기 시작한다. 재선충은 나무 속에서 살기 때문에 농약으로 직접 박멸이 불가능하다.

일본에서는 재선충이 1935년에 처음 발생해 소나무가 전멸되었다.

중국에서는 재선충으로 인해 벌써 한반도보다 더 큰 면적의 소나무 숲이 사라졌다. 소나무로 유명한 황산 일대에는 폭 4킬로, 길이 100킬로 지역의 소나무를 전부 잘라내 예방 벨트를 만들었다.

우리나라에서 재선충은 1987년 남부지방에서 최초로 발견된 후, 빠른 속도로 북상하고 있다. 남부의 38개 시·군에 번졌으며, 2004년에만 10개 시·군에서 새롭게 발견된 만큼 피해 면적이 급격히 늘어나고 있다. 포항의 기계면, 경주 양북 등지로 급격하게 북상해 경상북도는 이미 비상이 걸렸다.

현재까지는 방제약이 없어 소나무의 에이즈로 불리고 있다. 감염된 소나무는 재빨리 토막내 불에 태워 없애는 것이 최선책이다. 재선충이 일단 침입하면 소나무 잎은 6일 만에 밑으로 처지기 시작해 20일 후면 시들고, 30일이 지나면 나뭇잎이 붉은 색으로 변하면서 말라죽는다.

재선충 한 쌍이 20일 안에 25만 마리로 늘어난다. 이대로 우물쭈물하다가는 울산·삼척·대관령의 금강송은 여지없이 이 병에 노출되고 말 것이다. 우리 소나무의 자존심인 금강송은 사람의 생명 못지 않게 귀중하며, 이는 반드시 지켜내야 한다.

정부는 가능한 모든 행정력을 동원해 소나무 재선충의 위협으로부터 우리 소나무를 지켜내야 할 것이다.

| 편집위원 |

열

_{한국}

지리산 솔송주

지리산 솔송주의 매력은 은은한 솔향, 입 안에 맴도는 부드럽고 달짝지근한 맛에 있다. 이 솔송주는 경남 함양군 지곡면 개평마을에 사는 하동 정씨 집안에서 제조법이 대대로 전수되고 있다. 개평마을은 전형적인 조선시대 양반고을로 흔히 '좌(左)안동 우(右)함양' 할 때 우함양을 가리키는 곳이다.

우함양의 개평마을에는 일 년 내내 선비들의 시와 풍류가 끊이지 않았다. 바로 그 주안상에 오르던 술이 솔송주다. 1996년 주조허가를 받아 다량 생산의 길로 들어선 솔송주는 특유의 맛과 향으로 대중의 입맛을 사로잡고 있다. 개평마을은 조선시대 동방오현(東方五賢)의 한 사람인 성리학의 대아 문천공 일두 정여창(鄭汝昌, 1459~1504) 선생의 고향이다. 그가 살던 고택은 KBS 대하드라마 〈토지〉의 최참판댁으로 등장해 크게 유명세를 타기도 했다. 개평마을에 모여 사는 그의 후손들에게는 정여창 선생 때부터 솔송주가 가양주(家釀酒)로 명성을 얻어 왔다. 학문이 높았던 선생의 집에는 선비의 방문이 줄을 이었다. 선생에게 시집 온 정종(定宗)의 손녀인 완산 이씨는 접대를 위해 솔순, 솔잎을 넣고

정여창 고택 앞 소나무 | 개평마을 하동 정씨 집안의 전통주인 솔송주의 역사는 500여 년을 훨씬 웃돈다. 처음으로 솔송주를 담았을 때의 은은한 향을 간직한 듯한 소나무의 자태가 멋스럽다.

술을 빚거나 엿과 식혜를 만들었다. 술은 임금에게도 진상했다. 거기에 들어간 쌀이 많게 는 한 해 300석에 달했다고 한다.

솔송주의 내력은 510년을 훨씬 웃돈다. 다만 선생의 집안에서 불리던 본래 술 이름 이 송순주(松筍酒)였다는 점만 다르다. 주조 허가를 받는 과정에서 먼저 등록 명칭을 피 하다 보니 새 이름이 불가피해서였다. 개평마을 앞에 자리잡은 제조회사 '지리산 솔송주' 의 정천상 대표(61세)는 정여창 선생의 16대손이다.

솔잎, 솔순 등을 재료로 한 술은 오래 전부터 우리 민족이 즐겨 마신 약용주다. 송순 주, 송주, 솔잎주 등 다양하게 불린 것도 그 때문이다. 선비의 기개와 절개를 상징하던 늘 푸른 소나무가 술의 재료로 널리 이용된 이유는 그 효능에서 미뤄 짐작할 수 있다.

전통 솔송주 제조법은 찹쌀죽에 누룩을 잘 섞어 독에 보관하면서 4~5일 발효시켜 밑술을 만든다. 또 다른 찹쌀을 쪄서 고두밥을 만들어 식히고, 살짝 찐 다음 말린 솔잎, 솔 순과 밑술을 혼합해 60여 일 발효·숙성시킨다. 그 술을 떠내 깨끗한 독에 담아 서늘한 곳 에서 40여 일 저장해 침전시킨 뒤 맑은 윗술을 떠내면 약주가 된다.

지금 지리산 솔송주의 맛은 정여창 선생의 16대손 며느리 박흥선(52) 씨의 손에서 만들어진다. 박씨는 시어머니 이효의 할머니(95)에게서 제조법을 전수받았다. 그런데 박 씨는 시어머니의 제조법에 과학을 가미했다. 술독은 구들장에 놓고 아궁이에 불을 지피며 어림잡아 온도를 맞추던 것을 온도계로 하고 있다. 솔잎, 솔순은 엄격한 성분 분석 등을 거 쳐 결정한다. 한국의 육종 솔잎에는 노화 방지와 혈액정화 작용을 하는 성분이 들어 있어 혈중 콜레스테롤을 제거하고 인체 내의 노폐물을 배출시키는 기능이 있다고 한다. 또 뇌 졸중이나 고혈압, 지방간, 동맥경화, 당뇨 등 각종 성인병에 효능이 있다고 한다.

이렇게 솔송주는 시대를 뛰어넘어 오늘날에도 많은 사람의 입에서 입으로 이어지는 문화가 되고 있다.

| 편집위원 |

열하나

파란 눈에 비친 동양의 소나무

고대 그리스 이래 치솟는 '생성'의 뿌리인 소나무는 남근의 상징이었다. 주신(酒神) 디오니소스는 솔방울 하나를 지팡이에 매달았고, 목동들은 디오니소스한테 술 빚는 비법을 배워서 처음 술자리를 베푼 이카리오스를 죽여야만 했다. 그리고 그를 소나무 밑에 묻었다. 이처럼 광기 어린 형이하학의 세계에서 동아시아로 눈을 돌린 서양학자들은 선경(仙境)을 배경으로 펼쳐진 형이상학적인 공간에서 별개의 소나무 이미지들을 발견한다.

《음양론》과 《중국의 연금술》의 저자 J. C. 쿠퍼는 서양의 소나무가 제우스의 상징이라면 동양의 '소나무는 성인 공자의 상징'이라고 단언한다. 다음은 화제가 된 두 상징사전에서 발췌한 소나무의 마인드스케이프(Mind-scape, 심상)다.

독일인이 본 중국 소나무

소나무는 중국 전통화가의 단골주제다. 중국화에서 소나무만큼 많이 다룬 나무는 없다.

서양인들이 본 동양의 소나무 | 《중국상징사전》에 소나무 설명과 함께 수록된 그림들. 수선화와 함께 그려진 소나무(좌)와 서양인들이 가장 이상적으로 본 소나무 그림(우).

추위를 이기는 나뭇잎이 있어 계절을 타지 않는데 그 나무는 소나무다. 소나무는 장수 그리고 불변의 지조를 상징하는 나무다. 소나무와 삼나무는 견고한 자기 관리 능력을 표현하는 데 있어서 모든 나무 위에 군림한다. 소나무는 대나무, 매화와 더불어 삼동을 이겨내는 세 벗(歲寒三友)으로 일컬어진다.

소나무와 학을 함께 그리면 그것은 천수를 누린 장자의 만년을 표현한다. 분묘에 소나무를 심은 중국 고대의 풍습과 관련이 있음 직하다.

소나무는 한시의 주제로도 각광을 받는다. 송뢰(松籟, 솔잎이 연주하는 음악), 송도(松濤, 솔잎들이 스치며 어울리는 소리)는 흔한 시구(詩句)다.

공자의 논어에도 소나무에 대한 언급이 보인다. 「움직이지 않음으로써 생명을 연장한다.」는 것이다. 공자는 이런 말도 남겼다.

「추운 계절이 와서야 맨 마지막까지 남는 것은 소나무요 잣나무임을 우리는 안다(9권 27장).」

이 테마는 당대(唐代)의 시인들이 즐겨 원용했다. 〈정원의 소나무〉를 읊은 백거이(白居易, 772~846)는 이렇게 말했다.

「소나무와 생활을 같이하면서 내가 제대로 해놓은 일은 무엇일까? 내 마음의 짐은 채 못 풀어 주었지만 요긴한 벗들은 되어 주었지. 현인(賢人)의 자리에서 내 말벗이 되어 주곤 했으니…….」

중국인들은 늙은 소나무를 사랑하고 숭상했다. 태산(泰山) 아래 서 있는 소나무에 시황제는 정5품의 벼슬을 내렸다. 솔잎이 쌍쌍으로 자라난다고 해서 소나무는 행복한 결혼의 상징이 되기도 한다.

> *볼프람 에버하르트(Wolfram Eberhard)가 저술한《중국상징사전(A Dictionary of Chinese Symbols)》에서 소나무 항목을 인용한 것이다. 에버하르트는 중국문화를 깊이 천착한 독일 출신의 세계적인 중국학자다.

프랑스 인이 본 동양에서의 소나무

__중국__   도교에서는 보통 사람의 음식 대신 송실·송엽·송진을 먹기 때문에 몸이 가벼워져 날 수가 있다고 했다. 송진이 땅 속에 스며들어 천년이 지나면 복령(茯笭)이 된다고도 했다. 이 기적의 버섯(영지)은 불로장생의 비약이다.

하늘에 날리는 송화가루를 먹은 선인(仙人)의 피부에서는 황금빛 광택이 난다. 중국의 여러 밀교 조직에서 소나무와 잣나무를 나이 먹는 법을 초월한 선인들이 살고 있는 버드나무 성(城) 또는 하늘과 땅의 경계 지점에 있는 문을 상징한다고 했다.

공자의 제자들이 전하는 말에 「하(夏)나라 사람들은 지신(地神)을 모신 사당 곁에 소나무를 심고, 은(殷)나라 사람들은 잣나무를 심는다.」는 이야기가 있다.

불로장생을 인생 최대의 축복으로 여긴 중국인들은 버섯, 두루미, 매화, 대나무같이 장수의 상징물들을 한데 모으면 소원을 이뤄낼 힘, 즉 십장생(十長生)이 된다고 믿었다. 인생을 즐길 시간, 곧 수명에 대한 보장이 없다면, 재산을 모으고 명예를 얻고 사랑과 자손을 갖는다는 것이 부질없었기 때문이다.

__일본__   소나무와 신사(神社) 건축용재인 히노키(일본 삼나무)는 영원한 생명을 상징한다. 소나무[松, 마츠]는 경쟁의 연속인 일상생활에서 불굴의 힘을 뜻한다. 폭풍과 태풍을 견뎌내는 소나무는 주변 사람의 비판에 굴하지 않고, 소신을 지키는 사람에 비유되기도 한다.

정초에 일본인들은 대문 양쪽에 가지런한 키의 소나무 두 그루를 세워 축복을 내릴 신을 맞는다. 신도(神道) 신앙에 의하면 신은 나뭇가지에 머물기를 좋아하는데, 늘 푸른 소나무가지를 특히 선호하기 때문이다.

소나무가 문학적인 비유로 쓰일 때는 기다림을 뜻한다. 기다린다는 동사가 '마츠'이기 때문이다. 또한 다카사고(高砂)의 전설에 의하면 두 그루의 소나무는 사랑과 정절을 상징한다고 했다. 스미노에(住吉) 소나무와 다카사고(高砂) 소나무는 부부라는 이야기가 전해 오며 노(能)와 민요의 소재가 되고 있다.

> *프랑스의 석학 마스페로(H. Maspero)가《펭귄상징사전(The Penguin Dictionary of SYMBOLS)》에서 중국과 일본에서의 소나무 상징성을 집필한 부분이다. 마스페로는 도교 사상 연구에 세계적인 업적을 이룬 사람이다.

| 발췌·번역 박석기 |

열둘

살아서 5천 년 죽어 7천 년

브리스틀 콘 소나무

이 세상에서 가장 오래 산 나무는 어떤 나무일까? 그것은 살아서 5천 년 죽어서 7천 년, 무려 1만 2천 년이 넘는 생애를 고스란히 간직한 브리스틀 콘 소나무(Bristle cone Pine: Pinus aristata)이다. 미국 캘리포니아 주 남동부와 인접 주에 걸쳐 있는 섭씨 40도가 넘는 모하비 사막의 고원지대가 있다. 이곳 해발 4200미터의 화이트 마운틴(White Mountain)에 그 소나무가 자라고 있다. 연간 강우량이 고작 300밀리리터 안팎인 고산 사막지대다. 그러나 산허리의 3000미터 이상의 건조한 고지대에 브리스틀 콘 소나무가 군락을 이루고 있다. 자외선의 강렬한 태양열과 5000년의 장구한 세월을 견디며 강인한 생명력을 과시하고 있는 신비의 대상이다.

이 소나무는 가지가 여우 꼬리를 닮았고 솔방울의 인편(鱗片)에 바늘 같은 털(bristle)을 가졌다고 해서 '브리스틀 콘 파인'이라는 명칭을 얻었다. 이 소나무는 1948

브리스틀 콘 소나무 군락| 파란 하늘을 향해 5000년 묵은 기지개를 켜는 듯 힘있는 나무결이 위엄있는 연륜으로 다가온다.

년 이 지역 국유림을 보호 관리하던 알 노랜(Al Noren)이 학계에 보고하면서 세인의 관심을 얻게 되었다. 이를 계기로 연륜기후(年輪氣候) 학자인 에드먼드 슐먼(Edmund Schulman) 박사가 이곳을 방문해 연구한 결과, 세계에서 가장 오래된 나무임이 확인되었다. 1964년 연구목적으로 베어 낸 브리스틀 콘 소나무의 나이테가 무려 4844개나 되었고, 확인되지 않은 것까지 포함하면 이 나무는 무려 5000년 이상 살았을 것으로 추정되었다.

이 장수나무들 가운데 가장 오래된 것은 화이트 마운틴의 슐먼 글로브(Schulman Grove)에 자생하고 있다. 현재 이곳에는 4000년 넘게 살고 있는 소나무 군락지를 둘러볼 수 있는 등산로가 개설되어 있어 많은 사람에게 편의를 제공하고 있다.

반만 년의 생존 비밀

브리스틀 콘 소나무의 반만년 생존 비밀은 의외로 간단하다. 수분과 양료(養料)를 박탈당할수록 천천히 자라면서 몸을 더욱 단단하게 만들 뿐 아니라 세포 내에 기름성분(樹脂)을 더 많이 만들어 병충해에 더 강해지기 때문이다. 생장속도로 보면 포플러와 같은 속성수가 일 년에 1센티가 자라는 데 비해 이 소나무는 50년에서 70년의 세월이 필요하다. 상대적으로 목질의 조밀함을 짐작할 수 있다. 또한 이 소나무의 가지에는 한 속에 짧은 솔잎 다섯 개가 촘촘히 박혀 있는데 무려 35년이나 낙엽이 되지 않는다. 보통 소나무의 경우 2~3년이면 떨어지는데, 이 소나무는 열악한 환경에서 생존하기 위해 최소한의 에너지로 최대한의 효율적이고 경제적인 활동을 하고 있음을 알 수 있다. 그래서 브리스틀 콘은 자신을 태어나게 한 대지를 떠나지 않고 1만 년을 그 자리 그대로 버티고 서 있을 수 있는 지혜를 얻었는지 모른다.

|전영우|

〈소나무 소재의 한·중·일 명시·명문〉에는 본문에서 부분적으로 인용한 소나무 시(詩) 전문(全文)을 수록했다. 또한 본문에서는 언급하지 않았지만 한·중·일의 대표적인 명시와 명문을 선별하여 수록했다. 한·중·일 3국에서 모두 계층과 성별을 막론하고 사랑받던 소나무는 문학의 소재로 곳곳에서 개화되었다.(한국·중국: 김상환 정신문화연구원 연구위원, 일본:강석원 동국대 일문과 교수 선정·번역)

〈한·중·일에서 '송'이 들어가는 지명〉을 한·중·일에서 찾아보았다. 한국의 경우는 읍·면·동·리(시·구·동) 구석구석까지 한국국립지리원 자료와《한국지명총람》을 통해 찾아보았다. 중국에는 '송'자가 들어가는 지명이 많으나 이를 정리해 놓은 데이터베이스를 찾을 수 없어 중국 외문출판사 편집위원인 안의운 선생의 도움을 받아 54개 지명만 정리했다. 일본의 '송'이 들어간 지명은 일본 지명사전을 참고로 박석기 선생님과 편집진이 정리했다.

부록

• 하나 • 소나무 소재의 한·중·일 명시·명문

한국

송화(松花) • 이규보(李奎報)

소나무도 봄빛은 저버리지 않으려고 / 마지못해 담황색 꽃을 피웠구나 / 우습구나 곧은 마음도 때론 흔들려서 / 남을 위해 금분으로 단장하고 있구나(松公猶不負春 芳 强自敷花色淡黃 堪笑貞心時或撓 却將金粉爲人粧).

제승방(題僧房) • 이숭인(李崇仁)

오솔길은 남북으로 갈라져 있는데 / 송화가루 비에 맞아 마구 지누나 / 도인은 물을 길어 띠집으로 들어가고 / 한줄기 파릇한 연기 흰 구름 감아 도는구나(山北山南細 路分 松花含雨落紛紛 道人汲水歸茅舍 一帶靑煙染白雲).

절구(絶句) • 최충(崔沖)

뜰에 가득한 달빛은 연기 없는 촛불이요 / 자리에 드리운 그림자는 불청객일세 / 송 솔바람이 타는 거문고 가락 매인데 없건만 / 그저 소중하게 즐길 뿐 전할길이 없구나 (滿庭月色無煙燭 入坐山光不速賓 更有松絃彈譜外 只堪珍重未傳人).

정지상(鄭知常)

바위 끝 늙은 솔 위에 조각달이 떠 있고 / 하늘가 구름은 낮은데 천 점 산이 벌려 있구 나(石頭松老一片月 天末雲低千點山).

최자(崔滋)

창밖에 소나무가 너울대고 / 솔 위로 밝은 달이 떠 있구나 / 솔의 곧음과 달의 빛남이 어울리니 / 운치와 절조가 절경을 이루는구나(苒苒窓外松 姸姸松上月 貞華兩相 宜 韻操雙奇絶).

고의(故意) • 정도전(鄭道傳)

해묵은 솔이 한길 가에 우뚝이 서니 / 나무꾼의 괴롭힘을 어이 면하리 / 아직도 굳고 곧은 바탕을 지녀 / 훨훨 타는 불빛을 도와주네 / 어쩌면 병 없이 조용히 있어 / 낙락 장신 하늘 높이 솟아올라 / 때가 와서 큰 집을 지을 적이면 / 우람한 저 대들보에 충

당할 건가 / 그 뉘라서 이 뜻을 미리 알아 / 최고봉에 옮기어 심어줄 건가(蒼松生道傍 未免斤斧傷 尙將堅貞質 助此爝火光 安得無恙在 直榦凌雲長 時來堅廊廟 屹立充棟樑 夫誰知此意 移種最高岡).

영송(詠松) ● 강희안(姜希顔)

섬돌 아래 길게 누운 외로운 소나무여 / 긴 세월 늙은 등걸은 용의 모습 닮았구나 / 해 저물고 바람 세찬데 병든 눈 씻고 보니 / 천길 용이 창공으로 오르는 듯하여라(階前偃盖一孤松 枝幹多年老作龍 歲暮風高撅病目 擬看千丈上靑空).

성삼문(成三問)

달은 밝은데 솔 그림자 성기고 / 이슬은 찬데 뜰은 고요하기만 하네 / '끼룩끼룩' 청야의 학울음 소리 / 깊은 반성 자아내게 하는구나(月明松影疎 露冷庭隅淨 一聲淸夜淚 令人發心省).

김식(金湜)

외나무 한 그루가 숲을 못 이룬다고 누가 말했는가 / 뜰 앞의 반송 한 그루 녹음이 우거졌네 / 깊고 깊은 뿌리는 지맥에 이르렀고 / 일산처럼 둥근 가지 하늘을 받쳤구나 / 구름을 뚫고 올라 학이 날아오르는 듯 / 비를 부르면서 용 새끼 꿈틀대는 듯 / 스쳐가는 바람결은 옷깃을 펄럭이고 / 소리는 파도 같고 대낮인데도 어둠이 드리우네(誰日獨樹不成林 且向庭前坐綠陰 衰衰深根連地脈 盤盤偃盖拱天心 從敎白鶴穿雲起 莫遣蒼虬帶雨吟 夢入徂徠風滿袖 海濤聲裡晝沈沈).

김정(金淨)

바닷바람 몰아치니 구슬픈 소리 들리고 / 달이 산 위로 높이 오르니 파리한 그림자 성글구나 / 곧은 뿌리 땅 속 깊이 내리고 있으니 / 눈서리 들이쳐도 품격은 변함이 없구나(海風吹送悲聲遠 山月高來瘦影疎 賴有直根泉下到 霜雪標格未全除).

설야송뢰(雪夜松籟) ● 이황(李滉)

눈 쌓인 땅에 바람이 일어 밤기운 차가운데 / 빈 골짜기 솔숲 사이로 음악가락 들려오네. / 주인은 틀림없이 모산의 은사로 / 문 닫고 홀로 누워 흔연히 들으리라(地白風生夜色寒 空山籟萬松間 主人定是茅山隱 臥聽欣然獨掩關).

설야송뢰(雪夜松籟) ● 이이(李珥)

찬 바람결이 산에 있는 집을 흔드는데 / 소리는 저 하늘 구름 밖에 울려 퍼지네 / 문을 여니 별과 달이 휘영청 밝은데 / 솔 위에는 흰 눈이 일산같이 덮혀있네 / 태허는 본래 소리가 없거늘 / 신령스러운 저 소리는 어디서 나는고(寒濤撼山齋 響在雲霄外 開門星月明 雪上松如盖 太虛本無聲 何處生靈籟).

청허가(清虛歌) ● 휴정(休靜)

그대 거문고 안고 큰 소나무에 기대었으니 / 큰 소나무 변하지 않는 마음이로다 // 나는 길게 노래 부르며 푸른 물가에 앉았으니 / 푸른 물은 맑고 빈 마음이로다 // 마음이여 마음이여 / 내 그대와 함께 하리라(君抱琴兮倚長松 長松兮不改心 我長歌兮坐綠水 綠水兮淸虛心 心兮心兮 我與君兮).

청송사(青松辭) ● 유정(惟政)

소나무여 푸르구나 / 초목중의 군자로다. // 눈서리 차가워도 개의치 않고 / 이슬 내려도 웃음 보이지 않는구나 // 슬플 때나 즐거울 때나 변하지 않고 / 겨울이나 여름이나 푸르디푸르구나. // 푸르구나 소나무여 / 달뜨면 잎 사이로 달빛 곱게 체질하고 / 바람 불면 거문고 소리 청아하구나(松兮靑兮 草木之君子 霜雪兮不腐 雨露兮不榮 不腐不榮兮 在冬夏靑靑 靑兮松兮 月到兮節金 風來兮鳴琴).

오우가(五友歌) ● 윤선도(尹善道)

더우면 꽃피고 추우면 잎 지거늘 / 솔아! 너는 어찌 눈서리를 모르느냐? / 구천(九泉)에 뿌리 곧은 줄을 그로 하여 아노라.

김득연(金得研)

솔 아래 길을 내고 못 우에 대(臺)를 쌓으니 / 풍월연하(風月煙霞)는 좌우로 오는구나. / 이 사에 한가히 앉아 늙는 줄을 모르리라.

김천택(金天澤)

송림에 객산(客散)하고 / 다정(茶鼎)에 연헐(烟歇)커늘 / 유선 일침(遊仙一枕)에 오몽(午夢)을 늦이 깨니 / 어즈버 희황(羲皇)상세를 다시 본 듯하여라.

충식송(蟲食松) ● 정약용(丁若鏞)

그대 아니 보았더냐 천관산 가득 찬 솔 / 천 그루 만 그루 봉마다 뒤덮었다.
푸르고 울창한 노송뿐만 아니라 / 어여쁜 어린 솔도 총총히 돋았는데
하룻밤새 모진 벌레 천지를 가득 메워 / 뭇주둥이 솔잎 갉기 떡 먹듯 하는구나.
어릴 때도 살빛 검어 추하고 미웁더니 / 노란 털 붉은 반점 자랄수록 흉하도다.
바늘 같은 잎을 갉아 진액을 말리더니 / 나중엔 줄기 껍질 마구 씹어서 / 부스럼 상처를 여기저기 만들었구나.
소나무 날로 마르나 까딱도 하지 않고 / 곤추서서 죽는 모습 엄전하기 짝이 없도다.
붓고 터진 가지 줄기 처량히 마주 보니 / 상쾌한 바람 소리 나무 사이 짙은 그늘 / 애달프다 이제는 어디 가서 찾으리요.
하늘이 너를 낼 때 깊은 생각 있었기에 / 일 년 사철 곱게 키워 한겨울도 몰랐었지.
사랑 받고 은혜 입어 나무 중에 뛰어나니 / 복사꽃 오얏꽃의 화려함과 비길손가.

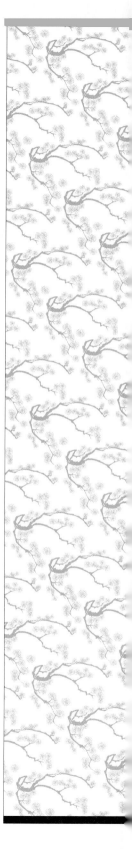

대궐 명당 낡아서 무너질 때엔 / 들보 되고 기둥 되어 조정에 들어왔고.

섬 오랑캐 왜놈들 달려들 때엔 / 날쌔고 웅장한 배가 되어 / 앞장서서 적의 예기 꺾어 놓았지.

네놈 벌레 사사로운 욕심부려서 / 마음대로 소나무 말려 버리니 / 분노가 치밀어 말이 막히는구나.

어찌하면 뇌공의 벼락도끼 얻어내어 / 네놈의 족속들을 모조리 잡아다가 이글대는 화독 속에 넣어 버릴고

(君不見天冠山中滿山松 千樹萬樹被衆峰 豈惟老大鬱蒼勁 每憐稗小羅 一夜㽱蟲塞天地 衆哮食松如饔饔 初生醜惡肌肉黑 漸出金毛赤斑滋頑兜 始師葉針竭津液 轉齧膚革成瘡癰 松日枯槁不敢一枝動 直立而死何其恭 柯癩幹凄相向 爽籟茂樹嗟何從 天之生松深心在 四時護育無大冬 寵光隆渥出衆木 況與桃李爭華穠 太室明堂若傾圮 與作修梁矗棟來祖宗 漆齒流求若隕突 與作朦艟摧前鋒 汝今私慾恣殄瘁 我慾言之氣上衝 安得雷公霹靂斧 盡將汝族秉畀炎火洪鑪鎔).

안민영(安玟英)

벽산(碧山) 추야월(秋夜月)에 / 거문고를 비겨 안고 / 흥(興)대로 곡조 집허 / 솔바람을 화답(和答)헐제 / 때마다 솔리 냉냉허미여 / 추금(秋琴) 호(號)를 가졌더라.

白松의 美 • 문일평(文一平)

우리 집 후원에 담 하나를 사이에 두고 커다란 백송(白松) 한 거루가 우뚝 서있다. 마루방 동창을 열어놓으면 안렴(眼簾)에 듬뿍 비치는 것은 이 백송이니 청개(靑蓋)처럼 퍼진 그 수정(樹頂)과 특히 희백색을 띤 그 수피야말로 언제보든지 산뜻한 감촉을 일으킨다.

소나무에는 수피가 붉은 적송도 있고 수피가 검은 흑송도 있고 또 이처럼 수피가 하얀 백송도 있는데, 조선에는 거의 전부가 적송이요, 흑송은 영남(嶺南) 해안에 간혹 있다 하며, 백송에 이르러는 북지 원산(北支原産)으로 경성(京城)에 여섯 그루가 있을 뿐이라고 한다. 경성 외에는 고양, 밀양 및 평양과 충청도에도 이식 된 것이 있기는 한 모양이다. 이들의 백송 중에 제일 큰 백송은 경성 통의정(通義町) 동척사택(東洋拓殖株式會社社宅)의 백송이요, 제일 아름다운 백송은 경성 재동정(齋洞町) 고녀(高女) 기숙사의 백송이며, 아름답고 크기로 둘째가는 것은 경성 내자정(內資町) 경무원 분실의 백송인 바, 이것이 곧 우리 집 후원 담 너머에 있는 백송이다. 그 수령은 400년쯤 되었다 하거니와, 백송이란 것이 식물학상으로 보면 적송이 2엽(二葉), 해송(잣나무)이 5엽임에 대하여 백송은 3엽임이 특이한 점이며, 또 그 간지(幹枝)가 백분을 바른 듯이 하야므로 백송의 명칭이 생겼다 한다.

그런데 백송이 오늘날 차츰 점차 사라져 가는 현상으로 그 노수(老樹)는 조선과 북지(北支)에 있을 뿐이라는 것이다. 이런 의미에서 보더라도 경성 안에 있는 백송은 아주 진귀한 명목(名木)인 동시에 천연기념물로서의 보존할 가치가 충분히 있다

고 한다. 오호라! 식물학자의 이 설명을 듣고 나서 담 넘어 백송을 보니 일층 더 사랑할 마음이 생기는 것 같다.

나는 스스로 생각하되 이 희귀한 세계적 명목을 근방에 두고 종일 상대하면서도 그것이 과연 이처럼 가치가 있는 식물인 줄을 몰랐다. 그러나 이것이 어찌 홀로 수목에 한해서 그러할 뿐이랴. 모든 사물에 있어서 전문가가 아니면 도저히 알 수 없는 바이다.

조선에는 세계에 없는 단 하나인 선목(扇木)이라는 식물이 있다. 선목은 그 과실이 단선상(團扇狀)으로 되어 있으므로 그와 같은 명칭을 붙인 것인데 그것이 신이화(辛夷花) 비슷하나 그 잎이 조금 적고 그 꽃은 희고도 어느 덧 도화색을 띤 아름다운 식물로서 충청북도 진천(鎭川) 초평면(草坪面) 이외에는 없다고 한다. 학술상 아주 흥미 있는 식물인 동시에 원예의 관상용으로서도 매우 가치 있는 식물이라고 하는 것이 아닌가. 백송과 선목(扇木)뿐이 아니라 조선 안에 발견 되지 못한 식물이 아직도 더 있을는지 모른다.

아무리 진목이훼(珍木異卉)가 있어도 모르는 이에게는 그것이 범수상초(凡樹常草)와 무엇이 다르겠는가.

중국

시경(詩經) 소아(小雅)편 천보시(天保詩)

하늘이 그대를 보정(保定)함이 또한 심히 견고하도다 / 그대를 모두 후하게 하시니 어느 복인들 내려 주지 않으리오 / 그대로 하여금 매우 이익되게 하는지라 풍부하지 않음이 없도다.

하늘이 그대를 보정하사 그대를 모두 좋게 하시다 / 모두 마땅하지 않음이 없어 하늘의 온갖 복을 받으셨거늘 / 그대에게 장구한 복을 내리시되 날마다 부족하게 여기도다.

하늘이 그대를 보정하사 흥성(興盛)하지 않음이 없는지라 / 산과 같고 언덕과 같으며 산마루와 같고 구릉과 같으며 / 냇물이 막 이르는 것과 같아 불어나지 않음이 없도다.

길일을 택하여 정결히 술밥을 지어 이것을 효도로 제향(祭享)하여 / 약(禴) 사(祠)와 증(烝) 상(嘗)을 선공(先公)과 선왕에게 올리시니 / 군(君)께서 너에게 기약하노라 하시되 만수무강으로 하도다.

신(神)이 이르는지라 그대에게 많은 복을 주며 / 백성들이 질박한지라 날로 쓰고 먹고 마시기만 하니 / 여러 백성들이 두루 그대의 덕(德)을 실행하도다.

달의 초승달과 같으며 해의 떠오름과 같으며 / 남산(南山)의 장수함과 같아 이지러지지 않고 무너지지 않으며 / 송백(松柏)의 무성함과 같아 그대를 계승하지 않음이 없도다(天保定爾 亦孔之固 俾爾單厚 何福不除 俾爾多益 以莫不庶 天保定爾

俾爾戩穀 罄無不宜 受天百祿 降爾遐福 維日不足 天保定爾 以莫不興 如山如阜
如岡如陵 如川之方至 以莫不增 吉蠲爲饎 是用孝享 禴祠烝嘗 于公先王 君曰卜
爾 萬壽無疆 神之弔矣 詒爾多福 民之質矣 日用飮食 群黎百姓 徧爲爾德 如月
之恒 如日之升 如南山之壽 不騫不崩 如松柏之茂 無不爾或承).

淮南子 16 説山訓 • 유안(劉安)

일이란 본래 서로 기다려 이루는 것이 있으니, 두 사람이 모두 빠지면 서로 구제할
수 없지만 한 사람이 육지에 있으면 건질 수 있다. 그러므로 같음은 서로 다스리지
못하므로 반드시 다름을 기다린 뒤에야 이루어진다.

천년 묵은 소나무는 아래 복령(茯苓)이 있고 위에는 토사(兎絲)가 있으며, 위에
는 총시(叢蓍, 떨기 시초)가 있고 아래는 복귀(伏龜, 엎드린 거북)이 있다. 성인(聖
人)은 바깥에서부터 안을 알아서 지극히 작은 것도 알 수 있음을 깨닫게 되는 것이다.

무(武)를 좋아함은 협사(俠士)가 아니고 문(文)을 좋아함은 유자(儒者)가 아
니며, 비방(秘方)을 좋아함은 의원(醫員)이 아니고 말을 좋아함은 추인(騶人, 마
부)이 아니며, 음률(音律)을 좋아함은 고몽(瞽矇, 소경 樂師)이 아니며 맛을 좋아
함은 포인(庖人, 요리사)이 아니다. 여기에 대개의 뜻(槪略)이 있지만 함부로 이름
을 붙일 수는 없는 것이다. (事固有相待而成者 兩人俱溺 不能相拯 一人處陸則
可矣 故同不可相治 必待異而後成 千年之松 下有茯苓 上有兎絲 上有叢蓍 下
有伏龜 聖人從外知內 以見知隱也 喜武非俠也 喜文非儒也 好方非醫也 好馬非
騶也 知音非瞽也 知味非庖也 此有一槩 而未得主名也).

포박자(抱朴子) • 갈홍(葛洪)

하늘 끝 언덕에 누워있는 소나무와 큰 골짜기에 거꾸로 자라는 잣나무, 이런 모든 나
무는 한결같이 하늘과 그 길이가 같고 땅과 함께 장구하구나(天陵偃蓋之松 大谷倒
生之柏 凡此諸木 皆與天齊其長 地等其久也).

은자를 찾아갔다가 만나지 못하고(尋隱者不遇) • 가도(賈島)

소나무 밑에서 아이에게 물으니 / "스승은 약을 캐러 갔다"고 / 이 산 속에 있기는 한
데 / 구름이 깊어서 있는 곳을 알 수가 없네(松下問童子 言師採藥去 只在此山中
雲深不知處).

사람에게 대답함(答人) • 太上隱者(태상은자)

우연히 소나무 아래에 와서 / 편안히 돌베개를 베고 잔다 / 산중에 책력이 없어 / 추
위가 다하도록 해가 간 줄을 모른다(偶來松樹下 高枕石頭眠 山中無曆日 寒盡不
知年).

귀거래사(歸去來辭) • 陶淵明(도연명)

이쯤에서 현령을 그만두고 집으로 돌아가자. 오랫동안 전원에 손질을 하지 않아 잡초가 무성하여 황폐하려 한다. 그런데 왜 돌아가지 않겠는가. 지금이야말로 돌아가야 한다. 지금까지 스스로 나의 존귀한 마음을 비천한 육체의 종으로 삼았었다. 그렇지만 지금 무엇 때문에 이 일로 근심하고 홀로 슬퍼할 것인가. 나의 과거는 부질없는 것이었지만, 지난 일을 충고하여도 잘못을 바로 잡을 수 없음을 알았고, 다만 앞으로 올 장래에 대해서는 살면서 시정할 수 있음을 알았다. 실로 나는 길을 잘못 잡아 많이 헤매었으나, 그래도 아직은 정도(正道)에서 멀리 벗어나지는 않았다. 그러므로 지금의 나의 태도가 옳고 어제까지의 일은 모두 틀렸음을 분명히 깨달았다.

뱃길로 고향에 돌아가는데, 배는 바람에 가볍게 흔들리고 바람은 옷자락을 펄럭이니, 고향에 가는 기분이 매우 유쾌하다. 가는 도중 길가는 나그네를 만나 고향까지의 노정을 물어보기도 하는데, 고향 길을 서두르는 새벽은 아직 컴컴하여 주위가 환하지 못한 것만이 유감이다.

집 앞 가까이 와서 대문과 처마를 바라보니 마음이 기뻐 달려 들어갔다. 심부름꾼은 모두 기쁜 마음으로 나를 마중하였고, 어린 자식들은 문간에서 나를 기다려 주었다. 대문 안에 들어서니, 정원의 세 갈래 오솔길에 잡초가 무성하여 황폐하기 시작했지만, 소나무와 국화는 그래도 아직 남아 있었다. 어린 것의 손을 끌고 안방으로 들어가니 술이 있는데, 단지마다 가득 차 있었다. 단지와 술잔을 끌어당겨 스스로 술을 부어 마시면서, 오래간만에 마당의 나뭇가지를 바라보면서 활짝 웃었다. 그리고 남쪽 창에 기대어, 체면 때문에 조심할 필요 없이 자유로운 모습으로 있으니 무릎을 넣을 정도의 좁은 장소임에도 편안하여 몸을 편안케 하는 데는 그다지 넓은 장소가 필요하지 않다는 의미를 깨달았다.

정원을 매일 산책하다 보면 언제나 각각 다른 멋이 풍기는 조망(眺望)을 볼 수 있다. 대문은 설치했지만 찾아오는 사람이 없어 늘 닫혀 있다. 지팡이에 늙은 몸을 의지하여 걷다가, 아무 데서나 마음 내키는 대로 쉬고, 가끔 고개를 높이 들어 자유롭게 주위를 둘러본다. 구름은 무심하게 산봉덩이에서 나오고, 새는 날기에 지쳐 둥지로 돌아올 것을 아는데, 나도 그와 같이 고향에 돌아왔다. 햇빛이 어둑어둑 서쪽으로 지려 하다가 외롭게 남아 푸른 절조를 지키는 소나무를 어루만지며 떠나지 못하고 서성거리는 모양이 마치 내가 만년에 남은 지조를 지키려는 모습과 같아 감개가 무량하다.

자, 집으로 돌아가자. 그리고 돌아간 이상에는 바라건대 모든 세속적인 교제는 끊어 버리고 싶다. 세상과 나와는 서로 잊어 버리도록 하자. 이제 다시 수레를 타고 무엇을 구하러 갈 것인가. 지금은 모든 소망을 다 버리고 다만 친척들과 진심이 어린 말을 나누면서 즐거워하고 거문고와 책을 즐기면서 온갖 시름을 잊는 것이다. 농부는 나에게 이미 봄이 온 것을 알려 준다. 나도 이제부터는 서쪽 논밭의 일이 바빠질 것이다. 어떤 때는 수건을 씌운 수레를 타고 육로를 달리고, 어떤 때는 한 척의 배를 저어 물에서 놀기도 하였다. 혹은 구불구불한 깊은 골짜기의 시냇물을 찾기도 하고, 높낮이가 심한 언덕길을 돌아 고개를 넘어 산수의 아름다움을 즐기기도 하였다. 나

무들은 즐거운 듯이 가지와 잎이 무성하고 꽃은 활짝 피려하며, 샘물은 솟아올라 얼음이 녹은 물이 흘러내린다. 이 왕성한 봄의 숨결을 느끼면서, 만물이 양춘가절(陽春佳節)에 행복해 보이는 모습을 보고 기뻐하는데, 나는 그것에 비하여 생명이 점점 끝나가는 것 같아서 어쩐지 서글픈 생각이 들었다.

　　모든 것은 끝장이다. 이 세상에 이 육체를 붙여 두는 것이 앞으로 얼마이겠느냐. 이 여생을 무엇 때문에 자연적 추이인 생사에 맡기지 않겠는가. 새삼스럽게 의리나 체면 때문에 자연에 거스를 필요는 없다. 무엇 때문에 분주하게 어디를 가려하는가. 더 이상 가서 구할 것이 없다. 부(富)도 귀한 신분도 나의 소원이 아니고, 영원한 신선의 나라 같은 것 역시 기대하지 않는다. 다만 좋은 시절을 생각하여 나 혼자 지팡이를 밭에 꽂아 세우고 김을 매거나 흙을 북돋아 주기도 한다. 또 동쪽의 언덕에 올라 천천히 휘파람을 불고, 맑은 시냇가에 가서 시를 짓고 노래를 부른다. 이와 같이 하여 그저 자연의 변화에 맡겨 두면서 최후에는 생명이 다하여 이 세상을 하직하고 싶다. 그리고 옛사람이 가르친 대로, 저 하늘이 명한 바 자기가 마땅히 해야 할 것을 즐길 것이지, 어찌 거기에 의심을 하겠는가. 참되게 믿고 편안하게 살아가도록 하자. (歸去來兮 田園將蕪胡不歸 旣自以心爲形役 奚惆悵而獨悲 悟已往之不諫 知來者之可追 實迷塗其未遠 覺今是而昨非 舟搖搖以輕颺 風飄飄而吹衣 問征夫以前路 恨晨光之熹微 僮僕歡迎 稚子候門 三徑就荒 松菊猶存 携幼入室 有酒盈樽 乃瞻衡宇 載欣載奔 引壺觴以自酌 眄庭柯以怡顔 倚南窓以寄傲 審容膝之易安 園日涉以成趣 門雖設而常關 策扶老以流憩 時矯首而遐觀 雲無心以出岫 鳥倦飛而知還 景翳翳以將入 撫孤松而盤桓
歸去來兮 請息交以絶遊 世與我而相違 復駕言兮焉求 悅親戚之情話 樂琴書以消憂 農人告余以春及 將有事于西疇 或命巾車 或棹孤舟 旣窈窕以尋壑 亦崎嶇而經 木欣欣以向榮 泉涓涓而始流 羨萬物之得時 感吾生之行休 已矣乎 寓形宇內復幾時 曷不委心任去留 胡爲乎遑遑欲何之 富貴非吾願 帝鄕不可期 懷良辰以孤往 或植杖而耘耔 登東皐以舒嘯 臨淸流而賦詩 聊乘化以歸盡 樂夫天命復奚疑).

산속의 가을 저녁에(山居秋暝) • 왕유(王維)
빈 산에 비가 그치니 날씨는 어느 듯 가을이구나 / 밝은 달은 소나무 사이에 비추고 맑은 샘은 바위 위를 흐른다 / 대숲이 부석이니 빨래하든 여인 돌아가고 연꽃 출렁이니 고깃배 가는구나 / 어느덧 봄향기는 사라졌지만 나는 머물러 있으리라(空山新雨後 天氣晚來秋 明月松間照 淸泉石上流 竹喧歸浣女 蓮動下漁舟 隨意春芳歇 王孫自可留).

오립소송가(五粒小松歌) • 이하(李賀)
어린 솔가지 굽어 있고 솔 껍질 꿈틀거리고 / 신선한 향기 지닌 솔방울은 선인의 식사구나 / 푸른 물결에 솔잎 적시면 더 짙푸르고 / 잘게 묶인 솔잎은 가위로 자른 듯하네 / 주인집 벽에는 지도가 늘어져 있는데 / 주인집 앞에는 속된 선비들 많구나 / 흰한 달빛 받은 흰 이슬은 가을을 적시고 / 석순 자란 계곡에 피어난 구름은 편지를 부치게 하네(蛇子蛇孫鱗蜿蜿 新新香幾粒洪崖飯 綠波浸葉滿濃光 細束龍髥絞刀剪 主人壁上鋪州圖 主人堂前多俗儒 明月白露秋淚滴 石筍溪雲肯寄書 香幾粒洪崖飯).

바둑 구경(觀棋) • 소식(蘇軾)

오룡봉 앞에 있는 백학관 옛 터. / 커다란 소나무 그늘이 내려앉은 뜰이 바람과 해가 맑고 아름다우니 / 때때로 나는 때로 홀로 거닐었으나 한 명의 선비도 만나지 못했네. / 누구인지는 알 수 없구나 바둑 두는 이가! / 문 밖에 신 두 켤레가 있는데 / 사람 소리는 들리지 않고 이따금 바둑알 놓는 소리만 들렸네. / 바둑판을 마주하고 앉으니, 누가 이 맛을 헤아릴소냐 / 곧은 바늘로 낚시하는 뜻이 어찌 방어와 잉어를 잡는데 있으랴! / 어린 아들이 바둑을 둘 줄 아는 것은, 딱딱 손 가는 대로 바둑알 놓기 때문이라 / 이기면 진실로 기쁘고 진들 즐거운 일이라 / 여유롭고도 즐거우니 다시 두어 보세나(五老峰前 白鶴遺址 長松蔭庭 風日淸美 我時獨游 不逢一士 唯歟棋者 戶外履二 不聞人聲 時聞落子 紋枰坐對 誰究此味 空鉤意釣 豈在魴鯉 小兒近道 剝啄信指 勝固欣然 敗亦可喜 優哉游哉 聊復爾耳)!

일본

《만요슈(万葉集)》제990번

시게오카(茂岡)에 신령스러이 서서 무성히 자란 / 천년 송 소나무의 나이를 모르겠네 (茂岡に神さび立ちて榮えたる 千代松の木の年の知らなく)

《만요슈》제63번 야마노우에노 오쿠라(山上憶良)

자, 모두들 어서 일본으로 돌아가자 / 미쓰(御津)의 소나무가 그리며 기다릴 테니 (いざ子ども早く日本へ大伴の 御津の浜松待ち戀ひぬらむ)

《만요슈》제895번 야마노우에노 오쿠라(山上憶良)

미쓰(御津)의 바닷가 솔밭을 깨끗이 쓸어 / 선 채로 기다리지요 어서 돌아오세요 (大伴の三津の松原かき掃きて 我立ち待たむはや歸りませ)

《만요슈》제1185번 작자 미상

아침뜸 무렵 노 저어 지표 삼아 보면서 왔던 / 미쓰(三津)의 솔밭이 파도 너머 보이네 (朝なぎにま梶漕ぎ出て見つつ來し 三津の松原波越しに見ゆ)

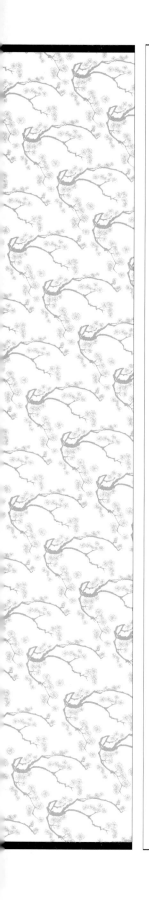

《만요슈》 제1650번 작자 미상

연못가에 선 소나무 잎새 끝에 내리는 눈아 / 몇 겹이고 쌓여라 내일도 보자꾸나

(池の辺の松の末葉に降る雪は 五百重降り敷け明日さへも見む)

《슈이슈(拾遺集)》 제250번 다이라 가네모리(平兼盛)

바라다보니 소나무 잎새 하얀 요시노산(吉野山) / 대체 몇 세상이나 쌓인 눈일까 싶네

(見渡せば松の葉しろき吉野山 いくよつもれる雪にかあるらん)

《슈이슈》 제1165번 후지와라 미치나가(藤原道長)

바위 위에 난 소나무에 견주리 왕자님들은 / 세상에 드문 귀한 혈통이시라 여기기에

(岩の上に松にたとへむきみぎみは 世にまれらなるたねぞと思へば)

《슈이슈》 제1175번 작자 미상

새집에 살며 무궁히 번영함이 눈에 보이네 / 물가의 소나무가 그림자를 비추니

(すみそむる末の心の見ゆるかな 汀の松の影を映せば)

《슈이슈》 제463번 기노 쓰라유키(紀貫之)

허무하게도 목숨을 부지하고 오래 산다고 / 모래 둔덕 노송도 나를 벗으로 보리

(いたづらに世にふるものと高砂の 松も我をや友と見るらん)

둘 · 소나무와 관련된 지명

우리나라의 경우 송(松)과 관련된 지명은 총 724개다. 지역별로는 전라남도 162개 (점유율 22.38%)로 소나무 관련 지명이 제일 많았으며, 경상북도 128개(17.68%), 전라북도 95개(13.12%), 충청남도 88개(12.15%), 경상남도 70개(9.67%) 순으로 많았다. 세부 지역별로는 전북 고창이 21개로 제일 많았으며, 전남 나주 19개, 경북 상주와 전남 해남이 17개, 전남 영암과 함평이 14개 순으로 많은 지명을 갖고 있었다.

지명 한자별 의미를 보면 마을에 소나무가 숲을 이룰 정도로 많다 하여 지어진 이름들이 대부분이다. 송곡(松谷)·송내(松內)·송동(松洞)·송림(松林)·송산(松山)·송전(松田)·송정(松汀)·송촌(松村)·송현(松顯) 등이 그렇다. 또한 소나무와 주변 경관 또는 어우러지는 동물, 바위와 결합하여 지어진 이름들도 있는데, 소나무 주변에 계곡 같은 물이 흐른다 하여 송계(松谿)·송천(松川)·송담(松潭), 주변에 서당이 많아서 송당(松堂), 바위와 솔이 많다 하여 송암(松岩), 학이 많이 찾는다 하여 송학(松鶴), 소나무가 많은 포구에 위치한 마을이라 하여 송포(松浦) 등이 있다.

이밖에 마을이 형성되기 전에 소나무가 많았다 하여 송기(松基), 마을 모양이 솔 모양을 닮았다 하여 송금(松琴)이라고도 한다.

한국

대송산大松山(전라북도 김제시 용지면 송산리) / 송갈미松葛美(경기도 이천시 호법면 송갈리) / 송강松江(경상북도 청송군 파천면 송강리) 外 5 / 송강다리(전라북도 완주군 이서면 이성리) / 송강동松江洞(전라남도 보성군 벌교읍 낙성리) / 송개(강원도 인제군 상남면 미산리) / 송경松景(경상남도 산청군 산청읍 송경리) / 송계松溪(경상남도 산청군 생비량면 가계리) 外 19 / 송계동松溪(경상북도 상주시 낙동면 장곡리) 外 2 / 송계율(송계울)松溪洞(인천광역시 강화군 교동면 고구리) / 송고松皐(경상북도 영주시 부석면 북지리) 外 1 / 송고지松皐지(전라남도 영광군 법성면 신장리) / 송곡松谷(경기도 양평군 지제면 송현리) 外 33 / 송곡리松谷(경상북도 칠곡군 왜관읍 금산리) / 송골松谷(강원도 영월군 수주면 무릉리) 外 19 / 송곳산(경상북도 울릉군 북면 나리리) / 송광리松廣里(전라북도 완주군 소양면 대

홍리) / 송구松九(전라북도 남원시 주천면 송치리) / 송구래미(송현)松峴(경기도 양주시 광적면 비암리) / 송구벌(경기도 양평군 강하면 항금리) / 송굴말(숭굴말)(충청남도 홍성군 홍동면 대영리) / 송금松琴(전라남도 광양시 진월면 송금리) / 송기松基전라남도 순천시 별량면 송기리) 外 7 / 송길松吉(전라남도 나주시 봉황면 송현리) / 송남(송하)松南(경상남도 남해군 삼동면 송정리) / 송내松內(경기도 평택시 포승면 회곡리) 外 32 / 송내동松內洞(경기도 평택시 오성면 금곡리) 外 3 / 송노골(경상북도 칠곡군 약목면 남계리) / 송노평(강원도 인제군 서화면 가전리) / 송능松陵(경상북도 울진군 평해읍 평해리) / 송단松丹(강원도 정선군 정선읍 광하리) 外 1/ 송담松潭(경기도 평택시 안중면 송담리) 外 3 / 송담(승당)(부산광역시 해운대구 우동) / 송당松堂(충청남도 논산시 노성면 송당리) 外 5 / 송대松垈(경기도 평택시 오성면 안화리) 外 1 / 송대松臺(경기도 화성시 마도면 청원리) 外 2 / 송대동松臺洞(경상남도 함양군 휴천면 송전리) / 송덕松德(충청남도 천안시 성환읍 송덕리) / 송도松島(경상남도 통영시 산양읍 저림리) 外 3 / 송동松洞(강원도 철원군 서면 자등리) 外 15 / 송동리(경상북도 포항시 북구 죽장면 석계리) / 송두松頭(전라북도 순창군 풍산면 삼촌리) / 송등(경상남도 창원시 대산면 모산리) / 송라松羅(경상남도 함안군 대산면 대사리) 外 3 / 송라동松羅洞(경기도 파주시 광탄면 창만리) 外 1 / 송락(경상남도 함안군 칠서면 용성리) / 송락곡松落谷(울산광역시 울주군 상북면 산전리) / 송락봉(전라남도 장흥군 유치면 대리) / 송령松嶺(경상북도 상주시 청리면 율리) 外 1 / 송로골(강원도 인제군 남면 부평리) / 송룡松龍(충청남도 연기군 동면 송룡리) / 송룡곡松龍谷(충청남도 서천군 마산면 송림리) / 송리松里(경상북도 청도군 각북면 명대리) 外 4 / 송리골(경상북도 청송군 진보면 시량리) / 송리원松里院(경상북도 영주시 평은면 강동리) 外 1 / 송림松林(경상남도 거창군 마리면 말흘리) 外 39 / 송림골松林(경상북도 고령군 쌍림면 월막리) / 송림동松林洞(강원도 평창군 미탄면 평안리) / 송림촌松林村(경상북도 포항시 남구 대보면 대보리) / 송림터松林터(충청남도 서천군 서면 주항리) / 송림현松林峴(경상북도 고령군 쌍림면 송림리) / 송마(경상남도 밀양시 하남읍 남전리) / 송만松萬(전라북도 익산시 송학동) / 송말(강원도 춘천시 동면 지내리) 外 4 / 송매松梅(대구광역시 달성군 유가면 음리) 外 1 / 송명골松明(충청북도 괴산군 사리면 방축리) 外 1 / 송목동(경상남도 진주시 명석면 용산리) / 송무정(전라남도 무안군 청계면 서호리) / 송무치(강원도 홍천군 내면 자운리) / 송문松門(경상북도 김천시 감문면 송북리) / 송문동(솔문안)(강원도 원주시 소초면 흥양리) / 송바위(충청남도 아산시 음봉면 원남리) / 송방松坊(경상북도 영양군 수비면 수하리) / 송방터(신방터)(경기도 광주시 도척면 상림리) / 송배松培(전라북도 정읍시 정우면 우산리) / 송백松栢(경상북도 경산시 남천면 송백리) 外 1 / 송백도(부산광역시 강서구 강동동) / 송변松邊(경상남도 거창군 남상면 송변리) / 송복동(충청남도 서산시 운산면 갈산리) / 송본리松本里(경상북도 문경시 산양면 우본리) / 송봉내松峯내(강원도 평창군 평창읍 하일리) / 송북松北(경상북도 청도군 화양읍 송북리) / 송사松沙(전

라남도 장성군 동화면 송계리) 外 1 / 송산松山(경기도 가평군 설악면 송산리) 外 45 / 송산(솔미)松山(인천광역시 강화군 양사면 인화리) / 송산동松山洞(경기도 연천군 전곡읍 간파리) 外 3 / 송산들(경기도 평택시 현덕면 대안리) / 송산리松山里(전라남도 해남군 화산면 송산리) / 송산리松山里(전라북도 장수군 반암면 교동리) / 송산새(경상남도 거창군 웅양면 신촌리) / 송산소(충청남도 공주시 공주읍 웅진동) / 송삼松三(전라북도 김제시 용지면 용수리) / 송삼동(강원도 원주시 무실동) / 송삼아랫말松三里(경상북도 구미시 무을면 송삼리) / 송삼위말(송삼윗말)松三里(경상북도 구미시 무을면 송삼리) / 송상松上(경상북도 의성군 단밀면 생송리) / 송생이松生(경상북도 봉화군 봉화읍 유곡리) / 송서松西(경상북도 청도군 풍각면 송서리) 外 2 / 송서울(강원도 양구군 방산면 오미리) / 송석松石(전라남도 해남군 마산면 송석리) / 송석정松石亭(전라남도 화순군 이양면 강성리) / 송석정(전라남도 영암군 덕진면 운암리) / 송선(송선동)松仙(전라북도 익산시 왕궁면 광암리) / 송선곡松仙谷(충청북도 음성군 삼성면 선정리) / 송소(소송)(충청남도 연기군 서면 용암리) / 송소(송현)(전라남도 여수시 쌍봉동) / 송소동松沼洞(경기도 화성군 양감면 용소리) / 송수(전라북도 완주군 비봉면 수선리) / 송수(송수골)松樹(전라북도 완주군 비봉면 수선리) / 송수동松樹洞(충청북도 제천시 봉양읍 연박리) / 송수리松樹里(충청남도 부여군 남면 송학리) / 송시동(전라남도 여수시 돌산읍 금봉리) / 송신松新(경기도 남양주시 조안면 송촌리) 外 1 / 송실松實(경상북도 의성군 단밀면 생송리) / 송심松沈(충청남도 공주시 장기면 금암리) / 송씨제실(전라남도 고흥군 동강면 마륜리) / 송아(충청남도 태안군 남면 진산리) / 송아밭(경상북도 김천시 대덕면 관기리) / 송악(경상남도 밀양시 부북면 제대리) / 송알(경상남도 함양군 마천면 강청리) / 송암松岩(강원도 양양군 양양읍 송암리) 外 29 / 송암골(강원도 강릉시 사천면 사기막리) / 송암동松巖里(충청남도 보령시 청소면 진죽리) 外 1 / 송애(충청남도 예산군 덕산면 복당리) / 송어리松魚里(강원도 양양군 서면 송천리) / 송여자(전라남도 여수시 화정면 여자리) / 송오松五(충청북도 음성군 원남면 마송리) / 송오松塢(충청북도 괴산군 사리면 노송리) / 송오리松五里(강원도 정선군 남면 광덕리) 外 1 / 송오촌松塢村(충청남도 아산시 음봉면 송촌리) / 송옥松玉(충청남도 연기군 남면 고정리) / 송왜(송외)(전라남도 영암군 덕진면 노송리) / 송외松 外 (경상남도 하동군 진교면 송원리) / 송용松龍(전라남도 강진군 옴천면 정정리) 外 1 / 송우松隅(충청북도 괴산군 연풍면 유상리) 外 1 / 송운松云(전라남도 해남군 옥천면 영춘리) / 송운동松云洞(전라북도 고창군 공음면 두암리) 外 1 / 송원松園(경상남도 밀양시 삼랑진읍 송지리) / 송원동松院洞(강원도 정선군 임계면 송계리) 外 1 / 송원두(전라남도 완도군 노화읍 동천리) / 송월松月(전라남도 진도군 임회면 봉상리) 外 2 / 송월리松月里(전라북도 부안군 백산면 대수리) / 송율말(강원도 춘천시 동면 지내리) / 송이곡松耳谷(강원도 평창군 대화면 상안미리) 外 1 / 송이골(강원도 영월군 영월읍 삼옥리) 外 3 / 송이달(강원도 고성군 수동면 상원리) / 송이실(충청북도 제천시 동현동) / 송장골(경기도 하남시 덕풍2동) 外 2 /

송장기(경상북도 봉화군 물아면 오록리) / 송장내기(전라남도 영암군 금정면 남송리) / 송전松田(경기도 용인시 이동면 송전리) 外 19 / 송전동(경상북도 울진군 울진읍 봉평리) / 송전리松田里(경상북도 청도군 화양읍 범곡리) / 송전리(전라북도 전주시 덕진구 송천2동) / 송절(송사)(대전광역시 중구 산서동) / 송정松丁(전라남도 나주시 반남면 청송리) / 송정松井(경상남도 창원시 동읍 송정리) 外 1 / 송정松亭(강원도 강릉시 송정동) 外 90 / 송정松汀(전라북도 정읍시 입암면 접지리) 外 1 / 송정(강원도 삼척시 원덕읍 호산리) 外 57 / 송정(송정리)松亭里(충청남도 부여군 양화면 송정리) / 송정(쇠쟁이)松亭(경기도 포천시 소흘읍 무림리) / 송정(원송정)松亭(경상남도 거창군 거창읍 송정리) / 송정골(충청남도 공주시 탄천면 남산리) / 송정동松亭洞(강원도 화천군 사내면 용담리) 外 2 / 송정리松亭里(전라남도 곡성군 오곡면 송정리) 外 8 / 송정이(강원도 원주시 부론면 손곡리) / 송정이땀(전라남도 목포시 북교동) / 송정자松亭子(전라북도 순창군 쌍치면 둔전리) / 송정자(강원도 화천군 화천읍 동촌리) / 송제(경상북도 안동시 길안면 대사리) / 송제동松濟洞(충청북도 청원군 강외면 정중리) / 송종리松亭里(전라남도 해남군 송지면 송호리) / 송죽松竹(경기도 안성시 서운면 현매리) 外 4 / 송죽골(충청남도 홍성군 홍북면 대인리) / 송죽동松竹洞제주도 남제주군 안덕면 사계리) 外 1 / 송죽리松竹里(충청남도 부여군 구룡면 죽교리) 外 2 / 송중松中(경기도 평택시 팽성읍 송화리) / 송지松旨(경상남도 합천군 대병면 성리) 外 1 / 송지(송지동)(전라북도 김제시 공덕면 회룡리) / 송지(하구송)(경상남도 거창군 고제면 봉산리) / 송지동松支洞(경상북도 상주시 외남면 송지리) / 송지연松池淵(충청남도 예산군 대흥면 송지리) / 송진(대구광역시 달서구 진천동) / 송진松津(경상남도 창녕군 도천면 송진리) / 송진松眞(경상남도 거제시 장목면 송진포리) 外 1 / 송창골(경상북도 상주시 신흥동) / 송천松川(경상북도 성주군 초전면 문덕리) 外 9 / 송천松泉(경상북도 고령군 개진면 직리) 外 8 / 송천동(경기도 평택시 송북동) / 송천리松川里(강원도 정선군 북면 유천리) 外 1 / 송청(전라남도 해남군 황산면 외입리) / 송촌松村(경기도 이천시 장호원읍 나래리) 外 33 / 송촌(솔넘어)(전라북도 김제시 월촌동) / 송촌말松村말(경기도 양주시 광적면 석우리) 外 3 / 송추동松秋洞(경기도 양주시 장흥면 울대리) / 송축정(전라남도 영암군 삼호면 서호리) / 송충재松忠재(충청남도 아산시 영인면 신운리) / 송치松峙(전라남도 화순군 북면 노치리) 外 2 / 송치곡松峙谷(경상남도 거제시 동부면 부춘리) / 송탄松灘(전라북도 장수군 천천면 춘송리) / 송탄松炭(충청북도 진천군 백곡면 구수리) / 송탄광松炭鑛(경기도 여주군 능서면 왕대리) / 송태松苔(전라남도 무안군 일로읍 지장리) / 송토산(경상북도 안동시 길안면 구수리) / 송티(충청북도 괴산군 청안면 조천리) / 송파松坡(서울특별시 송파구 송파제1동) 外 1 / 송평松坪(경상남도 함양군 병곡면 송평리) 外 4 / 송포松浦(경상남도 거제시 둔덕면 술역리) 外 10 / 송하松下(경상남도 산청군 시천면 천평리) 外 2 / 송하동松下洞(전라북도 익산시 황등면 신기리) / 송하리松下里(경상북도 청송군 진보면 이촌리) / 송하리(강원도 영월군 주천면 주천리) / 송하말松下말(충청남

도 아산시 영인면 아산리) / 송학松鶴(경기도 양평군 강상면 송학리) 外 9 / 송학곡松鶴谷(인천광역시 강화군 강화읍 대산리) / 송학골(솔학골)(경상북도 상주시 화북면 입석리) / 송학동松鶴洞(경상북도 상주시 화북면 입석리) / 송학동(승학동)(경기도 평택시 포승면 내기리) / 송학리松鶴里(충청남도 아산시 송악면 송학리) 外 2 / 송한리松寒里(충청북도 단양군 매포읍 우덕리) / 송현松峴(경기도 (광주시 중부면 상변천리) 外 18 / 송현동松峴洞(경상북도 군위군 군위읍 외량리) 外 2 / 송현리(경기도 파주시 군내면) / 송현말(송현동)인천광역시 계양구 계양1동) / 송호松湖(경기도 평택시 오성면 교포리) 外 9 / 송호1구(전라북도 군산시 개정면 운회리) / 송호2구(전라북도 군산시 개정면 운회리) / 송호동松湖洞(강원도 철원군 갈말면 상사리) 外 1 / 송호리松湖里(전라북도 부안군 행안면 대초리) 外 1 / 송호이구(송호)(전라북도 군산시 개정면 운회리) / 송화리松花里(경기도 평택시 팽성읍 송화리) / 송회동松會洞(충청남도 공주시 사곡면 회학리)

중국	**福建省** 羅源縣 松山鎭 / 長樂市 松下鎭 / 古田縣 松吉鄕 / 古田縣 松台鄕 / 石獅市 松茂 / **浙江省** 杭州市 江千區 下沙鎭 松合村 / 杭州市 西湖區 北山街道 松木場社區 / 三門縣 松門 / 松陽縣 溫岭市 松門鎭 / 寧波市 松罶鄕 / 重慶市 永川縣 松溉鎭 / 巴縣 松岭鄕 / 沙平壩區 松林村 / **廣東省** 東莞市 松柏塘 / 興寧市 松坡 / 梅州市 梅縣 松南鎭 / 梅州市 梅縣 松東鎭 / 梅州市 梅縣 松口鎭 / 淸遠市 淸城區 松尙路 / 惠東縣 松坑鎭 / 佛山市 松風路 / 廉江市 松明 / 新會市 松慶里 / **廣西自治區** 防城區 松柏 / 荔浦縣 松林 / 博田縣 松山圩 / 松旺鎭 / 環江縣 松崖 / 環江縣 松現 / 北源市 松竹堂 / **湖南省** 衡山縣 松柏橋鄕 / 益陽市 桃江縣 松木塘鎭 / **湖北省** 孝感市 孝昌縣 松林崗 / **上海市** 松江縣 / 松江鎭 / **遼寧省** 撫順市 松崗堡 / 大連市 中山區 松江路 / **吉林省** 白山市 撫松縣 / 白山市 長松 / 白山市 松泉 / 延邊自治州 和龍市 松月 / **黑龍江省** 哈爾濱市 道外區 松浦鎭 / 松岭區 / 四川省 松濤山 / 得草縣 松麥鎭 / 資陽市 松濤鎭 / 寧園縣 松新鎭 / **山西省** 沁縣 松村鄕 / **陝西省** 白下縣 松樹鄕 / **甘肅省** 肅南縣 松木灘 / **寧夏自治區** 涇源縣 松樹台 / **河北省** 涿州市 松林店鎭 / **江西省** 安福縣 松田 / **西藏(티베트)自治區** 山南地區 隆子縣 松巴鄕 / 北京市 密云區 松樹峪
일본	오카야마(岡山)를 비롯한 47개 현(縣) 1602개 중 교토(京都)가 126개(7.9%)로 제일 많았으며, 니이가타(新潟) 현 68개(4.3%), 아이치(愛知) 현 62개(3.9%), 시

마네(島根) 현 56개(3.5%), 나가노(長野) 현 54개(3.4%) 순으로 많았다.

특히 교토부가 지명 분포도가 높은데 이는 분지인 지형 특성상 분지를 둘러싼 산지, 각각 히가시야마 산[東山]·니시야마 산[西山]·기타야마 산[北山]이 있기 때문이 아닌가 한다.

각 지방별로는 47개 현 중 두 번째 세 번째로 소나무 관련 지명을 제일 많이 가졌던 니이가타 현과 아이치 현이 소재한 주부(中部) 지방으로 모두 381개, 23.8%를 차지하고 있다. 다음으로는 소나무 관련 지명이 제일 많았던 교토부가 소재한 긴키(近畿) 지방 339개 21.2%, 규슈(九州) 지방 209개 13.1%, 간토(關東) 지방 197개 12.3%, 도호쿠(東北) 지방 192개 12%, 츄고쿠(中國) 지방 136개 8.5%, 시코쿠(四國) 지방 99개 6.2%, 홋카이도(北海島) 지방 36개 2.3%, 오키나와 11개 0.7% 순이다.

지명순으로는 松原(まつわら) 32개, 松原町 31개, 松崎(まつざき) 26개, 松本(まつもと) 26개, 松山(まつやま) 26개, 松尾(まつお) 24개, 松島(まつしま) 20개, 松木(まつぎ) 17개 순으로 많았다.

	지역	개수		지역	개수
도호쿠	福島 후쿠시마	52	긴키	京都 교토부	126
	山形 야마가타	40		大阪 오사카부	53
	秋田 아키타	31		兵庫 효고	46
	青森 아오모리	24		三重 미에	40
	宮城 미야기	23		滋賀 시가	38
	岩手 이와테	22		和歌山 와카야마	19
간토	千葉 치바	45		奈郎 나라	17
	東京 도쿄도	39	규슈	大分 오이타	44
	茨城 이바라기	32		福岡 후쿠오카	34
	埼玉 사이타마	28		長崎 나가사키	33
	神奈川 가나가와	23		熊本 구마모토	33
	栃木 도치기	21		佐賀 사가	31
	郡馬 군마	9		鹿兒島 카고시마	22
주부	新潟 니이가타	68		宮崎 미야자키	12
	愛知 아이치	62	시코쿠	愛媛 에히메	36
	長野 나가노	54		高知 고치	32
	福井 후쿠이	46		香川 가가와	19
	静岡 시즈오카	42		德島 도쿠시마	12
	石川 이사카와	36	츄고쿠	島根 시마네	56
	岐阜 기후	33		岡山 오카야마	23
	富山 도야마	29		廣島 히로시마	22

山梨 야나마시	11	鳥取 돗토리 18
홋카이도 北海島 홋카이도	36	山口 야마구치 17
오키나와 沖縄 오키나와	11	
		계 1,600

도호쿠(東北)지방

福島 松岡(まつおか) / 松岡橋(まつおかはし) / 松橋村(待つ橋村) / 松久須根(まつくすね) / 松崎(まつざき) / 松崎新田村(まつざきしんでんむら) / 松崎村(まつざきむら) / 松浪町(まつなみちょう) / 松林(まつばやし) / 松木町(まつきちょう) / 松舞家(まつまいけ) / 松尾村(まつおむら)松迫(まつざく) / 松迫新田(まつざくしんでん) / 松山(まつやま) / 松山城(まつやまじょう) / 松山町(まつやまちょう) / 松山村(まつやまむら) / 松小屋(まつごや) / 松岸(まつぎし) / 松野(まつの) / 松野入(まつのいり) / 松野千光寺經塚(まつのせんこうじきょうずか) / 松野村(まつのむら) / 松永分(まつながぶん) / 松窪村(まつくぼむら) / 松原(まつばら) / 松原新田(まつばらしんでん) / 松原新田村(まつばらしんでんむら) / 松原村(まつばらむら) / 松長(まつなが) / 松前新田(まつまえしんでん) / 松田郷(まつたのごう) / 松田驛(まつたのうまや) / 松井(まつい) / 松倉(まつくら) / 松川(まつかわ) / 松川扇狀地(まつかわせんじょうち) / 松川町(まつかわまち) / 松川村(まつかわむら) / 松川浦(まつかわうら) / 松川浦港(まつかわうらこう) / 松塚(まつづか) / 松坂峠(まつざかとうげ) / 松平村(まつだいらむら) / 松下新田(まつしたしんでん) / 松戸郷(まつへのごう) / 松澤(まつざわ) / 松澤村(まつざわむら) / 松が丘新田(まつがおかしんでん) / 松ケ江村(まつがえむら) / 松ケ丘公園(まつがおかこうえん)

山形 松江(まつえ) / 松岡(まつおか) / 松見町(まつみちょう) / 松橋樂師堂(まつはしやくしどう) / 松橋村(待つ橋村) / 松根(まつね) / 松根城(まつねじょう) / 松崎(まつざき) / 松嶺(まつみね) / 松嶺藩(まつみねはん) / 松嶺縣(まつみねけん) / 松尾(まつお) / 松美町(まつみちょう) / 松本(まつもと) / 松本村(まつもとむら) / 松山(まつやま) / 松山藩(まつやまはん) / 松山城(まつやまじょう) / 松森(まつもり) / 松峠(まつとうげ) / 松葉村(まつばむら) / 松原(まつばら) / 松原(まつわら) / 松原遺跡(まつばらいせき) / 松原村(まつばらむら) / 松前領(まつまえりょう) / 松井新田(まついしんでん) / 松川(まつかわ) / 松川橋(まつかわばし) / 松川扇狀地(まつかわせんじょうち) / 松波(まつなみ) / 松坂(まつさか) / 松風町(まつかぜちょう) / 松澤(まつざわ) / 松澤沼(まつざわぬま) / 松澤新田(まつざわしんでん) / 松が岬(まつがさき) / 松ケ岬公園(まつがさきこうえん) /

松ケ崎城(まつがさきじょう) / 松ノ木村(まつのきむら)

秋田 松岡(まつおか) / 松岡鑛山(まつおかこうざん) / 松尻村(まつのしりむら) / 松谷(まつや) / 松館(まつだて) / 松崎(まつさき) / 松木(まつき) / 松木鑛山(まつきこうざん) / 松木峠(まつのきとうげ) / 松木屋敷村(まつのきやしきむら) / 松木台遺跡(まつきだいいせき) / 松木澤(まつきさわ) / 松木澤鑛山(まつきざわこうざん) / 松美町(まつみまち) / 松尾村(まつおむら) / 松本(まつもと) / 松本新田村(まつもとしんでんむら) / 松峯(まつみね) / 松峰鑛山(まつみねこうざん) / 松山村(まつやまむら) / 松岸村(まつぎしむら) / 松淵(まつぶち) / 松葉鑛山(まつばこうざん) / 松田村(まつだむら) / 松倉(まつくら) / 松倉堰(まつくらぜき) / 松川(まつかわ) / 松坂峠(まつさかとうげ) / 松風村(まつかぜむら) / 松ケ崎(まつがさき) / 松ケ崎村(まつがさきむら)

青森 松岡村(まつおかむら) / 松見ノ瀧(まつみのたき) / 松館(まつだて) / 松館川(まつだてがわ) / 松崎(まつざき) / 松代(まつだい) / 松島(まつしま) / 松木平(まつきたい) / 松森(まつもり) / 松森町(まつもりまち) / 松神(まつかみ) / 松野木(まつのき) / 松葉町(まつばちょう) / 松原(まつばら) / 松原東(まつばらひがし) / 松園町(まつぞのちょう) / 松原町(まつばらちょう) / 松原村(まつばらむら) / 松原驛(まつばらのうまや) / 松枝村(まつえだむら) / 松倉神社(まつくらじんじゃ) / 松倉村(まつくらむら) / 松ケ丘(まつがおか) / 松の木村(まつのきむら)

宮城 松岡町(まつおかまち) / 松掛(まつかけ) / 松崎(まつざき) / 松崎五駄鱈(まつざきごだんだら) / 松島(まつしま) / 松島橋(まつしまばし) / 松島大橋(まつしまおおはし) / 松島灣(まつしまわん) / 松木(まつき) / 松並(まつなみ) / 松本(まつもと) / 松山(まつやま) / 松山道(まつやまみち) / 松森(まつもり) / 松森館(まつもりだて) / 松岩村(まついわむら) / 松原町(まつばらちょう) / 松倉(まつくら) / 松川(まつかわ) / 松坂峠(まつざかとうげ) / 松圃(まつばたけ) / 松が丘(まつがおか) / 松ケ浜(まつがはま)

岩手 松岡(まつおか) / 松岡堰(まつおかぜき) / 松崎(まつざき) / 松崎町(まつざきちょう) / 松尾(まつお) / 松尾鑛山鐵道(まつおこうざんてつどう) / 松尾神社(まつおじんじゃ) / 松尾前(まつおまえ) / 松尾町(まつおちょう) / 松本(まつもと) / 松山(まつやま) / 松山道(まつやまみち) / 松園(まつぞの) / 松園町(まつぞのちょう) / 松川(まつかわ) / 松川堰(まつかわぜき) / 松川温泉(まつかわおんせん) / 松坂峠(まつさかとうげ) / 松浦郡(まつらぐん) / 松澤神社(まつざわじんじゃ) / 松內(まつない) / 松原町(まつばらちょう)

간토(關東)지방

千葉 松岡村(まつおかむら) / 松丘村(まつおかむら) / 松崎(まつさき) / 松崎(まつざき) / 松崎新田(まつざきしんでん) / 松崎川(まつさきがわ) / 松崎郷(まつざきのごう) / 松里(まつさと) / 松里(まつのさと) / 松木(まつき) / 松尾(まつお) / 松尾藩(まつおはん) / 松尾寺(まつおじ) / 松尾縣(まつおけん) / 松本(まつもと) / 松部(まつべ) / 松飛台(まつひだい) / 松山(まつやま) / 松岸見晴台(まつぎしみはらしだい) / 松野(まつの) / 松葉町(まつばちょう) / 松原(まつばら) / 松子(まっこ) / 松田(まつだ) / 松節村(まつぶしむら) / 松之郷(まつのごう) / 松波(まつなみ) / 松戸(まつど) / 松戸神社(まつどじんじゃ) / 松戸新田(まつどしんでん) / 松丸(まつまる) / 松丸村(まつまるむら) / 松虫(まつむし) / 松虫寺(まつむしじ) / 松澤(まつざわ) / 松が丘(まつがおか) / 松ケ谷(まつがや) / 松ケ丘(まつがおか) / 松ケ丘町(まつがおかちょう) / 松ケ崎(まつがさき) / 松ケ崎新田(まつがさきしんでん) / 松ケ島(まつがしま) / 松ケ島西(まつがしまにし) / 松ケ島緑地(まつがしまりょくち) / 松ケ鼻(まつがはな)

東京 松江(松枝) / 松見坂(まつみざか) / 松代町(まつしろちょう) / 松島(まつしま) / 松島町(まつしまちょう) / 松里の渡し(まつさとのわたし) / 松木(まつき) / 松幡橋(まつばばし) / 松本(まつもと) / 松本町(まつもとちょう) / 松山(まつやま) / 松山町(まつやまちょう) / 松葉町(まつばちょう) / 松永町(まつながちょう) / 松屋町(まつやちょう) / 松原(まつばら) / 松原町(まつばらちょう) / 松田町(まつだちょう) / 松井町(まついちょう) / 松住町(まつずみちょう) / 松枝町(まつえだちょう) / 松枝町(まつがえちょう) / 松川荘(まつかわのしょう) / 松川町(まつかわちょう) / 松清町(まつきよちょう) / 松村町(まつむらちょう) / 松村河岸(まつむらがし) / 松坂町(まつざかちょう) / 松賀町(まつがちょう) / 松下町(まつしたちょう) / 松賀町續拜借屋敷(まつがちょうつづきはいしゃくやしき) / 松賀河岸(まつががし) / 松澤村(まつざわむら) / 松が丘(まつがおか) / 松ケ枝町(まつがえちょう) / 松ノ木(まつのき) / 松ノ木町(まつのきちょう) / 松倉町(まつくらちょう) / 松黒屋敷(まつぐろやしき)

茨城 松岡(まつおか) / 松岡藩(まつおかはん) / 松岡縣(まつおかけん) / 松久(まつひさ) / 松代(まつしろ) / 松木(まつのき) / 松並(まつなみ) / 松本(まつもと) / 松本町(まつもとちょう) / 松山(まつやま) / 松山村(まつやまむら) / 松小路(まつのこうじ) / 松野木(まつのき) / 松葉下り(まつばくだり) / 松原(まつばら) / 松原遺跡(まつばらいせき) / 松田(まつだ) / 松井(まつい) / 松之草(まつのくさ) / 松川藩(まつかわはん) / 松川縣(まつかわけん) / 松替郷(まつがえのさと) / 松塚(まつつか) / 松平(まつだいら) / 松浦郷(まつうらのごう) / 松下町(まつした

ちょう) / 松戸町(まつどちょう) / 松和村(まつわむら) / 松榮(まつざか) / 松が丘(まつがおか) / 松の里(まつのさと) / 松ノ丸(まつのまる)

埼玉 松江町(まつえちょう) / 松久荘(まつひさのしょう) / 松久村(まつひさむら) / 松崎(まつざき) / 松伏(まつぶし) / 松伏領(まつぶしりょう) / 松本(まつもと) / 松本新田(まつもとしんでん) / 松本町(まつもとちょう) / 松本村(まつもとむら) / 松山(まつやま) / 松山領(まつやまりょう) / 松山藩(まつやまはん) / 松山本郷(まつやまほんごう) / 松山城(まつやまじょう) / 松山神社(まつやまじんじゃ) / 松山新田(まつやましんでん) / 松山荘(まつやまのしょう) / 松山郷(まつやまごう) / 松石(まついし) / 松葉町(まつばちょう) / 松永(まつなが) / 松永新田(まつながしんでん) / 松原(まつばら) / 松井村(まついむら) / 松之木(まつのき) / 松平橋(まつだいらばし) / 松郷(まつごう)

神奈川 松浪(まつなみ) / 松輪(まつわ) / 松尾(まつお) / 松本(まつもと) / 松本町松本村(まつもとむら) / 松延(まつのぶ) / 松葉谷(まつばがやつ) / 松影町(まつかげちょう) / 松原神社(まつばらじんじゃ) / 松原町(まつばらちょう) / 松田(まつだ) / 松田庶子(まつだしょし) / 松田郷(まつだのごう) / 松田惣領(まつだそうりょう) / 松井の荘(まついのしょう) / 松枝(まつえ) / 松風町(まつかぜちょう) / 松風台(まつかぜだい) / 松が丘(まつがおか) / 松が枝町(まつがえちょう) / 松ケ丘(まつがおか) / 松ケ枝町(まつがえちょう)

栃木 松島(まつしま) / 松木(まつぎ) / 松木内村(まつきのうちむら) / 松木川(まつきがわ) / 松山(まつやま) / 松山新田(まつやましんでん) / 松山町(まつやままちょう) / 松沼(まつぬま) / 松野(まつの) / 松野城(まつのじょう) / 松葉川(まつばがわ) / 松原町(まつばらちょう) / 松原村(まつばらむら) / 松子村(まつごむら) / 松田(まつだ) / 松田新田(まつだしんでん) / 松田川(まつだがわ) / 松倉山(まつくらやま) / 松倉村(まつのくらむら) / 松川(まつかわ) / 松ケ峰(まつがみね)

群馬 松谷(まつや) / 松尾村(まつおむら) / 松房村(まつふさむら) / 松沼町(まつぬまちょう) / 松原(まつばら) / 松井田(まついだ) / 松井田城(まついだじょう) / 松之澤(まつのさわ) / 松本古墳群(まつもとこふんぐん)

주부(中部)지방

新潟 松榮町(まつえいちょう) / 松岡(まつおか) / 松岡新田(まつおかしんでん) / 松岡新田村(まつおかしんでんむら) / 松岡町(まつおかちょう) / 松岡横町(まつ

おかよこちょう）／松橋（まつはし）／松橋新田（まつはししんでん）／松口（まつぐ
ち）／松崎（まつさき）／松崎（まっさき）／松崎（まつざき）／松崎村外新田（まつさ
きむらそとしんでん）／松崎村外新田受（まつさきむらそとしんでんうけ）／松崎
村請（まつさきむらうけ）／松崎驛（まつさきのえき）／松代（まつだい）／松島（ま
つしま）／松島村（まつしまむら）／松留（まつどめ）／松里村（まつさとむら）／松
木新村（まつきしんむら）／松尾（まつお）／松美（まつみ）／松尾峠（まつおとうげ）
／松美台（まつみだい）／松本（まつもと）／松本街道（まつもとかいどう）／松本新
田（まつもとしんでん）／松浜（まつはま）／松浜新町（まつはましんまち）／松瀉
（まつがた）／松山（まつやま）／松山保（まつやまのほ）／松山新田（まつやましん
でん）／松野（まつの）／松野尾（松の尾）／松葉（まつば）／松園（まつぞの）／松入
町（まついりまち）／松長村（まつながむら）／松田（まつだ）／松田新村（まつだし
んむら）／松前郷（まつさきのごう）／松町村（まつまちむら）／松之木村（まつのき
むら）／松之山（まつのやま）／松之山街道（まつのやまかいどう）／松川（まつかわ
わ）／松村新田（まつむらしんでん）／松塚（まつづか）／松塚村（まつつかむら）／
松波（まつなみ）／松波町（まつなみちょう）／松坂町（まつさかちょう）／松平村
（まつだいらむら）／松浦（まつのうら）／松浦村（まつうらむら）／松海が丘（まつ
みがおか）／松郷屋（まつごうや）／松和町（まつわちょう）／松澤（まつざわ）／松
澤町（まつざわちょう）／松ケ崎（まつがさき）／松ケ崎分水（まつがさきぶんすい）
／松ケ崎新田（まつがさきしんでん）／松ノ木神田村（まつのきしんでんむら）／松
ノ木村（まつのきむら）

愛知 松降（まつふり）／松江町（まつえまち）／松廣町（まつひろちょう）／松橋町
（まつはしちょう）／松久町（まつひさちょう）／松堀町（まつぼりちょう）／松崎貝
塚（まつざきかいずか）／松吉保（まつよしのほ）／松島新田（まつしましんでん）／
松島町（まつしまちょう）／松嶺（まつみね）／松名（まつな）／松名新田村（まつな
しんでんむら）／松木島（まつきじま）／松本（まつもと）／松本町（まつもとちょ
う）／松本町（まつもとまち）／松本村（まつもとむら）／松山町（まつやまちょう）／
松山中島村（まつやまなかじまむら）／松山村（まつやまむら）／松西町（まつにし
ちょう）／松新町（まつしんちょう）／松葉（まつば）／松葉荘（まつばのしょう）／
松葉町（まつばちょう）／松屋町（まつやちょう）／松原（まつばら）／松原城（まつ
ばらじょう）／松原用水（まつばらようすい）／松園町（まつそのちょう）／松原町
（まつばらちょう）／松原町（まつばらまち）／松元町（まつもとちょう）／松原村
（まつばらむら）／松荘（まつのしょう）／松田村（まつだむら）／松井（まつい）／松
井町（まついちょう）／松竹（まつたけ）／松重町（まつしげちょう）／松枝荘（まつ
えだのしょう）／松池町（まついけちょう）／松枝町（まつがえちょう）／松之郷（ま
つのごう）／松村町（まつむらちょう）／松坂町（まつさかちょう）／松坂村（まつざ
かむら）／松平（まつだいら）／松平橋（まつだいらばし）／松平城（まつだいらじょ

う）／松平志賀町（まつだいらしがちょう）／松風町（まつかぜちょう）／松風の里（まつかぜのさと）／松下（まつした）／松下町（まつしたちょう）／松河戸（まつかわど）／松戸（まつど）／松榮町（まつさかえちょう）／松ガ根台（まつがねだい）／松ケ枝町（まつがえちょう）／松ケ下町（まつがしたちょう）

長野 松岡（まつおか）／松岡城（まつおかじょう）／松岡新田村（まつおかしんでんむら）／松岡町（まつおかのごう）／松崎村（まつさきむら）／松代（まつしろ）／松代藩（松代牟）／松代城（まつしろじょう）／松代温泉（まつしろおんせん）／松代町（まつしろまち）／松代町城東（まつしろまちじょうとう）／松代町城北（まつしろまちじょうほく）／松代縣（まつしろけん）／松島（まつしま）／松島王墓古墳（まつしまおうはかこふん）／松目新田町（まつめしんでんむら）／松尾（まつお）／松尾久井（まつおひさい）／松尾代田（まつおしろだ）／松尾領（まつおりょう）／松尾明（まつおみょう）／松尾寺所（まつおてらどこ）／松尾上溝（まつおあげみぞ）／松尾常盤台（まつおときわ台）／松尾城（まつおじょう）／松尾水城（まつおみさじろ）／松尾新井（まつおあらい）／松尾町（まつおまち）／松尾清水（まつおしみず）／松本（まつもと）／松本空港（まつもとくうこう）／松本藩（まつもとはん）／松本分（まつもとぶん）／松本城（まつもとじょう）／松本平（まつもとだひら）／松本郷（まつもとのごう）／松本縣（まつもとけん）／松山町（まつやままちょう）／松原（まつばら）／松原村（まつばらむら）／松原諏訪神社（まつばらすわじんじゃ）／松原湖（まつばらこ）／松井（まつい）／松倉新田村（まつくらしんでんむら）／松川（まつかわ）／松川扇狀地（まつかわせんじょうち）／松川町（まつかわちょう）／松川町（まつかわまち）／松川組（まつかわぐみ）／松川村（まつかわむら）／松川ダム（まつかわだむ）／松村新田村（まつむらしんでんむら）／松くほ村（まつくぼむら）／松ノ山古窯跡（まつのやまこようあど）

福井 松江（まつえ）／松岡（まつおか）／松岡古墳群（まつおかこふんぐん）／松岡館（まつおかやかた）／松岡藩（まつおかはん）／松岡町（まつおかまち）／松崎町（まつざきまち）／松島（まつしま）／松木（まつき）／松尾谷古墳（まつおだにこふん）／松尾町（まつおちょう）／松本（まつもと）／松本東中町（まつもとひがしなかちょう）／松本上町（まつもとかみちょう）／松本町（まつもとちょう）／松本町組（まつもとまちぐみ）／松本中町（まつもとなかちょう）／松本地方（まつもとじかた）／松本下町（まつもとしもちょう）／松寺小路（まつでらこうじ）／松森（まつもり）／松成（まつなり）／松城町（まつしろちょう）／松葉町（まつばちょう）／松永（まつなが）／松影町（まつかげちょう）／松屋町（まつやまち）／松原（まつばら）／松原製鹽遺跡（まつばらせいえんいせき）／松原通（まつばらどおり）／松越村（まつこえむら）／松蔭（まつかげ）／松田（まつた）／松中村（まつなかむら）／松川（まつかわ）／松丸（まつまる）／松丸館（まつまるやかた）／松ケ谷（まつがたに）／松

ケ丘(まつがおか) / 松ケ崎(まつがさき) / 松ケ鼻用水(まつがはなようすい) / 松ケ枝上町(まつがえかみちょう) / 松ケ枝町(まつがえちょう) / 松ケ枝中町(まつがえなかちょう) / 松ケ枝下町(まつがえしもちょう) / 松ケ下(まつがした)

静岡 松江町(まつえちょう) / 松岡(まつおか) / 松見浦(まつみがうら) / 松崎(まつざき) / 松崎温泉郷(まつざきおんせんきょう) / 松崎港(まつざきごう) / 松袋井(まつぶくろい) / 松島(まつしま) / 松島新田(まつしましんでん) / 松輪村(まつわむら) / 松笠郷(まつがさのごう) / 松木島村(まつきじまむら) / 松木田(まつきだ) / 松尾小路(まつおこうじ) / 松兵衛新田(まつべえしんでん) / 松本(まつもと) / 松本新田(まつもとしんでん) / 松富(まつどみ) / 松富上組(まつどみかみぐみ) / 松富下組(まつどみしもぐみ) / 松山(まつやま) / 松山保(まつやまのほ) / 松山新田村(まつやましんでんむら) / 松山村(まつやまむら) / 松山郷(まつやまごう) / 松城(まつしろ) / 松少池(まつこいけ) / 松野(まつの) / 松淵郷(まつぶちのごう) / 松原(まつばら) / 松原本町(まつばらほんちょう) / 松原町(まつばらちょう) / 松原湯端町(まつばらゆばたちょう) / 松長(まつなが) / 松畠郷(まつはたのごう) / 松井町(まついちょう) / 松川町(まつかわちょう) / 松下(まつした) / 松下村(まつしたむら) / 松澤町(まつさわちょう) / 松ケ瀬(まつがせ) / 松ノ木島(まつのきじま)

石川 松(まつ) / 松岡(まつおか) / 松谷(まつだに) / 松根(まつね) / 松崎(まつざき) / 松崎小路(まつざきしょうじ) / 松島町(まつしままち) / 松嶺隧道(まつみねずいどう) / 松門(まつもん) / 松尾山(まつおやま) / 松尾神社(まつおじんじゃ) / 松百(まっとう) / 松本(まつもと) / 松本町(まつもとちょう) / 松本村(まつもとむら) / 松浜(まつはま) / 松寺(まつでら) / 松山(まつやま) / 松生町(まつおいちょう) / 松原町(まつばらちょう) / 松梨(まつなし) / 松任(まっとう) / 松任城(まっとうじょう) / 松任町(まっとうまち) / 松任町地方(まっとうまちじがた) / 松前町(まつまえまち) / 松波(まつなみ) / 松波川(まつなみがわ) / 松下町(まつしたまち) / 松戸(まつと) / 松が丘(まつがおか) / 松ケ根町(まつがねちょう) / 松ケ枝町(まつがえちょう) / 松ケ下町(まつがしたまち) / 松の木(まつのき)

岐阜 松谷(まつだに) / 松橋郷(まつばしのごう) / 松内(まつうち) / 松木(まつのき) / 松尾(まつお) / 松尾山(まつおやま) / 松本(まつもと) / 松山(まつやま) / 松山町(まつやまちょう) / 松山中島(まつやまなかじま) / 松山中島輪中(まつやまなかじまわじゅう) / 松森(まつもり) / 松野村(まつのむら) / 松野湖(まつのこ) / 松葉町(まつばちょう) / 松屋町(まつやちょう) / 松原島(まつばらじま) / 松原町(まつばらちょう) / 松原町(まつばらまち) / 松場(まつば) / 松田(まつだ) / 松枝(まつえだ) / 松枝輪中(まつえだわじゅう) / 松之木(まつのき) / 松之木峠(まつ

のきとうげ) / 松之木村(まつのきむら) / 松倉(まつくら) / 松倉町(まつくらまち) / 松坂町(まつさかちょう) / 松風町(まつかぜちょう) / 松下町(まつしたちょう) / 松ケ丘(まつがおか) / 松ケ枝町(まつがえちょう)

富山 松崎(まつざき) / 松島(まつしま) / 松瀬峠(まつぜとうげ) / 松林(まつばやし) / 松木(まつのき) / 松木(まつき) / 松木名(まつきみょう) / 松尾(まつお) / 松尾山(まつおやま) / 松尾村(まつおむら) / 松本(まつもと) / 松本開(まつもとびらき) / 松本名(まつもとみょう) / 松野(まつの) / 松若町(まつわかちょう) / 松永(まつなが) / 松永南荘(まつながみなみのしょう) / 松原(まつばら) / 松原上野(まつばらうえの) / 松原新(まつばらしん) / 松原町(まつばらちょう) / 松原出(まつばらで) / 松重名(まつしげみょう) / 松倉(まつくら) / 松倉城(まつくらじょう) / 松川(まつかわ) / 松川除(まつかわよけ) / 松和町(まつわちょう) / 松澤村(まつざわむら)

山梨 松島村(まつしまむら) / 松留(まつどめ) / 松留館(まつどめやかた) / 松尾(まつお) / 松尾神社(まつおじんじゃ) / 松尾郷(まつおごう) / 松本(まつもと) / 松本天狗山山頂古墳(まつもとてんぐやまさんちょうこふん) / 松山(まつやま) / 松原小路(まつばらこうじ) / 松原遺跡(まつばらいせき)

긴키(近畿)지방

京都 松崎(まつがさき) / 松氣荘(まつけのしょう) / 松吉保(まつよしのほ) / 松尾(まつお) / 松尾(まつのお) / 松尾谷(まつおだに) / 松尾谷松尾山町(まつおだにまつおやまちょう) / 松尾橋(まつおばし) / 松尾南松尾山(まつおみなみまつおやま) / 松尾大利町(まつおだいりちょう) / 松尾大社(まつおたいしゃ) / 松尾東の口町(まつおひがしのくちちょう) / 松尾鈴川町(まつおすずかわちょう) / 松尾万石町(まつおまんごくちょう) / 松尾木ノ曾町(まつおきのそちょう) / 松尾北松尾山(まつおきたまつおやま) / 松尾上之山町(まつおうえのやまちょう) / 松尾神社(まつおじんじゃ) / 松尾神ケ谷町(まつおじんがたにちょう) / 松尾月讀神社(まつおつきよみじんじゃ) / 松尾井戸町(まつおいどちょう) / 松尾村(まつおむら) / 松本(まつもと) / 松本里(まつもとがり) / 松本町(まつもとちょう) / 松繩手(まつなわて) / 松植町(まつうえちょう) / 松室(まつむろ) / 松室北松尾山(まつむろきたまつおやま) / 松室山添町(まつむろやまぞえまち) / 松室扇田町(まつむろおうぎだちょう) / 松室吾田神社(まつむろあたがみちょう) / 松室庄田町(まつむろしょうだちょう) / 松室中溝町(まつむろなかみぞちょう) / 松室中田町(まつむろたなかちょう) / 松室地家山(まつむろじけやま) / 松室地家町(まつ

むろじけちょう）／松室追い上げ町（まつむろおいあげちょう）／松室河原町（まつむろかわらちょう）／松室河原町（まつむろきたかわらちょう）／松室荒堀町（まつむろあらぼりちょう）／松永町（まつながちょう）／松屋（まつや）／松屋町（まつやちょう）／松屋町四丁目（まつやちょうよんちょうめ）／松屋町通（まつやまちどおり）／松熊（まつくま）／松原（まつばら）／松原町（まつばらちょう）／松原中之町（まつばらなかのちょう）／松原村（まつばらむら）／松原通（まつばらどおり）／松陰（まつかげ）／松蔭町（まつかげちょう）／松田（まつだ）／松井（まつい）／松井ヶ丘（まついがおか）／松竹町（まつたけちょう）／松之木町（まつのきちょう）／松之下町（まつのしたちょう）／松川町（まつかわちょう）／松浦町（まつうらちょう）／松下町（まつしたちょう）／松ケ崎（まつがさき）／松ケ崎榎害ケ芝（まつがさきえのみがしば）／松ケ崎境ケ谷（まつがさききょがたに）／松ケ崎高山（まつがさきたかやま）／松ケ崎橋上町（まつがさきはしかみちょう）／松ケ崎久土町（まつがさきくどちょう）／松ケ崎堀町（まつがさきほりまち）／松ケ崎糺田町（まつがさきただすでんちょう）／松ケ崎今海道町（まつがさきいまかいどうちょう）／松ケ崎南池ノ内町（まつがさきみなみいけのうちちょう）／松ケ崎堂ノ上町（まつがさきどうのえちょう）／松ケ崎大谷（まつがさきおおたに）／松ケ崎大黒天（まつがさきだいこくてん）／松ケ崎東山（まつがさきひがしやま）／松ケ崎東町（まつがさきひがしまち）／松ケ崎東池ノ池町（まつがさきひがしいけのうちちょう）／松ケ崎東櫻木町（まつがさきひがしさくらきちょう）／松ケ崎柳井田町（まつがさきやないだちょう）／松ケ崎六ノ坪町（まつがさきろくのつぼちょう）／松ケ崎林山（まつがさきはやしやま）／松ケ崎木灯籠町（まつがさききとうろうちょう）／松ケ崎木ノ本町（まつがさききのもとちょう）／松ケ崎北裏町（まつがさききたうらちょう）／松ケ崎浜村（まつがさきはまむら）／松ケ崎山三長町（まつがさきさんだんおさちょう）／松ケ崎森ケ本町（まつがさきもりがもとちょう）／松ケ崎杉ケ海道町（まつがさきすぎがかいどうちょう）／松ケ崎西櫻木町（まつがさきにしさくらきちょう）／松ケ崎西山（まつがさきにしやま）／松ケ崎西町（まつがさきにしまち）／松ケ崎西池ノ内町（まつがさきにしいけのうちちょう）／松ケ崎城山（まつがさきしろやま）／松ケ崎笹ケ谷（まつがさきささがたに）／松ケ崎小竹藪町（まつがさきこたけやぶちょう）／松ケ崎小脇町（まつがさきこわきちょう）／松ケ崎修理式町（まつがさきしゅりしきちょう）／松ケ崎深泥池端（まつがさきみどろいけばた）／松ケ崎鞍馬田町（まつがさきくらまだちょう）／松ケ崎御所海道町（まつがさきごしょかいどうちょう）／松ケ崎雲路町（まつがさきくもじちょう）／松ケ崎丈ケ谷（まつがさきじょうがたに）／松ケ崎正田町（まつがさきしょうでんちょう）／松ケ崎井出ケ鼻町（まつがさきいでがはなちょう）／松ケ崎井出ケ海道町（まつがさきいでがかいどうちょう）／松ケ崎中町（まつがさきなかまち）／松ケ崎中海道町（まつがさきなかかいどうちょう）／松ケ崎芝本町（まつがさきしばもとちょう）／松ケ崎千石岩（まつがさくせんごくいわ）／松ケ崎泉川町（まつがさきいずみがわちょう）／松

ケ崎村ヶ内町(まつがさきむらがうちちょう) / 松ケ崎樋ノ上町(まつがさきひのえちょう) / 松ケ崎平田町(まつがさきひらたちょう) / 松ケ崎壹町田町(まつがさきいっちょうだちょう) / 松ケ崎河原田町(まつがさきかわらだちょう) / 松ケ崎海尻町(まつがさきかいじりちょう) / 松ケ崎呼返町(まつがさきよびかえりちょう) / 松ケ崎狐坂(まつがさききつねざか) / 松ケ崎丸子(まつがさきまるこ) / 松ケ崎寝子ケ山(まつがさきねねがやま) / 松ケ崎櫻木町(まつがさきさくらきちょう) / 松ケ崎横繩手町(まつがさきよこなわてちょう) / 松ケ崎總作町(まつがさきそうさくちょう) / 松ヶ枝町(まつがえちょう)

大阪 松(まつ) / 松江町(まつえちょう) / 松丘山古墳(まつおかやまこふん) / 松丘町(まつがおかちょう) / 松崎町(まつざきちょう) / 松島上之町(まつしまかみのちょう) / 松島町(まつしまちょう) / 松武庄(まつたけのしょう) / 松尾谷(まつおだに) / 松尾寺(まつおじ) / 松尾寺(まつおでら) / 松尾町(まつおまち) / 松尾川(まつおがわ) / 松並保(まつなみのほ) / 松本町(まつもとちょう) / 松山町(まつやまちょう) / 松生町(まつおちょう) / 松室村(まつむろむら) / 松葉町(まつばちょう) / 松葉通(まつばどおり) / 松屋(まつや) / 松屋大和川通(まつややまとがわどおり) / 松屋元町(まつやもとまち) / 松屋町(まつやちょう) / 松屋町(まつやまち) / 松屋町筋(まつやまちすじ) / 松屋町南裏丁(まつやまちみなみうらちょう) / 松屋町裏町(まつやまちうらまち) / 松屋町表丁(まつやまちおもてちょう) / 松原(まつばら) / 松原南(まつばらみなみ) / 松原町(まつばらちょう) / 松原通(まつばらどおり) / 松田町(まつだちょう) / 松町(まつまち) / 松井塚古墳(まついずかこふん) / 松之浜町(まつのはまちょう) / 松川町(まつかわちょう) / 松村(まつむら) / 松村荘(まつむらのしょう) / 松塚(まつづか) / 松下町(まつしたちょう) / 松虫通(まつむしどおり) / 松が丘(まつがおか) / 松ケ丘(まつがおか) / 松ケ丘東町(まつがおかひがしまち) / 松ケ丘西町(まつがおかにしまち) / 松ケ丘中町(まつがおかなかまち) / 松ケ本町(まつがもとちょう) / 松ケ鼻町(まつがはなちょう) / 松ケ枝町(まつがえちょう) / 松ケ枝通(まつがえどおり) / 松ノ鼻浜(まつのはなはま)

兵庫 松江(松枝) / 松岡(まつおか) / 松内町(まつうちちょう) / 松尾(まつお) / 松尾台(まつおだい) / 松帆(まつほ) / 松帆村(まつほむら) / 松帆砲台(まつほほうだい) / 松帆の浦(まつほのうら) / 松並町(まつなみちょう) / 松本(まつもと) / 松本通(まつもとどおり) / 松浜町(まつはまちょう) / 松山(まつやま) / 松山荘(まつやまのしょう) / 松山町(まつやまちょう) / 松森(まつもり) / 松生町(まつおいちょう) / 松野通(まつのどおり) / 松屋(まつや) / 松屋町(まつやちょう) / 松原(まつばら) / 松原城(まつばらじょう) / 松園町(まつぞのちょう) / 松原町(まつばらちょう) / 松原通(まつばらどおり) / 松陰(まつかげ) / 松蔭新田(まつ

かげしんでん) / 松田(まつだ) / 松田村(まつだむら) / 松井西脇村(まついにしわ
きむら) / 松井庄(まついしょう) / 松枝(まつがえ) / 松之本村(まつのもとむら) /
松村(まつむら) / 松波町(まつなみちょう) / 松風町(まつかぜちょう) / 松下町
(まつしたちょう) / 松澤(まつざわ) / 松が丘(まつがおか) / 松が丘町(まつがお
かちょう) / 松ケ丘(まつがおか) / 松ケ下(まつがした) / 松の内(まつのうち) / 松
ノ内町(まつのうちちょう) / 松ノ木(まつのき)

三重 松江村(まつえむら) / 松高新田(まつだかしんでん) / 松崎御廚(まつさきの
みくりや) / 松崎町(まつざきまち) / 松崎浦(まつさきうら) / 松吉新田(まつよし
しんでん) / 松名瀬(まつなせ) / 松名新田(まつなしんでん) / 松尾(まつお) / 松
尾神社(まつおじんじゃ) / 松尾御廚(まつのおのみくりや) / 松並町(まつなみち
ょう) / 松本(まつもと) / 松本崎村(まつほざきむら) / 松本里(まつもとのり) /
松本御園(まつもとのみその) / 松本御廚(まつもとのみくりや) / 松寺(まつてら)
/ 松永(まつなが) / 松永名(まつながみょう) / 松永御廚(まつながのみくりや) /
松原(まつばら) / 松原町(まつばらちょう) / 松原村(まつばらむら) / 松蔭(まつ
かげ) / 松之木(まつのき) / 松之下(まつのした) / 松倉御園(まつくらのみぞの) /
松阪(まつさか) / 松阪丘陵(まつさかきゅうりょう) / 松阪大橋(まつさかおおは
し) / 松坂藩(まつさかはん) / 松阪城(まつさかじょう) / 松坂神社(まつさかじん
じゃ) / 松阪港(まつさかこう) / 松下(まつした) / 松ケ崎(まつがさき) / 松ケ島
(まつがしま) / 松ケ島城(まつがしまじょう) / 松ノ木(まつのき)

滋賀 松本高木町(まつもとたかぎちょう) / 松本本宮町(まつもともとみやちょ
う) / 松本上町(まつもとかみちょう) / 松本石場町(まつもといしばちょう) / 松
本平野町(まつもとひらのちょう) / 松本下町(まつもとしもちょう) / 松岡山(ま
つおかやま) / 松尾(まつお) / 松尾谷(まつおだに) / 松尾寺(まつおじ) / 松尾寺
(まつおでら) / 松尾寺山(まつおでらやま) / 松尾寺村(まつおじむら) / 松尾寺豊
郷線(まつおじとよさとせん) / 松尾山村(まつおやまむら) / 松尾上組(まつおか
みくみ) / 松尾新縷溜(まつおしんだめ) / 松尾町(まつおちょう) / 松尾川(まつお
がわ) / 松尾下組(まつおしもぐみ) / 松幡町(まつはたちょう) / 松伏別符(まつぶ
せのべっぷ) / 松本(まつもと) / 松寺(まつでら) / 松山町(まつやまちょう) / 松
葉澤地(まつばさわいけ) / 松屋町(まつやまち) / 松原(まつばら) / 松原馬場町
(まつばらばんばちょう) / 松原浜(まつばらはま) / 松原町(まつばらちょう) / 松
原倉(まつばらのくら) / 松田川(まつだかわ) / 松枝浦(まつがえうら) / 松ケ崎
(まつがさき) / 松ケ枝町(まつがえちょう) / 松の下池(まつのしたいけ) / 松ノ木
内湖(まつのきないこ)

和歌山 松江(松枝) / 松井(まつい) / 松江東(まつえひがし) / 松江北(まつえき

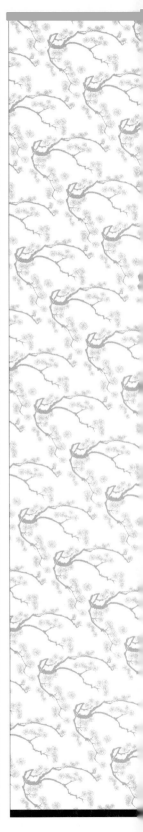

た) / 松江西(まつえにし) / 松江中(まつえなか) / 松根(まつね) / 松代(まつしろ) / 松代王子(まつしろおうじ) / 松島(まつしま) / 松瀬(まつせ) / 松瀬遺跡(まつせいせき) / 松峠(まつとうげ) / 松原(まつばら) / 松原村(まつばらむら) / 松之木町(まつのきまち) / 松坂(まつさか) / 松ヶ丘(まつがおか) / 松ヶ峯(まつがみね)

奈郎 松谷郷(まつたにのごう) / 松美台(まつみだい) / 松本(まつもと) / 松本荘(まつもとのしょう) / 松本村(松の本村) / 松山(まつやま) / 松山古墳(まつやまこふん) / 松山藩(まつやまはん) / 松山町(まつやまちょう) / 松之本村(まつのもとむら) / 松塚(まつづか) / 松塚於づく村(まつづかおうづくむら) / 松下(まつした) / 松尾(まつお) / 松尾寺(まつおでら) / 松尾山(まつおやま) / 松井(まつい)

규슈(九州)지방

大分 松迫村(まつさこむら) / 松岡(まつおか) / 松岡渡し(まつおかのわたし) / 松谷村(まつだにむら) / 松崎(まつさき) / 松崎村(まつざきむら) / 松藤名(まつふじみょう) / 松末(まつすえ) / 松牟禮城(まつむれじょう) / 松木(まつぎ) / 松木川(まつぎがわ) / 松木ダム(松木ダム) / 松武吉松名(まつたけよしまつみょう) / 松武名(まつたけみょう) / 松尾(まつお) / 松尾山(まつおやま) / 松尾月讀神社(まつおつくり(まつをつくり) / 松尾川(まつおがわ) / 松尾村(まつおむら) / 松本(まつもと) / 松本名(まつもとみょう) / 松本川(まつもとがわ) / 松本村(まつもとむら) / 松富名(まつとみみょう) / 松永名(まつながみょう) / 松原(まつばら) / 松原町(まつばらちょう) / 松原町(まつばらまち) / 松原村(まつばらむら) / 松原村(まつばる？むら) / 松井村(まついむら) / 松川村(まつかわむら) / 松阪神社(まつさかじんじゃ) / 松浦(松浦) / 松風町(まつかぜちょう) / 松行(まつゆき) / 松行名(まつゆきみょう) / 松行川(まつゆきがわ) / 松丸名(まつまるみょう) / 松ヶ尾城(まつがおじょう) / 松ヶ鼻(まつがはな) / 松ヶ岳村(まつがたけむら) / 松ヶ平村(まつがひらむら) / 松ヶ浦(まつがうら)

福岡 松國(まつくに) / 松崎(まつざき) / 松崎藩(まつざきはん) / 松崎町(まつざきちょう) / 松島(まつしま) / 松木(まつのき) / 松木村(待つ木村) / 松尾名(まつおみょう) / 松尾山(まつおさん) / 松尾城(まつおじょう) / 松尾町(まつおまち) / 松本村(まつもとむら) / 松山(まつやま) / 松山城(まつやまじょう) / 松延(まつのぶ) / 松延城(まつのぶじょう) / 松園(まつその) / 松原(まつばら) / 松原口(まつばらぐち) / 松原口村(まつばらぐちむら) / 松原堰(まつばらぜき) / 松原町(まつばらちょう) / 松原町(まつばらまち) / 松原村(まつばらむら) / 松田(まつだ) /

松田町(まつだまち) / 松坂町(まつさかまち) / 松浦町(まつうらまち) / 松香台(まつかだい) / 松丸(まつまる) / 松隈(まつくま) / 松ケ丘(まつがおか) / 松ケ枝町(まつがえちょう) / 松ケ枝町(まつがえまち)

長崎 松崎(まつざき) / 松島(まつしま) / 松島炭鑛(まつしまたんこう) / 松島港(まつしまこう) / 松瀬岡免(まつせおかめん) / 松瀬免(まつせめん) / 松瀬町(まつせちょう) / 松里町(まつざとまち) / 松尾村(まつおむら) / 松尾郷(まつおごう) / 松並(まつなみ) / 松山(まつやま) / 松山(まつやま) / 松山田(まつやまだ) / 松山田池(まつやまだいけ) / 松山町(まつやまちょう) / 松山町(まつやままち) / 松山郷(まつやまごう) / 松岳城(まつたけじょう) / 松原(まつばら) / 松原本町(まつばらほんまち) / 松原宿(まつばらしゅく) / 松川町(まつかわちょう) / 松浦郡(まつうらぐん) / 松浦郡(まつらぐん) / 松浦線(まつうらせん) / 松浦市(まつうらし) / 松浦町(まつうらちょう) / 松浦炭鑛(まつうらたんこう) / 松浦縣(まつらのあがた) / 松が枝町(まつがえまち) / 松ノ頭峠(まつのととうげ) / 松ノ森神社(まつのもりじんじゃ)

熊本 松江(松枝) / 松江本町(まつえほんまち) / 松江城(まつえじょう) / 松江城町(まつえじょうまち) / 松岡村(まつおかむら) / 松高村(まつたかむら) / 松谷村(まつたにむら) / 松橋(まつばせ) / 松橋神社(まつばせじんじゃ) / 松求麻(まつくま) / 松崎(まつざき) / 松崎村(まつさきむら) / 松島(まつしま) / 松木(まつのき) / 松木(まつき) / 松木村(待つ木村) / 松木村(まつのきむら) / 松尾(まつお) / 松尾町(まつおまち) / 松尾村(まつおむら) / 松山(まつやま) / 松山手永(まつやまてなが) / 松山神社(まつやまじんじゃ) / 松山村(まつやまむら) / 松生(まつばえ) / 松生村(まつばいむら) / 松野原(まつのはら) / 松野村(まつのむら) / 松原(まつはら) / 松原町(まつばらまち) / 松井神社(まついじんじゃ) / 松合(まつあい) / 松合往還(まつあいおうかん)

佐賀 松岡城(まつおかじょう) / 松岡神社(まつおかじんじゃ) / 松崎里(まつざきり) / 松島(まつしま) / 松島漁港(まつしまぎょこう) / 松瀬(まつせ) / 松瀬村(まつぜむら) / 松林古賀村(まつばやしこがむら) / 松梅村(まつうえむら) / 松尾(まつお) / 松尾村(まつおむら) / 松原(まつばら) / 松原町(まつばらまち) / 松原川(まつばらがわ) / 松原村(まつばらむら) / 松原湖橋(まつばらこばし) / 松蔭神社(まつかげじんじゃ) / 松枝(まつえだ) / 松土居(まつどい) / 松浦橋(まつうらばし) / 松浦郡(まつうらぐん) / 松浦東川(まつうらひがしがわ) / 松浦東郷(まつらどうごう) / 松浦西郷(まつらさいごう) / 松浦線(まつうらせん) / 松浦町(まつうらちょう) / 松浦町(まつうらまち) / 松浦川(まつうらがわ) / 松浦村(まつうらむら) / 松浦縣(まつらのあがた) / 松隈(まつぐま)

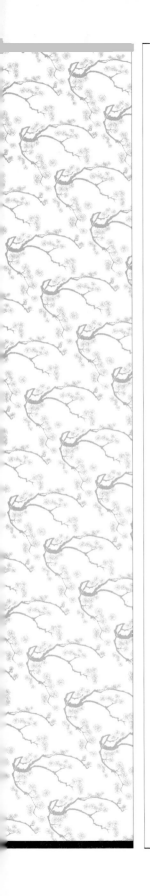

鹿兒島 松崎(まつさき) / 松崎町(まつざきちょう) / 松木(まつき) / 松木薗(まつきぞの) / 松木薗遺跡(まつきぞのいせき) / 松武(まつたけ) / 松山(まつやま) / 松山通(まつやまどおり) / 松永(まつなが) / 松元(まつもと) / 松原(まつばら) / 松原町(まつばらちょう) / 松原通町(まつばらどおりちょう) / 松長山(まつながやま) / 松田村(まつだむら) / 松之尾町(まつのおちょう) / 松之迫(まつのさこ) / 松坂(まつさか) / 松浦(松浦) / 松下(まつした) / 松下田(まつげた) / 松ノ尾遺跡(まつのおいせき)

宮崎 松橋(まつばし) / 松崎寺(まつざきじ) / 松島(まつしま) / 松木村(待つ木村) / 松尾(まつお) / 松尾鑛山(まつおこうざん) / 松本塚古墳(まつもとずかこふん) / 松山町(まつやままち) / 松永(まつなが) / 松原町(まつばらまち) / 松元町(まつもとちょう) / 松井用水路(まついようすいろ)

시코쿠(四國)지방

愛援 松(まつ) / 松江町(まつえちょう) / 松溪(まつだに) / 松末(まつすえ) / 松木(まつぎ) / 松尾(まつお) / 松尾峠(まつおとうげ) / 松尾村(まつおむら) / 松尾トンネル(まつおとんねる) / 松柏(まつかや) / 松本町(まつもとちょう) / 松山空港(まつやまくうこう) / 松山觀光港(まつやまかんこうこう) / 松山藩(まつやまはん) / 松山城(まつやまじょう) / 松山城下(まつやまじょか) / 松山市(まつやまし) / 松山平野(まつやまへいや) / 松山港(まつやまこう) / 松山縣(まつやまけん) / 松森村(まつもりむら) / 松神子(まつみこ) / 松野町(まつのちょう) / 松葉城(まつばじょう) / 松葉町(まつばまち) / 松屋町(まつやまち) / 松屋町末水呑町(まつやまちすえみずのみまち) / 松屋通(まつやどおり) / 松原町(まつばらちょう) / 松原町(まつばらまち) / 松田川(まつだがわ) / 松丸(まつまる) / 松丸町(まつまるちょう) / 松ケ崎(まつがさき) / 松ノ木(まつのき) / 松の木町(まつのきちょう)

高知 松谷(まつだに) / 松崎(まつざき) / 松崎村(まつざきむら) / 松木村(待つ木村) / 松木村(まつのきむら) / 松尾(まつお) / 松尾峠(まつおとうげ) / 松尾越(まつおごえ) / 松尾村(まつおむら) / 松尾八幡宮(まつおはちまんぐう) / 松本(まつもと) / 松本村(まつもとむら) / 松山街道(まつやまかいとう) / 松葉川(まつばがわ) / 松葉川溫泉(まつばがわおんせん) / 松葉川村(まつばかわむら) / 松原(まつばら) / 松原遺跡(まつばらいせき) / 松原村(まつばらむら) / 松場村(まつばむら) / 松田島村(まつだじまむら) / 松田堰(まつだぜき) / 松田町(まつだちょう) / 松田川(まつだがわ) / 松田村(まつだむら) / 松井村(まついむら) / 松重村(まつ

しげむら) / 松川村(まつのかわむら) / 松ガ和田村(まつがわだむら) / 松ヶ鼻(ま
つがはな) / 松ノ窪村(まつのくぼむら) / 松ノ中町(まつのなかちょう)

香川 松崎(まつさき) / 松崎浜(まつざきはま) / 松崎沖浜(まつざきおきはま) /
松島(まつしま) / 松島町(まつしまちょう) / 松尾寺(まつおじ) / 松尾池(まつお
いけ) / 松尾村(まつおむら) / 松並町(まつなみちょう) / 松福町(まつふくちょ
う) / 松本並(まつもとのえき) / 松山(まつやま) / 松縄(まつなわ) / 松屋町(まつ
やちょう) / 松原(まつばら) / 松風町(まつかぜちょう) / 松が浦(まつがうら) / 松
ヶ枝町(まつがえちょう) / 松の中町(まつのなかちょう)

徳島 松岡(まつおか) / 松谷(まつだに) / 松島(まつしま) / 松島西條荘(まつしま
さいじょうのしょう) / 松島町(まつしまちょう) / 松島郷(まつしまのごう) / 松
茂(まつしげ) / 松尾(まつお) / 松尾川(まつおがわ) / 松尾村(まつおむら) / 松村
(まつむら) / 松坂村(まつさかそん)

쥬고쿠(中國)지방

島根 松江(まつえ) / 松江街道(まつえかいどう) / 松江廣瀬線(まつえひろせせ
ん) / 松江圏(まつえけん) / 松江大橋(まつえおおはし) / 松江島根線(まつえしま
ねせん) / 松江道路(まつえどうろ) / 松江木次線(まつえきすいせん) / 松江藩(ま
つえはん) / 松江分(まつえぶん) / 松江城下町(まつえじょかまち) / 松江市(まつ
えし) / 松江温泉(まつえおんせん) / 松江停車場線(まつえていしゃじょせん) /
松江七類港線(まつえしちるいこうせん) / 松江八百八町(まつえはっぴゃくやち
ょう) / 松江平野(まつえへいや) / 松江平田大社線(まつえひらたたいしゃせん)
/ 松江港(まつえこう) / 松江縣(まつえけん) / 松江惠曇港線(まつええともこう
せん) / 松江湖(まつえこ) / 松崎大橋(まつざきおおはし) / 松崎名(まつざきみょ
う) / 松寄下(まつよりしも) / 松寄下町(まつよりしもちょう) / 松代(まつしろ) /
松島(まつしま) / 松笠(まつかさ) / 松木別所(まつのきのべっしょ) / 松武名(ま
つたけみょう) / 松尾橋(まつおばし) / 松尾峠(まつおとうげ) / 松尾町(まつおち
ょう) / 松本橋(まつもとばし) / 松本村(まつもとむら) / 松山(まつやま) / 松原
(まつばら) / 松原山(まつばらやま) / 松原町(まつばらちょう) / 松原村(まつば
らむら) / 松原灣(まつばらわん) / 松井(まつい) / 松井新田藩(まついしんでんは
ん) / 松枝(まつがえ) / 松川橋(まつかわばし) / 松川町上津井(まつかわちょうかん
づい) / 松川町上河戸(まつかわちょうかみかわど) / 松川町市村(まつかわち
ょういちむら) / 松川町長良(まつかわちょうながら) / 松川町畑田(まつかわちょ
うはただ) / 松川町太田(まつかわちょうおおた) / 松川町八神(まつかわちょうや

かみ）/ 松川町下河戸（まつかわちょうしもかわど）/ 松川村（まつかわむら）/ 松浦散田（まつうらさんでん）

岡山 松（まつ）/ 松江（松枝）/ 松岡（まつおか）/ 松崎（まつざき）/ 松崎新田（まつざきしんでん）/ 松島（まつしま）/ 松木（まつき）/ 松尾（まつお）/ 松保（まつのほ）/ 松浜町（まつはまちょう）/ 松山（まつやま）/ 松山東村（まつやまひがしむら）/ 松山藩（まつやまはん）/ 松山西村（まつやまにしむら）/ 松山城（まつやまじょう）/ 松山往來（まつやまおうらい）/ 松新（まつしん）/ 松原村（まつばらむら）/ 松原通（まつばらどおり）/ 松池町（まついけまち）/ 松脇（まつわき）/ 松ヶ鼻村（まつがはなむら）/ 松の町（まつのまち）

廣島 松江（松枝）/ 松崎（まつさき）/ 松崎八幡宮（まつざきはちまんぐう）/ 松本古墳（まつもとこふん）/ 松本町（まつもとちょう）/ 松部郷（まつべのごう）/ 松浜町（まつはまちょう）/ 松山町（まつやままち）/ 松葉町（まつばちょう）/ 松永（まつなが）/ 松永灣（まつながわん）/ 松原（まつばら）/ 松原新町（まつばらしんまち）/ 松原裏町（まつばらうらまち）/ 松原町（まつばらちょう）/ 松子山大池（まつこやまおおいけ）/ 松子山峠（まつごやまとうげ）/ 松川町（まつかわちょう）/ 松村荘（まつむらのしょう）/ 松ヶ迫遺跡群（まつがさこいせきぐん）/ 松ヶ鼻（まつがばな）/ 松ヶ原（まつがはら）

鳥取 松江境線（まつえさかいせん）/ 松高庄（まつたかのしょう）/ 松谷（まつだに）/ 松崎（まつざき）/ 松崎温泉（まつざきおんせん）/ 松島（まつしま）/ 松尾（まつお）/ 松尾神社（まつのおじんじゃ）/ 松並町（まつなみちょう）/ 松保町（まつほそん）/ 松上（まつがみ）/ 松上神社（まつがみじんじゃ）/ 松神西郷（まつがみにしのごう）/ 松原（まつばら）/ 松原驛（まつばらのえき）/ 松井村（まついむら）/ 松河原（まつがわら）/ 松ヶ枝町（まつがえちょう）

山口 松崎古墳（まつざきこふん）/ 松崎町（まつざきちょう）/ 松崎天萬宮（まつざきてんまんぐう）/ 松島町（まつしまちょう）/ 松尾峠（まつおとうげ）/ 松本川（まつもとがわ）/ 松山窯跡（まつやまかまあと）/ 松山町（まつやまちょう）/ 松小田（まつおだ）/ 松岳山（まつたけさん）/ 松屋（まつや）/ 松原町（まつばらちょう）/ 松田殿小路（まつだどのしょうじ）/ 松程（まつほど）/ 松ヶ瀬村（まつがせむら）/ 松ノ木（まつのき）/ 松ノ木峠（まつのきとうげ）

北海島 松江（松枝）/ 松岡（まつおか）/ 松法町（まつのりちょう）/ 松本町（まつもとちょう）/ 松山（まつやま）/ 松山濕原（まつやましつげん）/ 松山町（まつやままちょう）/ 松山町（まつやままち）/ 松城（まつしろ）/ 松葉町（まつばちょう）/ 松園

町(まつぞのまち) / 松蔭町(まつかげちょう) / 松陰町(まつかげちょう) / 松音知(まつねしり) / 松音知岳(まつねしりだけ) / 松前街道(まつまえかいどう) / 松前大館(まつまえおおだて) / 松前半島(まつまえはんとう) / 松前藩(まつまえはん) / 松前城(まつまえじょう) / 松前神社(まつまえじんじゃ) / 松前町(まつまえちょう) / 松前地(まつまえち) / 松前支廳(まつまえしちょう) / 松前港(まつまえこう) / 松前灣(まつまえわん) / 松倉鑛山(まつくらこうざん) / 松川(まつかわ) / 松川町(まつかわちょう) / 松浦(松浦) / 松浦町(まつうらちょう) / 松風(まつかぜ) / 松風町(まつかぜちょう) / 松ケ枝(まつがえ) / 松ケ枝町(まつがえちょう) / 松ノ木(まつのき)

沖縄 松堂村(まつどうむら) / 松尾(まつお) / 松本(まつもと) / 松山(まつやま) / 松原(まつばら) / 松田(まつだ) / 松田橋(まつだばし) / 松田村(まつだむら) / 松川(まつかわ) / 松川村(まつかわむら) / 松下町(まつしたちょう)

• 셋 • 찾아보기

참고문헌

소나무를 찾아가는 첫걸음

《연감유함(淵鑑類函)》〈군방보(群芳譜)〉, 장영(張英)·왕사정(王士禎), 청(淸).

《시경(詩經)》

《송금절목(松禁節目)》, 1788.

《세종실록》 권8.

《논어(論語)》〈자한(子罕)〉.

사마천(司馬遷), 《사기(史記)》, 은 한(漢) B.C. 91.

한국 | 성주신은 하느님에게 소원을 빌고

박상진(朴相珍), 〈무령왕(武寧王陵)의 관재〉, 1992.

동월(董越), 《조선부(朝鮮賦)》.

김종대, 《세계일보》〈민속으로 본 性 이야기-강원도 고성군 죽왕면 문암리 특별한 별신굿〉, 2004년 9월 1일.

《삼국지》〈위지동이전〉 고구려조.

이능화, 《조선무속고》.

《시경(詩經)》

은자의 세계에 함께 사는 동반자

《논어》

사마천(司馬遷), 《사기(史記)》, 은 한(漢) B.C. 91.

《수신기(搜神記)》, 간보(干寶), 동진(東晉).

《화경(花鏡)》

요사렴(姚思廉), 《양서(梁書)》, 당(唐).

구장춘, 《반계집(磻溪集)》.

《백운집(白雲集)》

신이 오가는 신성한 통로

《오카가미(大鏡)》, 상.

《코킨신가쿠루이헨(古今神學類編)》, 〈신목〉

《슈이슈(遺集)》〈카구라부(神樂部)〉.

《소기호시슈(宗祇法師集)》

《하치만구도킨(八幡愚童訓)》

시게타카(志賀重昂), 《일본 풍경론》.

풍수신앙의 모태로 본 소나무

《고려사》〈세계(世系)〉.

《조선왕조실록》

《삼국사기》〈열전〉.
홍만선(洪萬選), 《산림경제(山林經濟)》.
《삼국지》〈위서〉 동이전.

통과의례의 주례자
《요재지이(聊齋志異)》

바위 끝 솔 위에 조각달이 떠 있네
강희안, 《양화소록(養花小錄)》
윤선도, 《고산유고(孤山遺稿)》 권6, 〈산중유곡(山中新曲)〉.
《악학습령》
정철, 《송강가사(松江歌辭)》〈성주본〉.
안민영, 《금옥총부(金玉叢部)》

소나무 아래를 지나 다다른 안식처
《시경》〈소아(小雅)〉 사간(斯干)편.
《시경》〈소아〉 천보(天保)편.
《능엄경(楞嚴經)》
《수서(隋書)》〈유장전(柳莊傳)〉.
원광, 〈삼국명신서찬(三國名臣序贊)〉.
단성식, 〈유양잡조(酉陽雜俎)〉
김창협, 〈농암잡지(農巖雜識)〉

눈이 내려앉은 연못가의 소나무
《만요슈》
《슈이슈(拾遺集)》

신령들이 키우는 나무
일연, 《삼국유사》
이행·윤은보·신공제, 《동국여지승람》, 조선 중종
《신선전(神仙傳)》
坪田讓治, 《日本むかしばなし集》二, 新潮文庫.

겨울 속에서 봄날을 준비하는 솔
《삼국유사》 고조선 편, 〈단군신화〉.
이색, 《목은집(牧隱集)》, 〈세화 십장생〉, 고려

현란한 솔문양의 중국 도자
마이클 설리번·김기주 역, 《중국의 산수화》, 문예출판사, 1992, p.133~134.

길상적 의미의 솔과 일본 도자
사사키 조헤이, 이원혜 역, 《미술사논단》 4, 〈일본의 문인화〉, 한국미술연구소, 1996, p.67.

야스퍼스를 감동시킨 소나무 목불상
《일본서기(日本書紀)》 603년조.

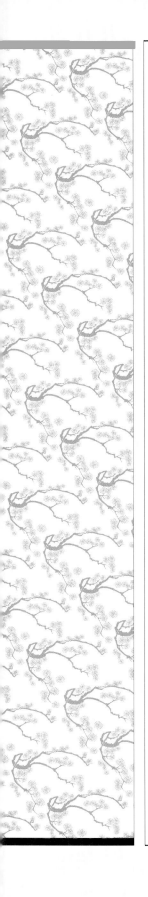

여성 장식물에 새겨지는 솔 무늬

한국문화상징사전편찬위원회, 《韓國文化 상징사전》1, 동아출판사, 1992.

석주선, 《冠帽와 首飾》, 단국대학교 출판부, 1993.

樹林苑 편, 《李朝의 刺繡》, 1974.

《澹人服飾美術館 개관기념도록》, 이화여자대학교출판부, 1999.

이학, 《韓繡文化》, 한국자수문화협의회, 1986.

이경자·홍나영·장숙환, 《우리 옷과 장신구》, 열화당, 2003.

사랑방 가구와 문방사우에 나타난 소나무

광주민속박물관, 《광주·전남의 목가구》, 1998.

국립민속박물관, 《조선양반생활의 멋과 美》, 2003.

국립중앙박물관, 《朝鮮時代 文房諸具》(도록), 1992.

김희수, 김삼기, 《木家具》, 국립민속박물관, 2003.

동아출판사, 〈소나무〉, 《韓國文化상징사전》, 1992.

서울역사박물관, 《韓國의 木家具》, 2002.

영남대학교박물관, 《면과 선의 세계》, 2001.

이화여자대학교박물관, 《文房具100選》, 1988.

이화여자대학교박물관, 《螺鈿漆器·華角工藝》, 1989.

이화여자대학교박물관, 《探梅…매화를 찾아서》, 1997.

임영주, 〈우리나라 전통 장신구의 무늬와 상징〉, 《天工의 솜씨를 찾아서, 2001 장신공예의 멋과 향기展》, 한국문화재보호재단, 2001.

혀균, 《전통미술의 소재와 상징》, 敎保文庫, 1991.

호암미술관, 《선인들의 오랜 벗, 사군자》, 2001.

호암미술관, 《조선목가구대전》, 2002.

한국정신문화연구원, 〈소나무〉, 《한국민족문화대백과사전》

소나무와 의식구조

이규보, 《동국이상국집(東國李相國集)》, 〈가분중육영(家盆中六詠)〉.

강희안, 《양화소록(養花小錄)》.

설화와 속설에 나타난 소나무

《삼국유사》, 〈김유신조〉.

《삼국사기》, 〈애장왕조〉.

《삼국사기》 권48 〈열전〉.

《太平廣記》 卷四, 〈仙傳拾遺〉.

신비롭고 신기한 이야기

이수광, 《지봉유설(芝峰類說)》.

부재, 《식송론(植松論)》, 당(唐).

검향, 《열선전(列仙傳)》, 후한(後漢).

갈홍(葛洪), 《포박자(抱朴子)》 〈신선전(神仙傳)〉, 진(秦).

御著成長, 《鄕土硏究》 一編 新瀉縣糸北蒲原郡 分田村- 柳田, 日本の傳說.

벽사와 정화의 의미로 본 소나무

강희맹, 《사시찬요(四時纂要)》

성현, 《용재총화(慵齋叢話)》

소나무가 살아 있는 나라숲 봉산

裵在洙. 2002.〈朝鮮後期 松政의 體系와 變遷 過程〉,《산림경제학회지》제10권 제2호, pp.22~50.

서영보,《만기요람(萬機要覽)》

약용으로 쓰이는 소나무

이시진,《본초강목(本草綱目)》.

서유구,《임원경제지(林園經濟志)》.

이제마,《사상의학(四象醫學)》.

갈홍,《주후비급방(肘後備急方)》.

《남방초목상(南方草木狀)》

문장에 나타난 소나무의 상징

《고긴요란고〔古今要賢稿〕》

《고지키〔古事記〕》

《켄분쇼가몬(見聞諸家紋)》

민요로 본 소나무

숲과문화연구회 주최 학술토론회 발표 자료, 1997년 8월 23일.

속담으로 본 소나무

이기문,《속담사전》, 일조각, 1962

서정수 책임편저,《세계속담대사전》, 한양대학교 출판부, 1998.

오늘날의 소나무

《산림과학정보》8월호, 산림청, 2004.

《풀꽃나무》3월호, 풀꽃나무, 2004.

《풀꽃나무》5월호, 풀꽃나무, 2004.

《풀꽃나무》7월호, 풀꽃나무, 2004.

《풀꽃나무》9월호, 풀꽃나무, 2004.

《풀꽃나무》11월호, 풀꽃나무, 2004.

《풀꽃나무》1월호, 풀꽃나무, 2004.

전영우,《우리 소나무》, 현암사, 2004.

이천용 편저,《문화와 숲(숲과문화총서 4)》, 숲과문화연구회, 1996.

배상원 편저,《우리 겨레의 삶과 소나무(숲과문화총서 12)》, 숲과문화연구회, 2004.

전영우,《나무와 숲이 있었네》, 학고재, 1999.

《An Illustrated Encyclopaedia of Traditional SYMBOLS》, J.C. Cooper.

《The Penguin Dictionary of SYMBOLS》, H. Maspero.

《A Dictionary of Chinese Symbols》,Wolfram Eberhard, 1983.

부록 | 소나무 소재의 한·중·일 명시·명문

《東國李相國全集》

《陶隱先生詩集》

《東門選》

《국역 삼봉집》, 민족문화추진회, 솔출판사, 1997.

《양화소록(養花小錄)》

《退溪集》

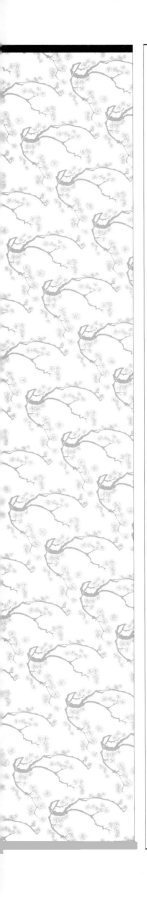

《栗谷集》

《서산대사 휴정시집》, 김진영·배규범 역, 민속원, 2002.

《고산유고(孤山遺稿)》권 6 〈산중유곡(山中新曲), 五友歌 6-4〉.

〈산중유곡(山中雜曲)〉 49-3〉

《악학습령(樂學拾零)》 491

《茶山詩選》, 송재소 역, 창작과 비평사, 1981.

《금옥총부(金玉叢部)》 81

《호암(湖岩)전집 제 3권》〈영서만필(永書漫筆).

《淮南子 16 說山訓》

《抱朴子》

《신역 고문진보》. 盧台俊 역해, 홍신문화사, 1982 초판, 1997 중판.

《王維詩選》, 류성준 편저.

《李賀詩選集》宋幸根 역, 문자향, 2003.

《蘇軾詩選》

• 다섯 • 집필진 약력

강석원 국제대학교 일어일문학과 졸업, 일본 오사카(大阪)대학 석사, 박사학위 받음. 청주대학교 전임
강사·조교수, 오사카(大阪)대학 문학부 객원연구원, 한국일어일문학회 감사·출판이사·부회장
·회장을 역임했으며, 현재 동국대학교 일문과 교수. 저서로는《기초일본어》,《모노가타리에서 하
이쿠까지》(공저),《新日本文學의 理解》(공저)가 있다.

김문학 조선족 3세로 심양에서 출생. 동북 사범대학 일본문학과 졸업. 일본 도시샤(同志社) 대학교 대학
원 졸업. 교토 대학교 객원연구원 역임. 히로시마 대학교 박사과정 수료. 현재 일본 쿠레 대학교
사회정보학부 강사. 저서로는《반문화 지향의 중국인》,《한중일 3국인 여기가 다르다》,《벌거숭
이 삼국지》등이 있다.

김상환 한학자, 고문헌연구소 소장, 현재 한시와 초서, 주역 등 고전을 강의하고 있음. 탈초, 해제, 국역
한 책으로는《표암 강세황》,《설촌가수집 고문서집 가장 간찰첩집》,《한국간찰자료선집》,《일체
경음의》,《각사등록1》등이 있다.

김충영 한국외국어대학 일어과 졸업. 일본 쓰쿠바(筑波) 대학 석사, 박사 학위 받음. 현재 고려대학교
문과대학 국제어문학부 일어일문학과 교수. 저서로는《일본 고전의 방랑문학》등이 있다.

김종덕 서울대학교 농생물학과 졸업. 경희대학교 한의과대학 및 동 대학원 졸업. 한의학 박사. 현재 순천
향대학교 및 열린사이버대학교(OCU) 강사. 사당한의원 원장, 농촌진흥청 고농서 국역위원. 저
서로는《사상체질을 알면 건강이 보인다》,《이제마평전》등이 있으며,《국역 식료찬요》(번역)가
있다.

김현자 이화여자대학교 국문과 졸업. 동 대학 석사·박사. 현재 이화여자대학교 국문학과 교수. 문학평론
가. 저서로는《시와 상상력의 구조》,《한국 현대시 작품 연구》,《한국 여성 시학》등이 있다.

다카시나 슈지(高階秀爾) 도쿄 대학교 명예교수, 전 국립미술관장. 현 오하라 미술관장, 일본의 대표적 미
술평론가. 저서로는《세계 속의 일본회화》,《명화를 보는 눈》,《예술공간의 계보》,《근대회화》,
《고흐의 눈》,《르네상스의 빛과 어둠》등이 있다.

방병선 서울대학교 공과대학 및 동 대학원 졸업. 동국대학교 대학원 미술사학과에서 석·박사 학위 이수.
현재 고려대학교 고고미술사학과 교수. 저서로는《순백으로 빚어낸 조선의 마음, 백자》,《토기 청
자 2》(공저)가 있다.

배재수 서울대학교 임학과 졸업, 동 대학원에서 박사학위 받음. 정신문화연구원 청계서당 사서과정(2
기) 수료. 현재 국립산업과학원 임업경제과에 재직 중. 저서로는《조선임업사(상·하)》(공역),

《한국근대임정사》(번역), 《한국 근·현대 산림소유권 변천사》(공저), 《조선 후기 산림정책사》(공저)가 있다.

심경호 서울대학교 국문학과 동 대학원 졸업. 일본 교토 대학교에서 박사학위 받음. 현재 고려대학교 한문학과 교수. 저서로는 《한시로 엮은 한국사 기행》, 《김시습 평전》, 《한문 산문의 미학》 등이 있다.

안동준 경상대학교 국어교육과 졸업. 한국정신문화연구원 한국학대학원에서 고전문학 연구로 문학석사와 문학박사 학위 받음. 현재 경상대학교 사범대학 국어교육학과 부교수. 저서로는 《진주 옛이야기》, 편저한 《대단환》이 있으며, 《문소세록》, 《고대 동북아시아의 민족과 문화》, 《여성과 도교》, 《무림백과》의 번역서가 있다.

윤열수 원광대학교 사학과 졸업. 동국대학교 대학원 사학과 불교미술 전공. 동국대학교 미술사학과 박사과정 수료. 에밀레박물관 학예실장. 삼성출판박물관 학예실장 역임. 문화관광부 문화재전문위원. 가회박물관 관장. 저서로는 《한국의 호랑이》, 《한국의 무신도》, 《龍, 불멸의 신화》, 《민화이야기》 등이 있다.

이규태 연세대학교 졸업, 1959년 조선일보사에 입사하여 문화부장, 사회부장, 논설위원, 논설주간, 논설고문 역임. 현재 《조선일보》에 〈이규태코너〉 집필중. 저서로는 《한국인의 의식구조》(전4권), 《서민의 의식구조》, 《선비의 의식구조》, 《서양인의 의식구조》, 《동양인의 의식구조》, 《뽐내고 싶은 한국인》, 《한국 여성의 의식구조》(전2권), 《한국인의 정서구조》(전2권), 《한국학 에세이》(전2권), 《신열하일기》, 《한국인, 이래서 잘산다》, 《한국인, 이래서 못산다》 등 100여 권이 있다.

이상희 고려대학교 법학과, 경북대 대학원 졸업. 진주 시장, 산림청장, 대구직할시 시장, 경상북도지사, 내무부 장관, 건설부 장관, 수자원공사 사장, 한국토지공사 사장 역임. 저서로는 《꽃으로 보는 한국문화1·2·3》, 《우리 꽃 문화 답사기》, 《매화》 등이 있다.

이어령 서울대학교 문리과 대학 및 동 대학원 졸업. 이화여자대학교 교수. 이화여자대학교 기호학연구소 소장. 《조선일보》, 《한국일보》, 《중앙일보》, 《경향신문》 등 논설위원 역임. 초대 문화부 장관. 현재 《중앙일보》 고문. 저서로는 《축소지향의 일본인》, 《흙 속에 저 바람 속에》 등이 있다.

이종철 서울대학교 인류학과를 졸업, 영남대학교대학원 졸업. 국립민속박물관 관장, 국립전주박물관 관장 역임. 현재 한국전통문화학교 총장. 저서로는 《우리 민속 도감》, 《서낭당》(공저)가 있다.

장숙환 이화여자대학교 사학과 및 동 대학원 의류직물학과 졸업. 서울여자대학교 의류학과 박사 과정 수료. 현재 이화여자대학교 생활환경대학 의류직물학과 교수이며, 동 대학 담인복식미술관 관장. 저서로는 《전통장신구》, 《전통남자장신구》, 《실물로 본 한국 전통 복식의 양식》(공저) 등이 있다.

전영우 고려대학교 임학과 동 대학원 졸업. 미국 아이오와 주립대에서 산림생물학 박사학위 받음. 국민운동 '생명의 숲 가꾸기' 운영위원, 공동운영위원장, 학교 숲 위원장 역임. 현재 국민대 산림자원학과 교수. 저서로는 《소나무와 우리문화》(공저), 《아름다운 숲 찾아가기》(공저), 《산림문화론》, 《숲과 한국문화》, 《나무와 숲이 있었네》, 《숲이 있는 학교》(공저), 《숲 체험 프로그램—이론과 실제》(공저), 《숲과 시민사회》, 《숲과 녹색문화》, 《숲-보기, 읽기, 담기》, 《산》, 《우리가 정말 알아야 할 우리 소나무》 등이 있다.

정양모 서울대학교 사학과 졸업. 한국미술사학회 회장. 국립경주 박물관 관장. 국립중앙박물관 관장, 문화재위원회 위원장 역임. 현재 연세대학교 국학연구원 객원교수·문화재위원, 문화재위원회 위원장. 저서로는 《고려청자》, 《너그러움과 해학》 등이 있다.

조희웅　서울대학교 국문학과 졸업. 동 대학원 석사·박사. 하버드 대학교 객원교수, 한국구비문학회 회
　　　　장, 국민대학교 문과대 학장, 한국고전문학회 회장 역임. 현재 국민대학교 교수. 저서로는 《구비
　　　　문학개설》, 《조선후기 문헌설화의 연구》, 《古典小說 異本目錄》 등이 있다.

진태하　국립대만사범대학 대학원 중국문학과 박사과정 졸업. 현재 명지대학교 국어국문학과 명예교수,
　　　　한국국어교육학회 명예회장, 전국한자교육추진총연합회 상임집행위원장. 저서로 《生活漢文》,
　　　　《아, 白頭山》, 《東方文字뿌리》, 《漢字를 가장 쉽게 익히기》, 《IQ EQ 도전 漢字1, 2, 3. 部首編》,
　　　　《완전정복 취업 漢字》 외 다수가 있다.

최강현　홍익대학교 국어국문학과 교수 역임. 저서로는 《한국기행문학연구》, 《한국기행가사연구》, 《한국
　　　　고전 수필신강》, 《조선외교관이 본 영치시대 일본》, 《조선시대 포쇄일기》, 《미수 허목의 기행문
　　　　학》, 《계해 수로 조천록》, 《갑사 수로 조천록》, 《휴당의 연행일기 1·2》, 《기행가사 자료선집 1》,
　　　　《오우당 연행록》, 《홍순학의 연행유기와 북원록》, 《조선시대 우리 어머니》, 《보진당연행일기》가
　　　　있다.

허균　홍익대학교 동 대학원에서 한국미술사를 전공, 우리문화연구원장·문화관광부 문화재전문위원
　　　　·문화재감정위원·문화재청 심사평가위원 역임. 현재 한국정신문화연구원 책임편수연구원으로
　　　　활동 중. 저서로는 《전통미술의 소재와 상징》, 《고궁산책》, 《전통문양》, 《문화재 및 전통문화 관리
　　　　기능의 효율적 방안연구》(공저), 《뜻으로 풀어본 우리 옛그림》, 《사찰장식 그 빛나는 상징의 세
　　　　계》 등이 있다.

비교문화상징사전
한·중·일 문화코드읽기는
동북아시아의 문화적 이해를 돕고자
유한킴벌리의 지원으로 출판됩니다.

한·중·일 문화코드읽기 | 비교문화상징사전

소나무

책임편집 | 이어령
펴낸이 | 노영혜

기획위원 | 문국현 이은욱
편집위원 | (고)이규태 박석기 정철진

편집책임 | 오세기
편집진행 | 이영란
경영관리 | 윤재환
경영지원 | 김영수 손경자
마케팅 | 김상수 김종찬 심미화
제작 | 이창형
본문 디자인 | 안그라픽스

펴낸곳 | (주)도서출판 종이나라
　　　　경기도 양주시 광적면 우고리 86-4 (우 482-845)
서울사무소 | 서울시 중구 장충동1가 62-35 종이나라빌딩 6층 (우 100-391)
　　　　전화 | 02-2264-7667　FAX | 02-2264-0671
　　　　홈페이지 | www.jongienara-book.co.kr

등록일자 1990. 3. 27
등록번호 제1호

초판 1쇄 인쇄 2005. 6. 10
초판 3쇄 발행 2006. 9. 30

ISBN 89-7622-401-9 04380
세 트 89-7622-400-0 04380

·저작권자와 협의하여 인지는 붙이지 않습니다.
·잘못 만들어진 책은 바꿔 드립니다.

※ 알림: 〈한·중·일 문화코드읽기〉에 게재된 참고 도판은 사전합의에 의해 사용했으며, 저작권자의 소재
파악이 불가능한 몇몇 도판은 부득이하게 게재했사오니 연락주시면 소정의 게재료를 지불하겠습니다.
이 점 양지해 주시기 바랍니다.